Was Sie in diesem Buch finden

Die ersten Schritte zum eigenen Garten

Aller Anfang – ist gar nicht so schwer	9
Richtig planen – macht später vieles leichter	10
Räume aufteilen – und der Garten wird größer	13
Befestigte Oberflächen	16
Gartengestaltung – Reihen- und Doppelhaus	20
Gartenrenovierung – aus alt mach' neu	26
Blumenbeete und Rabatten – ganz einfach anlegen	29
Gemüse, Obst und Kräuter	38
Gartenpflanzen – die ganze Vielfalt	48

So geht's ganz leicht

Gartengeräte	56
Bodenvorbereitung	58
Einkauf	60
Rasen anlegen und pflegen	62
Rasen oder Blumenwiese?	68
Richtig pflanzen	70
Bäume und Sträucher	70
Hecken	74
Rosen	76
Kletterpflanzen	78
Stauden	80
Zwiebelblumen	82
Sommerblumen	87

Richtig pflegen	90
Bodenpflege und Kompost	90
Gießen und Wässern	93
Düngen	96
Schneiden	98
Pflanzen gesund erhalten	100
Winterschutz	104

Pflegetipps…	106
… für Bäume und Sträucher	106
… für Hecken	108
… für Rosen	110
… für Stauden und Sommerblumen	112

Die besten Pflanzen für Gartenneulinge	
Hecken	116
Bäume und Sträucher	122
Kletterpflanzen	134
Rosen	142
Stauden	148
Gräser	166
Bodendecker und Farne	172
Zwiebelblumen	178
Sommerblumen	186
Obst, Gemüse, Kräuter	194

Anhang	
Adressen, die Ihnen weiterhelfen	204
Stichwortverzeichnis	205
Über die Autoren	207

Die ersten Schritte zum eigenen Garten

Aller Anfang…	9
Richtig planen	10
Räume aufteilen	13
Befestigte Oberflächen	16
Gartengestaltung	20
Gartenrenovierung	26
Blumenbeete und Rabatten	29
Gemüse, Obst und Kräuter	38
Gartenpflanzen – die ganze Vielfalt	48

Aller Anfang ... ist gar nicht so schwer – nur Mut!

Hurra, ich habe einen Garten! Mit diesem Jubelschrei begann ein Abenteuer, das mein Leben mehr verändert hat als jede andere Entscheidung zuvor.

Endlich kann ich schalten und walten, wie es mir gefällt, meiner Fantasie freien Lauf lassen, meine Wünsche verwirklichen und in der Erde wühlen. Ein herrliches Gefühl! Mit niemandem muss man diskutieren, keiner widerspricht. Niemand macht mir Vorschriften. Oder doch? Dass die Natur ihre eigenen Gesetze hat, die stärker sind als der eigene Wille, musste ich erst schmerzlich lernen.

Auch zum Wetter bekommt man ein ganz anderes Verhältnis. Ist so ein Regenguss nicht ein Segen, wenn gerade die Düngeaktion beendet ist? Man hatte sowieso keine Zeit mehr zum leidigen Wässern. Und Kraft auch nicht. Nun muss man notgedrungen eine Pause einlegen. Schlechtes Wetter ist auf einmal unheimlich schön.

Sich nach getaner Arbeit – selbst der pflegeleichteste Garten braucht eine ordnende Hand, er braucht Wasser und Nahrung – nur noch hinzusetzen ins selbst geschaffene kleine Paradies, um es zu genießen, ist eine wunderbare Befriedigung. Oder das Frühlingserwachen im eigenen Garten zu erleben. Oder Veilchen im November zu pflücken. Etwas Eigenes zu schaffen, und sei es noch so klein – gibt es etwas Schöneres?

Der Garten dankt alle Liebe, die man hineinsteckt. Mit der Zeit entsteht eine Wechselwirkung nach dem Motto: »Gibst du mir, geb ich dir.« Einmal braucht der Garten Zuwendung und Hilfe. Auch das Androhen von Maßnahmen kann eine erstaunliche Wirkung haben. Ein anderes Mal gibt der Garten dem Menschen Kraft. Das funktioniert hervorragend.

Wenn aber einmal etwas schiefgeht, eine Pflanze sogar meint, sie müsse abtreten, dann macht sie das ja nicht, um uns zu ärgern. Irgendetwas hat ihr nicht behagt – nur: Wie merkt man es, bevor es zu spät ist? Schließlich werden die wenigsten von uns mit einem silbernen Spaten in der Hand geboren!

☀ Mein Garten, mein eigenes Paradies! Wo sonst habe ich diese Freiheit, ganz nach meinem Geschmack zu gestalten? Hier bin ich mein eigener Herr, kann planen und pflanzen – doch die Natur spricht auch ein Wörtchen mit.

Richtig planen gleich zu Anfang – macht später vieles leichter

Oft gibt es beim Grundstück nichts zu wählen. Es wurde mit dem Haus gekauft, war das Einzige, was zu haben oder bezahlbar war. Hat der Garten Mängel – wer findet schon uneingeschränkt alles schön, was der Vorgänger gemacht hat –, gilt es, diese zu beseitigen oder zu mildern. Das muss ja nicht alles sofort geschehen, die Zeit ist unser Verbündeter. Und auch bei Neubauten muss man mit den Gegebenheiten zurechtkommen. Fehlt es an Nährstoffen, kann durch Düngen nachgeholfen werden, fehlt es an Feuchtigkeit, durch Bewässerung. Nur eines können Sie nicht künstlich hervorbringen: die Sonne.

Bevor Sie die tollsten Ideen entwickeln, ist es sinnvoll, sich erst einige Fragen zu beantworten.

- Wo ist der sonnigste Teil des Gartens, am Mittag und am Abend?
- Wo ist der geschützteste Platz?
- Welche Nachbarn habe ich? Möchte ich vielleicht den Zaun entfernen, damit der Garten großzügiger wirkt? Oder möchte ich mit

❋ Mit der Zeit wird dieser Garten wunderschön aussehen. Auch wenn man es sich in diesem Stadium kaum vorstellen kann.

ihnen so wenig wie möglich zu tun haben? Das soll es ja auch geben!
- Wie ist der Boden beschaffen? Auf sandigem Boden fühlen sich andere Pflanzen wohl als auf lehmigem, auf saurem andere als auf kalkhaltigem (siehe Seite 58 f.).
- Über den Weg zur Haustür, die Einzäunung und die leidigen Mülltonnen muss man sich auch Gedanken machen.
- Nachbarrechte und -pflichten sind von Ort zu Ort, ja selbst innerhalb eines Ortes unterschiedlich. Um unnötigen Ärger zu vermeiden, sollte man sich wegen der Grenzabstände bei der örtlichen Verwaltung erkundigen.

Was erwarte ich vom Garten? Bestimmt nicht, dass ich noch mehr Arbeit habe. Sind mir Ruhe und Entspannung am wichtigsten? Oder die Freude an Pflanzen, Farben, Düften, oder der Natur als Ganzes? Möchte ich fröhliche Feste in ihm feiern oder brauche ich einen Spielplatz für die Kinder? Oder möchte ich einfach nach Herzenslust gestalten?

In den seltensten Fällen hat man einen Garten für sich allein. So unterschiedlich die Menschen sind, so unterschiedlich sind ihre Wünsche und Erwartungen. Also heißt es: Kompromisse machen. Dabei können wunderschöne Ergebnisse entstehen. Ein Rosengarten, ein Kräuterbeet, ein Sitzplatz für den Abend, eine Duftrabatte, ein Hausbaum, ein Gewächshaus – das lässt sich alles unter einen Hut bringen. Und planen Sie auf Zeit. Warum nicht den Sandkasten dorthin setzen, wo später einen Teich hinkann?

☀ Auch dieser Garten wurde einmal neu angelegt – nur sind schon einige Jahre vergangen. Vielleicht möchte man sogar inzwischen etwas ändern.

Wunsch und Wirklichkeit

Ein Lavendel kann sich ebenso wenig im Waldschatten wohlfühlen wie ein Rhododendron auf magerem Kalkboden an der Südwand eines Hauses. Nutzen Sie die jeweiligen Gegebenheiten zu Ihrem Vorteil. Informieren Sie sich in den Pflanzenbeschreibungen (Seite 80 ff.) über die Ansprüche Ihrer Lieblinge. Planen Sie nicht gegen die Natur, Sie werden nur frustriert sein und Zeit, Geld und Kraft verschwenden. Und die motivierenden Erfolgserlebnisse bleiben aus.

Auf keinen Fall sollten Sie Ihre persönliche Beziehung zum Garten außer Acht lassen. Ein Garten lebt von der Persönlichkeit des Besitzers. Versuchen Sie nicht, gegen Ihr Naturell zu planen. Wenn Sie sehr ordentlich sind und kein Blättchen liegen sehen können, ist ein romantischer Garten mit nostalgischen Rosen und vielen Stauden nicht das Ideale. Sind Sie dagegen romantisch veranlagt oder auch etwas chaotisch, werden Sie kaum in einem klar durchgestylten Garten glücklich werden.

Welche Jahreszeit ist mir die wichtigste? Wenn ich regelmäßig auf Mallorca überwintere, braucht der Garten um diese Zeit nicht attraktiv zu sein. Die Schneeglöckchen sind längst verblüht, wenn ich erst im März zurückkomme. Verreise ich dagegen regelmäßig während der Schulferien, braucht mich das viel beklagte Blühloch im August nicht zu kümmern (was übrigens kein Loch sein muss). Fange ich aber Jahr für Jahr im November an, schwermütig zu werden, brauche ich Pflanzen, die erst dann zu blühen anfangen, wenn sich sonst alles verabschiedet. Auch Fragen wie: »Wie viel Arbeit kann ich leisten und bin ich gewillt zu leisten? Wie viel Zeit kann ich investieren und habe ich sie das ganze Jahr über?«, sollte man sich ehrlich beantworten. Idealerweise betrachtet man den Garten als Fortsetzung des Hauses, ja sogar der Innenräume. Wenn ich altdeutsche Möbel habe und blicke in einen Garten mit Bambus und Steinlaternen, passt das genauso wenig zusammen wie eine Art-déco-Einrichtung zu Gartenzwergen im Bauerngarten. Ein mediterraner Garten ist an der Nordseeküste so fehl am Platz wie ein ostasiatischer im Allgäu.

Das Ziel der Gartengestaltung sollte also ein harmonisches Ganzes sein, im Einklang mit dem Stil des Hauses und der Umgebung – mit einer ganz persönlichen Note, die den eigenen Garten von anderen Gärten unterscheidet.

❋ Eine sauber geschnittene Buchseinfassung hält ausladendere Stauden in Schach.

Räume aufteilen und dadurch Größe schaffen – so paradox das klingt

Wände begrenzen einen Innenraum. Sie sind in der Regel vorhanden. Im Garten muss der Raum erst gebildet werden. In größeren Gärten durch Bäume und Hecken – in kleineren durch Mauern, Zäune, Rankgerüste oder eine Pergola.

Die Raumwirkung ist gleichbedeutend mit Dreidimensionalität – Länge, Breite und Höhe. Es gibt auch noch eine vierte Dimension, die Zeit – die kommt im Kapitel »Umgestaltung« dran (Seite 20). Unterschätzen Sie nicht die Höhe. Sie ist sehr wichtig. Der Garten wirkt sonst leicht wie ein ausgerollter Teppich. Dem Haus muss ein optisches Gewicht entgegengesetzt werden, damit das Verhältnis stimmt. Hier ein wuchtiges Haus, anschließend eine flache Grünfläche – so wirkt das Haus noch massiger.

Unterschiedliche Höhen können bereits vorhanden sein. Oder müssen geschaffen werden, z. B. mit Stufen zu einem tiefer gelegenen Sitzplatz. Hecken, Zäune, Rosenbögen, Bäume und Kletterpflanzen betonen die Vertikale. Kleine, flache Bereiche werden durch Hochbeete oder durch Pflanzen in verschiedener Höhe interessant.

Wer hat schon einen Park?

Durch Unterteilung entsteht Größe. Die meisten von uns möchten, dass ihr Garten größer wirkt. Wenn man nun versucht, den Garten durch eine möglichst große Rasenfläche oder eine weitläufige Terrasse größer wirken zu lassen, erreicht man genau das Gegenteil.

So unglaublich das auch klingt. Das Auge wird durch nichts aufgehalten und beschäftigt. Es überblickt sofort die ganze Fläche. Das Gehirn erfasst im Nu den gesamten Raum und hakt ihn ab. Es gibt nichts Verborgenes, nichts Geheimnisvolles und Verwunschenes. Der Garten wirkt klein. Und nicht nur das. Es wirkt ausgesprochen langweilig.

☀ Wie mag es hinter der Hecke wohl weitergehen? »Raumteiler« und Durchgänge machen neugierig und den Garten somit interessant.

Selbst auf der kleinsten Fläche kann so gepflanzt werden, dass es irgendwo eine kleine Überraschung gibt. Und wenn es nur ein Strauch ist, ein Spalier oder ein attraktiver Topf.

Apropos Park. Wenn Sie einen Garten in zumindest parkähnlichen Ausmaßen haben, brauchen Sie ihn nicht noch größer erscheinen zu lassen. Auch hier gilt das gleiche Prinzip: Durch die Aufteilung in Räume wirkt er interessanter.

Eine lockere, transparente Unterteilung durch höhere Pflanzen kann Wunder vollbringen. Sie verlangsamt den Blick, ohne ihn auszusperren.

»Handtuchgärten« gibt es viele. Sie müssen aber nicht so aussehen. Ein langer, schmaler Garten wirkt ausgewogener, wenn er durch geschickte Gestaltung optisch verkürzt und nicht noch künstlich verlängert wird (siehe Seite 16/17).

Perspektiven, Formen und Proportionen

Selbst in dem kleinsten Garten kann mit der Perspektive gearbeitet werden. Und gerade dort kann sie Wunder vollbringen. Es ist erstaunlich,

☀ Nicht dominant und erdrückend, sondern schlicht wirkt die Sitzgruppe in diesem kleinen Garten. Große, wuchtige Möbel wären hier fehl am Platz.

wie sich das Auge täuschen lässt. Wie oft habe ich gehört: »So klein ist Ihr Garten doch gar nicht. Da hinten geht es doch noch weiter.« Ja, schön wäre es.

Die Größe des Gartens spielt eine große Rolle. Eine noch größere Rolle aber spielt die Form. Schmale Rabatten oder Beete mit kleinen Blättern und winzigen Blüten hinterlassen in einem großen Garten keinen Eindruck und wirken verloren. Das Gleiche gilt für schmale, kurze Wege oder ein einsames Stühlchen. In einem kleinen Garten sind sie jedoch ideal.

Auf die Proportionen kommt es an. Was in dem einen Garten angemessen ist, kann in einem anderen lächerlich wirken. Räume, die man durchwandern kann? Das geht nur in einem großen Garten. Und in diesem großen Garten sieht ein Teich von 60 cm Durchmesser nach »will und kann nicht« aus.

Übrigens: Machen Sie Fotos. Viele Fotos. Regelmäßig. Es ist äußerst interessant, nach Jahren sein Erstlingswerk zu betrachten. Und amüsant. Und machen Sie sich Notizen, sie erleichtern später vieles. Es ist unglaublich, wie schnell man Dinge vergisst – beispielsweise was man wo gepflanzt oder gesetzt hat.

🔸 Unterteilung schafft Größe – wie in diesem wunderschönen Beispiel. Die Beschränkung auf nur eine Blütenfarbe unterstützt dies zusätzlich.

Befestigte Oberflächen

● Natursteine und Pflanzen wirken zusammen sehr harmonisch.

● Kieswege strahlen immer auch einen Hauch von Sonne und Süden aus.

Wege und Pfade

Viele Wege führen nach Rom. Und mindestens einer durch den eigenen Garten. Jedenfalls meistens. Es sei denn, Sie betrachten die Rasenfläche als Zugang zu Beeten, Rosenstrauch oder Vogelhäuschen.

Nur wenn Sie nicht tagtäglich Ihre Laufrichtung ändern, wird sich ganz von allein zwar kein Weg, aber ein Trampelpfad bilden.

Warum also nicht gleich einen Weg einplanen? Wo steht geschrieben, dass ich ihn nie verlassen darf? Große Trittsteine sehen nicht nur besser aus als ein platt getretener Rasen. Spätestens bei einem aufgeweichten Boden werden Sie das zu schätzen wissen.

Wege führen in der Regel irgendwo hin. Von der Hintertür zum Sitzplatz – vom Wasseranschluss zum Blumenbeet. Das Ziel muss sich lohnen und darf sich nicht als Fata Morgana entpuppen. Selten wird der Weg das Ziel sein. Wie schade.

Der erste Weg führt meist vom Eingang zur Haustür. Er sollte zum Stil des Hauses passen, farblich und auch im Material. Vor allen Dingen muss er sicher sein. Er darf im Winter nicht zur Schlittschuhbahn werden. Oft ist ein teureres Material auf lange Sicht die preiswerteste Lösung. Im Garten muss ein Weg nicht gleich einen endgültigen Belag haben. Rindenmulch ist eine gute Interimslösung.

Natursteine wirken in Verbindung mit Pflanzen am natürlichsten. Besonders, wenn der Stein aus Ihrer Gegend kommt. Ein Taunusquarzit ist gegebenenfalls angebrachter als ein Marmor aus Italien. In unserem naturbelassenen Garten dürfen sich die Pflanzen ruhig über den Weg ausbreiten. Das wirkt sehr hübsch und ungezwungen. Nicht zulassen wird man es in einem formalen Garten.

Sitzplätze und Terrassen

Sie fehlen in keinem Garten. So unterschiedlich die Menschen sind, so unterschiedlich werden die Wünsche sein.

Die einen möchten die Sonne genießen, andere sitzen lieber im Schatten. Ob man nun die große Familie zur Kuchenschlacht einlädt oder ganz für sich allein den Abend ausklingen lässt – der Platz wird ein anderer sein.

Ruhig und geschützt sollte jeder Platz zum Relaxen sein. Geschützt vor Winden, aber auch vor neugierigen Blicken. Oder möchten Sie Ihr Schnitzel auf dem Präsentierteller verzehren? So wird der Vorgarten für einen intimeren Sitzplatz kaum in Frage kommen. Eine Bank an der Hauswand kann allerdings sehr dekorativ und einladend sein.

Bei der Planung einer Terrasse oder eines Sitzplatzes mit Steinboden sollte man sich gut überlegen, was man möchte. Ein Sonnenanbeter wird sich nur auf der Südseite wohl fühlen. Ein »Spätheimkehrer« wird einen Platz wählen, der noch am Abend heimelig ist, vor

● Töpfe geben dieser noch jungen Terrasse bereits ein eigenes Flair.

● Ein Mußestündchen unter dem Sonnenschirm oder Pavillon – ganz nach Belieben.

einer Mauer, die die Wärme gespeichert hat, von hellen Blüten und Duft umgeben. Ein Essplatz wird kaum neben dem Kompost sein.

Eine Sitzgruppe darf nie den Garten erschlagen. Die Proportionen müssen stimmen. Auch die Gartenmöbel sollten nicht zu dominant sein und mit den Pflanzen harmonieren. Zu einem Garten in ländlicher Umgebung passen stabile Holzmöbel unter einer weinumrankten Pergola einfach besser als futuristische Designerstühle unter einer gestreiften Markise. Sie möchten sich nicht so festlegen? Und sich je nach Stimmung ein Plätzchen für Ihre Verschnaufpause aussuchen? Der variable Sitzplatz ist oft die schönste Lösung.

Einfach einen Stuhl und ein Tischchen dort hingestellt, wo Sie es gerade am schönsten finden. In der Sonne, im Schatten, unter Ihrem Lieblingsbaum, an einem lauen Sommerabend oder ganz nah bei einer duftenden Pflanze.

🌼 Intime Lösung – geschützt vor störenden Blicken lässt es sich ungestört plaudern.

🌼 Ein spontanes Picknick unter einem alten Obstbaum in romantischer Atmosphäre.

Befestigte Oberflächen 19

Gartengestaltung

Ein Reihenhausgarten braucht kein langweiliges »Handtuch« zu sein. Es liegt nur an Ihnen, ein Kleinod daraus zu machen. Dieser Vorschlag ist als Anregung gedacht, Ihre Fantasie zu beflügeln und Ihre Planung zu erleichtern.

Ein Reihenhausgarten – ganz individuell

Oft liegt der Garten eines Reihenhauses nach Norden gerichtet. Was zunächst wie ein Nachteil wirkt, kann sich jedoch, bei entsprechender Gestaltung, als Vorteil herausstellen, den es eröffnen sich viele Möglichkeiten.

Dieses Gestaltungsbeispiel ist 6 m breit und 12 m lang und typisch für viele Reihenhausgrundstücke. Wichtig sind bei solchen Maßen eine optische Verkürzung und eine gute Raumunterteilung. Das Auge sieht so nicht alles auf einmal und das Gehirn hakt den Garten nicht als uninteressant ab. Die geöffnete Hecke kann aus je zwei (wintergrünen) Hainbuchen oder aus ebenfalls je zwei (immergrünen) Eiben bestehen. Das ist Geschmackssache. Beide sollten jedoch exakt in Form geschnitten werden. Der Durchgang, groß genug, um mit einer Schubkarre durchzukommen, führt zum Kompost und zu einem kleinen Geräteschuppen. Auch so etwas braucht man. Die Japanische Zierkirsche Prunus serrulata 'Amanogawa' bildet das »Schlusslicht« und den Blickpunkt. Ihr zu Füßen stehen zwei Fleischbeeren (Sarcococca) mit ihrem herrlichen Honigduft im Winter, umrahmt von Schneeglöckchen, und in der Mitte eine Funkie 'Hadspen Blue' mit schönem Blauton in den Blättern. Die Grenze zum Nachbarn wird durch das oft schon im Dezember blühende und duftende Geißblatt 'Winter Beauty' aufgewertet – schließlich soll auch im Winter der Gang zum Kompost seinen Reiz haben.

① 1 × Japanische Zierkirsche
② Hainbuchenhecke
③ Geräteschuppen
④ Kompost
⑤ Unterpflanzung mit Fleischbeere und Hosta
⑥ 2 × Hortensie 'Annabelle'
⑦ 3 × Kirschlorbeer als Hecke
⑧ Staudenpflanzung mit Lenzrose, Frauenhaarfarn
⑨ 1 × *Clematis alpina*, an der Hecke rankend
⑩ 1 × Eichblatt-Hortensie 'Snow Flake'
⑪ 2 × Lavendel
⑫ 1 × Clematis 'Königskind' im Kübel
⑬ 1 × Kletterhortensie am Zaun
⑭ 1 × Abelie
⑮ 1 × Bauernjasmin
⑯ 1 × Hibiskus
⑰ 1 × Prunkspiere (*Exochorda* 'The Bride')
⑱ Spalierobst oder Spindelbusch-Reihe am Zaun
⑲ 1 × Rose 'Rhapsody in Blue' mit Stauden und Zwiebelblumen
⑳ Rasen

Gartengestaltung 21

Der Vorgarten in Weiß und Grün

Der Vorgarten ist die Visitenkarte des Hauses. Eine hübsche und individuelle Gestaltung lohnt sich daher. Dieses Beispiel zeigt eine zurückhaltende, formale und edle Bepflanzung. Bei einer Größe von 6 m × 3 m ist wenig mehr. Zwei Buchskugeln auf Hochstamm flankieren die Eingangstür, die jeweils vier Buchsbäume auf dem schmalen und dem breiten Streifen sind akkurat geschnittene Kugeln unterschiedlicher Größe.

Die immergrüne Magnolie mit ihren köstlich duftenden Blütenschalen bildet den Höhepunkt, und neben der Orangenblume (Choisya) werden Sie sich auf der Bank in der Sonne wohl fühlen. Zwei Fleischbeeren sorgen für winterlichen Duft, die Strauchpäonie verleiht diesem Garten unvergleichliche Eleganz und Schönheit im Mai.

In beiden Gärten wird das ganze Jahr über etwas blühen, wenn Sie sich nach dem Pflanzplan richten – im Januar weniger, im Juni mehr!

① 1 × Orangenblume (Choisya ternata)
② 1 × Immergrüne Magnolie
③ Bank
④ Kiesfläche
⑤ 2 × Buchskugeln als Hochstämmchen
⑥ 8 × Buchskugeln in unterschiedlichen Größen
⑦ Christrosen und Schneeglöckchen
⑧ 2 × Fleischbeere (Sarcococca humilis)
⑨ 1 × Strauchpäonie

Ein Garten am Doppelhaus – mit intensiven Farben und Düften

Nicht jeder Garten ist zwangsläufig schmal und lang. Die unterschiedlichsten Formen kommen vor. Gärten von Doppelhaushälften haben häufig eine quadratische Form gegeben – so auch dieses Beispiel, das mit 9 × 9 m ein häufig vorkommendes Maß besitzt. In der Sonne wirken die intensiven Farben der Bepflanzung wie Dunkelrot und Goldgelb besonders schön. Doch Vorsicht! Ein Zuviel davon kann leicht erdrückend wirken. Hier heißt es daher umgekehrt: nicht klotzen, sondern kleckern. Hier ist wenig mehr, sogar sehr viel mehr an Wirkung. Also: solche dominanten Töne gezielt und mit Bedacht einsetzen. Dann bilden sie echte »Highlights«. Für den hinteren Teil des Gartens wurde daher besonders die Farbe Weiß eingesetzt, was gleichzeitig für eine größere Ferne sorgt. Ähnlich wirkt auch Blau, wie das der Säckelblume 'Gloire de Versailles'.

Ein Garten mit Rosen sollte immer auch ein Garten mit Duft sein. Ob nun die purpurrote 'Rose de Resht' oder die weiße 'Blanc Double de Coubert', an beider Duft können Sie sich bis in den Herbst hinein erfreuen. Doch nicht nur Rosen duften in diesem Garten: auch die weiß blühende Orangenblume, bei der sogar das Laub duftet, Lavendel, Funkie und Lilien, die direkt unter dem Fenster sitzende Fleischbeere mit ihrem herrlichen Honigduft im Winter – sie alle gehören in die Nähe des Hauses. Im Winter entschädigt Sie das ab Dezember blühende und duftende Geißblatt 'Winter Beauty'.

Die beiden parallel in Bögen verlaufenden Pflanzengruppen lassen den Garten nicht als Ganzes überblicken, aber doch erahnen. Eine lockere Begrenzung, ohne auszusperren. Und gleichzeitig eine Unterteilung in verschiedenen »Räume«. Für den Winteraspekt sorgen Christrosen und Schneeglöckchen.

Über der Pergola treffen sich die drei Hauptfarben der Gestaltung: die dunkelrote Ramblerrose 'Chevy Chase', die weiße, duftende 'Guirlande d'Amour' und die blau blühende Clematis 'Arabella'.

Bei einer Doppelhaushälfte werden Sie einen direkten Nachbarn haben, die Gärten meist mit einem Zaun abgetrennt. Ein Geißblatt lässt sich daran entlang ziehen und wird auch kaum zu Problemen mit dem Nachbarn führen, denn es wächst nicht auf sein Grundstück und kann bei Bedarf leicht zurückgeschnitten werden. Für etwas mehr Privatsphäre sorgt die Gehölzgruppe davor. Die andere Seite wird einen größeren Abstand haben. Ein etwas anderer Sichtschutz, ohne sich völlig abzuschotten, wären die drei hinter der Gehölz- und Staudengruppe schon von der Gärtnerei als Hochstamm-Spalier gezogenen Wildbirnen. Für diese transparente »Hecke am Stiel« würden sich alternativ auch Zierapfel und Ahorn eignen.

Ihr Garten ist nicht quadratisch, ist kleiner oder größer? Dann wandeln Sie das Konzept einfach entsprechend ab. So erhält Ihr Garten eine ganz persönliche Note. Oder setzen Sie nur einen Teil um, auch das ist möglich. Der Plan soll nur eine Anregung sein und die Qual der Wahl unter den vielen Möglichkeiten erleichtern.

① 1 × Orangenblume *(Choisya ternata)*
② 1 × Glanzmispel *(Photinia × fraseri)*
③ Je 1 × Pergola mit 2 Kletterrosen
④ 1 × Geißblatt am Zaun
⑤ 3 × Chinesische Wildbirne *(Pyrus calleryana)* als Hochstämme am Spalier
⑥ 2 × Berberitze *(Berberis thunbergii)*
⑦ Staudenpflanzung mit Taglilien, Gräsern und Schokoladenblume
⑧ Je 1 × Ziersträucher (Schneeball, Zierkirsche, Hibiskus)
⑨ Je 1 × Alte Rose 'Hugh Dickson', 'Rose de Resht' und 'Blanc double de Coubert'
⑩ Staudenpflanzung mit Funkie und Säckelblume *(Ceanothus)*
⑪ Kleines Wasserbecken mit Immergrün
⑫ Clematis an Mauer und Hauswand
⑬ Ziersträucher und Kletterpflanzen (Abelie, Fleischbeere, Geißblatt, Clematis)
⑭ 1 × Buchs
⑮ 2 × Lavendel
⑯ Ziersträucher (Bauernjasmin, Fingerstrauch, Rose)
⑰ 1 × Zierquitte
⑱ Rasen

 Auch in einem kleinen Garten kann ein lauschiger Sitzplatz entstehen.

Gartenrenovierung – aus alt mach' neu

So kennt man es häufig: Ein alter Garten wird mit dem Kauf übernommen, meist verwahrlost. Oder der eigene Garten ist über sich hinausgewachsen – oft durch Fehlplanung. Oder die Familiensituation hat sich geändert – die Kinder sind aus dem Haus. Oder man hat einfach einen wirklich schönen Garten gesehen und der eigene Garten gefällt nicht mehr, man ist aus seinem »Paradies« vertrieben. Der Wunsch nach etwas Neuem entsteht.

Die **Zeit als 4. Dimension** ist bei einer Planung so wichtig. Und wird so wenig beachtet. Sonst wären nicht so viele Umgestaltungen nötig. All die großen Tannen in den Vorgärten, gepflanzt als kleines Bäumchen nach Weihnachten! Gärten verändern sich im Laufe der Jahre, das macht ihren Reiz aus, die Pflege aber schwierig. Hinzu kommt, dass man das einmal erschaffene Bild so erhalten will.

Mit der Zeit ändern sich auch die **Lichtverhältnisse** im Garten. Die Bäume werden größer, ein anfangs sonniger Bereich ist plötzlich schattig. Nachbars Bäume nehmen inzwischen so viel Licht weg, dass der Rasen nicht mehr gedeiht. Schatten liebende Bodendecker schaffen hier Abhilfe. Oder eine große Tanne direkt an der Grundstücksgrenze wird gefällt. Endlich, denken wir – nur, plötzlich ist der Blick frei, und die Stelle ist viel sonniger. Auch die Nachbargärten muss man mit einbeziehen. Und die Änderungen dort hat man selten in der Hand. Man kann nur darauf reagieren. Ein Grund zum Resignieren ist das nicht.

☀ Irgendwann kommt auch ein Garten in die Jahre. Kein Grund zum Verzweifeln! Die Lösung erarbeitet man sich am besten Schritt für Schritt.

Eine Lösung gibt es immer

Gehen Sie behutsam vor. Auch Pflanzen sind Lebewesen. Mir hat in unserem Garten längst nicht alles gefallen. Aber die Bäume haben ältere Rechte als ich. Zu Axt und Bagger sollte man nur im Notfall greifen. Ein Rückschnitt allein wirkt schon Wunder. Der allerdings ist Sache von Fachleuten. Ein Baum muss artgerecht geschnitten werden. Eine Zeder muss danach noch aussehen wie eine Zeder und eine Birke wie eine Birke – und nicht amputiert. Alte Bäume lassen sich »aufasten«, das heißt, die unteren Zweige werden entfernt. Das wirkt leichter und lichter. Und macht eine Unterpflanzung möglich.

Alte Obstbäume, aber auch Zierapfel und Zierkirsche lassen sich durch Ramblerrosen aufwerten. Diese »zweite Baumblüte« sieht zauberhaft aus. Nur wenn ein Baum »abgängig« ist, seine Altersgrenze überschritten hat, fast nur noch aus toten Ästen besteht und zur Gefahr wird, dann muss er gefällt werden.

Auch Akzente wirken Wunder. Eine Pergola, ein Rosenbogen oder ein Rosenobelisk, eine neue Rabatte. Ein immer feuchter Platz muss alles andere als ein Ärgernis sein. Warum krampfhaft versuchen, ihn trocken zu kriegen? Manch einer wäre froh, solch ideale Bedingungen für seinen Teich mit einer großzügigen Sumpfzone gratis zu haben.

☀ Dieser Garten hatte seine besten Zeiten hinter sich, der Wunsch nach etwas Neuem war dementsprechend groß.

Der Garten vorher

Trostlos und leer wirkte dieser Garten vor seiner Umgestaltung. Wenig attraktiv und irgendwie ungeliebt. Die Bäume und Sträucher im Hintergrund sind außer Form geraten. Der Garten wirkt weniger gestaltet als eher wie ein Dickicht, in dem der Sitzplatz einsam und verloren aussieht. Außerdem stimmen die Proportionen nicht: Während der rechte Teil durch die groß gewordenen Gehölze undurchdringlich und düster ausfällt, ist bei der Rasenfläche in der Mitte keinerlei Linie und Struktur mehr zu erkennen. Hier ist auf jeden Fall ein neues Konzept notwendig.

Der Garten nachher

Kaum zu glauben – es ist derselbe Garten, und doch wirkt er ganz anders. Die rechte Seite wurde stark ausgelichtet und einige der inzwischen viel zu großen Sträucher komplett entfernt. Eine Eibenhecke als Umrahmung wurde neu und bewusst locker gepflanzt, um die Einzelsträucher dann in Form zu schneiden. Die Besitzer haben großen Wert auf einen großzügigen Sitzbereich gelegt und ganz auf den Rasen verzichtet, wohl auch, um die Fläche leichter pflegen zu können.

Da der Garten zum Haus hin abschüssig gelegen ist, bot es sich an, diesen scheinbaren Nachteil bewusst in die Gestaltung einzubeziehen. So entstand die zweistufige Terrassenlösung – losgelöst vom Haus, aber mit Blick darauf. Die Einfassung des mit großformatigen Platten versehenen Sitzplatzes ist farblich abgesetzt und in Kleinstein ausgeführt, sodass die Begrenzung klar erkennbar wird. So erscheint dieser Gartenbereich strukturierter und klarer. Mit der Zeit wird die Bepflanzung der an den Sitzbereich angrenzenden Beetflächen üppiger werden und geschlossen zusammenwachsen. Damit wird der nun sehr großzügige Eindruck des Gartens zusätzlich unterstrichen.

☀ Derselbe Garten in neuem Gewand. Man erkennt den ursprünglichen Zustand kaum noch. Er ist jetzt zeitgemäßer, wesentlich klarer und übersichtlicher.

Blumenbeete und Rabatten

Das Anlegen ist nicht schwer. Die Schönheit kommt mit der Zeit. Ob ein Beet schmal oder breit ist, rund oder länglich, darauf kommt es nicht an. Wichtig ist die Höhe.

Das klassische Beet ist zweidimensional. Eine Höhenstaffelung fehlt. Auch ein Hochstamm macht aus einem Rosenbeet mit zwanzig 'Bonica '82' noch keine Rabatte.

Eine **Rabatte** ist ein besonderes Beet. Sie wirkt lockerer und vielseitiger. Aus Blüten, Blattformen, Wuchs und Größen der verschiedenen Pflanzengruppen ergibt sich ein harmonisches Gesamtbild. Die unterschiedlichen Höhen

☀ Stauden in unterschiedlichen Höhen, Wuchsformen und Strukturen sind miteinander kombiniert.

spielen dabei eine wesentliche Rolle. Rabatten sind dreidimensional.

Sie lassen sich, in welcher Form und Größe auch immer, wie ein eigener, kleiner Garten gestalten. Sozusagen als Garten »en miniature«. Denn vielen unter uns steht vielleicht gar nicht mehr Platz zur Verfügung.

Planen Sie »von oben nach unten«. Fangen Sie mit einem kleinen – ich meine einen klein bleibenden – Baum an. Oder einem großen Strauch. Bei beiden ist es wichtig, dass sie das ganze Jahr über etwas zu bieten haben.

Schönes Laub oder auch nur eine attraktive Rinde. Damit haben Sie schon einmal die halbe Miete. Danach kommen kleinere Sträucher und Stauden, auch kurzlebige, an die Reihe. Und, nicht zu vergessen: Zwiebelgewächse. Mit ihnen lässt sich richtig zaubern, von Januar bis Dezember. Denken Sie nur an Schneeglöckchen und Herbstzeitlose.

Klassisches Beet und Rabatte

Ob klassisches Beet oder Rabatte, Fantasie und Kreativität sind gefordert. Toben Sie sich ruhig aus. Es ist noch kein Meister vom Himmel gefallen. Rabatten wie Beete leben von der Veränderung. Etwas dürfen Sie jedoch nicht vergessen: Keine Pflanze kann über zwölf Monate einen Höhepunkt darstellen. Ihr Stellenwert verändert sich im Laufe des Jahres. Mal ist sie Hauptdarsteller und glanzvoller Mittelpunkt auf der Bühne – wie die Bourbonrose 'Louise Odier' im Hochsommer. Danach hat sie eine Nebenrolle – sie blüht immer wieder, aber nicht so üppig. Schließlich ist sie Statist – hat nur noch Laub und später ihre Zweige. Ein kahler, gut geschnittener Rosenstrauch kann durchaus sehr reizvoll aussehen. Stauden wie das Tränende Herz treten nach der Blüte ganz von der Bühne des Gartens ab, sie ziehen ein. Eine schöne Rabatte hat das ganze Jahr über etwas zu bieten. Und nicht zu vergessen: das Laub. Die großen, dicken Blätter der Bergenie lassen eine Rabatte auch im Winter attraktiv aussehen. Oder die trockenen Blütenstände der zauberhaften Kugeldistel.

✸ Für mehrere runde Inselbeete muss die Rasenfläche sehr groß sein.

Beetformen

Von schlicht bis raffiniert – alles ist möglich. Erlaubt ist, was gefällt. Ohne Wenn und Aber? Nicht ganz. Denn die Proportionen müssen stimmen. Ein winziges Beet in einem großen Garten sieht genauso seltsam aus wie ein riesiges in einem kleinen.

Wenn Sie die Wunschform nach Geschmack und Möglichkeiten festgelegt haben und auch ihren Platz, markieren Sie den vorgesehenen Umriss mit Sand oder dem Gartenschlauch. Und betrachten Sie sich das Ganze auch vom Fenster aus. Jetzt sind Änderungen noch leicht. Spielen Sie ruhig ein bisschen.

Zu den Grenzen oder Mauern hin ansteigende Beete oder Rabatten vermitteln den Eindruck von Weite. Der Garten wirkt dadurch größer, entweder breiter oder länger. Man kann damit sehr viel erreichen. Diese optische Täuschung hat einen weiteren Vorteil: Die Pflanzfläche ist größer, und zwar tatsächlich. Dadurch ergeben sich neue Möglichkeiten, die eine oder andere Pflanze findet noch Platz, auf die man sonst hätte verzichten müssen.

Eine zu jeder Jahreszeit interessant wirkende Rabatte macht Arbeit. Ob viel oder wenig, das hängt von der Gestaltung ab. Erleichtern Sie sich die Arbeit, indem Sie die Beete begehbar machen. Sie müssen bequem an die Pflanzen heran (und wieder zurück) kommen können. Kleine Wege, locker verteilte Trittsteine, ein Bodendecker, der widerstandsfähig ist – und zu Ihrer Sicherheit auch hier und da eine Metallstange, einfach zum Festhalten. Ein ständig platt getretenes Blumenbeet ist ganz sicher keine große Augenweide.

Ein Hochbeet ist ein leichtes Beet. Und zwar in vielerlei Hinsicht. Man kann es für eine bestimmte Pflanzengruppe reservieren, die einen besonderen Boden braucht. Und: Ein Hochbeet ist rückenfreundlich. Und es lässt sich sogar vom Rollstuhl aus genießen und vielleicht sogar bearbeiten. Es muss auch durchaus kein rechteckiger Kasten sein. Viel gefälliger sieht es aus, wenn es sich der Form des Gartens anpasst oder – wenn es ihm durch seine geschwungene Linie zu einer Form verhilft.

☀ Eine Einfassung der Rabatte mit Steinen erleichtert das Mähen der Rasenkanten ganz wesentlich.

Ein Beet in Rot und Violett – kreativ und gewagt

Dieses Beet zeigt einmal eine etwas andere Farbkombination – mit dem entsprechenden »Wow-Effekt«. Für einen ganzen Garten wäre das ein bisschen zu viel des Guten. Aber als freie Rabatte in einer ruhigen und zurückhaltenden Gestaltung, vor einer immergrünen Hecke, einer schlichten Mauer oder einer Wand werden Sie mit diesen kräftigen und doch harmonierenden Tönen Aufsehen erregen. Die rechteckige Form der Rabatte ist 2,40 m breit und 1,20 m lang. Sie können sich genau nach Plan und Mengen richten, aber auch nach eigener Fantasie das eine oder andere abwandeln.

Der Standort sollte sonnig sein. Nur dort kommen die ausgewählten Pflanzen richtig zur Geltung, und auch nur dort werden sie sich wohlfühlen. Besonders wichtig war bei der Zusammenstellung der Pflanzen, dass auch im Winter wenigstens etwas blüht. Zwar kein »Flower Power« wie im Sommer – aber nicht weniger begrüßt und beachtet.

Den Höhepunkt bildet ein Obelisk oder eine Pyramide als Stütze für die Kletterrose 'Naheglut' mit ihren samtig dunkelroten, gefüllten Blüten. Eine perfekte Harmonie mit der dunkelviolettfarbenen Clematis 'Étoile Violette'. Die Lenzrose 'Red Lady' mit ihren rotbläulichen Blüten ab Februar und die Pfingstrose 'Rubra Plena', rot und gefüllt, wurden auch wegen des Laubes gewählt. Dunkelgrün, groß und ledrig das eine, hellgrün, fein und farnartig das der Päonie.

① 1 × Clematis viticella 'Étoile Violette' am Obelisk
② 1 × Kletterrose 'Naheglut'
③ 2 × Pfingstrose Paeonia tenuifolia
④ 2 × Lenzrose 'Red Lady'
⑤ 2 × Skimmie (Skimmia japonica)
⑥ 2 × Taglilie
⑦ 2 × Monarde
⑧ 2 × Bergenie 'Rotblum'
⑨ 2 × Steinbrech 'Wada's Variety'
⑩ 6 × Veilchen
⑪ + ⑫ 2 × Rote Lilien
⑬ 2 × Kardinals-Salbei (Salvia fulgens)
⑭ 1 × Ballonblume (Platycodon)
⑮ 1 × Kaisernelke (Dianthus chinensis)
⑯ 8 × Frauenhaarfarn
⑰ 2 × Kriech-Glockenblume (Campanula portenschlagiana)
⑱ 12 × Krokusse
⑲ 12 × Netz-Iris (Iris reticulata)
⑳ 4 × Männertreu (Lobelia erinus)

Blumenbeete und Rabatten 33

Farbe muss nicht nur von den Blüten kommen, auch das Laub spielt eine Rolle, wie hier bei der Bergenie 'Rotblum' mit ihren ausdrucksstarken Blättern. Auch der Steinbrech 'Wada's Variety' mit seinem Bronzeton auf der Oberseite und dem leuchtenden Purpurrot auf der Unterseite der Blätter ist ein Gewinn für diese Farbkombination. Die roten Beeren der Skimmie verschönern den Herbst. Von ihr sollten ein weiblicher und ein männlicher Strauch gepflanzt werden – zum besseren Fruchtansatz. Für die ersten Frühlingsgefühle werden die kleine Iris, dunkelviolett mit bezauberndem Duft, und der Krokus 'Ruby Giant' sorgen, je nach Witterung und Lage Ihres Gartens noch vor der Lenzrose.

Ganz in Weiß und Grün – einfach zum Nachmachen

Als eine Insel im Rasen oder auch als Mittelpunkt des Vorgartens zwischen Steinen – dieses Beet ist vielseitig verwendbar. Das Thema ist »Weiß«. Genauso gut können Sie aber auch rosafarbene Sorten wählen. Oder Weiß, Rosa und Violett mischen. Erlaubt ist, was gefällt.

Alle verwendeten Pflanzen möchten gerne Sonne haben. Deshalb kommt eine Süd-West-Lage in Frage. Wir haben darauf geachtet, dass zu jeder Jahreszeit etwas blüht. Selbst bei einem so kleinen Beet ist das nicht unmöglich. Und auch der Duft spielt bei dieser Gestaltung eine Rolle.

Durch die dichte Bepflanzung wird sich das Thema Unkraut nicht einstellen. Es hat keinen Platz. Die Randpflanzen dürfen ruhig über-

① 1 × Hochstammrose 'Schneewittchen', ca. 1,40 m
② 1 × Lavendel (*Lavandula angustifolia* 'Nana Alba')
③ 1 × Gedenkemein (*Omphalodes verna*), weiß
④ 2 × 6 Narzissen, z.B. 'Polar Ice' oder 'Sinopel'
⑤ 1 × Herbst-Anemone (*Anemone japonica*), weiß
⑥ 2 × 20 Schneeglöckchen (*Galanthus nivalis*)
⑦ 2 × Gefleckte Taubnessel (*Lamium maculatum* 'Album')
⑧ 1 × Tränendes Herz (*Dicentra spectabilis* 'Alba')
⑨ 4 × Herbstzeitlose (*Colchicum autumnale* 'Alboplenum')
⑩ 4 × Immergrün (*Vinca minor*), weiß
⑪ 2 × Christrose (*Helleborus niger*)
⑫ 2 × Levkoje (*Matthiola incana*), weiß
⑬ 1 × Stauden-Phlox (*Phlox paniculata*), weiß

hängen. Das gibt ein natürliches Bild. Wem dies zu locker ist, der kann eine niedrige Buchshecke als Begrenzung verwenden. Die beiden Trittsteine sind nicht unbedingt nötig, aber hilfreich. Gepflanzt wird im Herbst, jedenfalls das, was Sie dann bekommen.

Im Übrigen werden Sie mit dieser Bepflanzung nicht viel Arbeit haben. Bei den Narzissen wird nur das Verblühte abgeschnitten, das Laub darf einziehen. Das gibt Kraft für das nächste Jahr. Lavendel wird auch nach der Blüte etwas geschnitten, um buschig zu bleiben. Und wenn Sie den Phlox nach der Blüte zurückschneiden, haben Sie die Chance auf eine zweite. Nur das »Schneewittchen« braucht etwas mehr Fürsorge. Regelmäßig die verwelkten Blüten abschneiden – und Sie werden mit immer neuen bis in den November belohnt.

Viele sind enttäuscht, wenn sie eine solche Neubepflanzung sehen. Ich kann das gut verstehen. Haben Sie etwas Geduld. Die kahlen Stellen werden schon in zwei Jahren nicht mehr zu sehen sein. Im ersten Jahr lassen sich zur Überbrückung einjährige Pflanzen wie Duftsteinrich integrieren. Die ovale Form hat eine Länge von 2 m und in der Mitte eine Breite von 1,50 m. Spielen Sie ruhig ein bisschen mit Länge oder Breite. Auch rund ist möglich.

Beet neu bepflanzen

Das Pflanzen ist ganz leicht und macht richtig Spaß. Aber nur, wenn der Boden gut vorbereitet ist. Es muss eine Wonne sein, ein Loch zu buddeln. Wer an einem steinharten Boden verzweifelt, ist mit seiner Lust und Kraft schnell am Ende. Und die Pflanzen sind es auch.

Lieber am Anfang etwas mehr Zeit und Mühe investieren. Es zahlt sich aus. Die Bodenvorbereitung gehört dazu (siehe Seite 58 f.). Und wählen Sie nur Pflanzen mit gleichen Standortansprüchen, also Licht-, Klima- und Bodenbedingungen. Sonst macht man sich das Leben nur unnötig schwer. Feuchtigkeitsliebende Pflanzen fühlen sich auf trockenem Boden nicht wohl, und ein Lavendel wird in feuchter Erde nicht glücklich sein. Keine Rose wird im Schatten ihre volle Schönheit erreichen, und kein Farn wird in voller Sonne gedeihen. Außerdem würde auch der Farn nicht zu der Rose passen.

Pflanzen mit den gleichen Ansprüchen ergeben nicht nur ein harmonischeres Bild, sie machen auch das Gärtnern erheblich einfacher. Die Pflanzengruppen sollten miteinander harmonieren. Geben Sie Ihrem Beet am besten ein Motto. Ein Rosenbeet, ein Schattenbeet, ein Beet mit mediterranen Pflanzen oder eines in Rosa- und Mauvetönen.

Vielleicht liebäugeln Sie auch mit einem Kiesbeet. Zurzeit groß in Mode. Weniger Arbeit und gleichzeitig ein ganz neuer Aspekt. Ein Hingucker. Fangen Sie erst einmal mit einer kleinen Fläche an, zum Üben. Genaue Anleitungen gibt es im Internet

An einem sonnigen Platz fühlen sich Steingartenpflanzen wohl. Wie die Gold-Fetthenne, Thymian, Blausternchen, der Fingerstrauch (z. B. *Potentilla fruticosa* 'Manchu') und eine Mini-Kiefer (z. B. *Pinus mugo* 'Krauskopf' oder 'Humpy').

Blumenbeete und Rabatten 35

① Die Pflanzen stehen in Warteposition.
② Markieren Sie sich die richtigen Pflanzstellen gemäß Ihrem Pflanzplan. Noch sind Änderungen möglich.
③ Mit Handschaufel werden die Pflanzen in gleicher Höhe wie vorher im Topf eingepflanzt.
④ Das Werk ist vollbracht. Heben Sie sich die Schildchen auf, oft ist man später für die Art- und Sortennamen dankbar.

Spiel mit den Farben

Erst die Farben und das Spiel mit ihnen machen neben der Raumgestaltung aus einem Allerweltsgarten einen besonders schönen. Farben können zum Werkzeug werden, den Garten kürzer und breiter oder länger und schmaler erscheinen zu lassen.

Einfarbig reicht von den unterschiedlichen Abstufungen einer Farbe bis zu einer Kombination benachbarter Farben wie Rotviolett, Violett, Blauviolett und Blau. Eine solche Zusammenstellung wirkt beruhigend. Dunkle Töne verkleinern, lassen zurücktreten und haben etwas Geheimnisvolles. Bei trübem Wetter verlieren sie sich. Sie »verschwinden« und wirken sich auch auf unsere Stimmung aus. In der Natur blühen viele Pflanzen weiß, ob Gänseblümchen, Holunder oder unsere Obstbäume. Der natürlichste Garten ist ein weißer. Er erfordert die wenigsten Kompromisse. Will man sich auf nur eine Farbe beschränken, ist es mit Weiß am leichtesten. Weiß hellt auf, macht dunkle Teile sichtbar. Weiße Blüten, von grauem Laub umgeben, wirken strahlend.

Kontraste müssen bewusst eingesetzt werden. Pflanzt man Komplementärfarben wie Gelb und Violett zusammen, wirken sie noch leuchtender. Während zarte Töne besonders reizvoll bei bewölktem Himmel sind, kommen starke, kräftige Farben wie reines Rot und lebhaftes Gelb im grellen Sonnenschein zu ihrem Recht. Sie »schreien« direkt um Aufmerksamkeit.

Grüne Töne sind in jedem Garten vorhanden, und zwar in den unterschiedlichsten Nuancen. Schade, dass sie meist keine Rolle spielen. Sie verdienen viel mehr Aufmerksamkeit. Selbst ein grüner Garten, mit Gräsern, Farnen und der Vielfalt an Blattformen und -farben, hat seine Reize und wirkt ausgesprochen beruhigend auf unsere Augen.

Schatten muss kein Nachteil sein

Ganz im Gegenteil. Ungeahnte Möglichkeiten können sich auftun. Ich habe erstens einen Nordgarten und zweitens vor kurzem auf dem Frankfurter Hauptfriedhof ein denkmalgeschütztes Patenschaftsgrab übernommen: Mit 40 m² in totalem Schatten. Und einen kleinen Garten daraus gestaltet. Auch mit einem Beet. Zwei Hortensien sorgen für Höhe und Mittelpunkt,

☀ Ein harmonisches Beet in verschiedenen Rottönen.

zwei immergrüne Fleischbeeren *(Sarcococca)* für Struktur und Duft (im Winter!), Schneeglöckchen und Narzissen grüßen im Frühling, das Tränende Herz mit seinen weißen, nickenden Herzchen erfreut von Mai bis Juli. Selbst Glockenblumen fühlen sich dort wohl. Und last not least: Farn. Mit ihm können Sie sich austoben. Es gibt ganz entzückende Sorten. Ein harmonisches Ganzes in Weiß und Grün – im Schatten!

Eine Gestaltung in harmonischen Farben ist für die endgültige Wirkung eines Gartens vielleicht wichtiger, als Sie denken. Auf jeden Fall ist weniger mehr. Selbst ein bunter Cottage- oder Bauerngarten sollte nicht allzu kunterbunt sein. Und was harmoniert? Eine rosa blühende Zierkirsche mit einem gelb gestrichenen Haus wohl kaum.

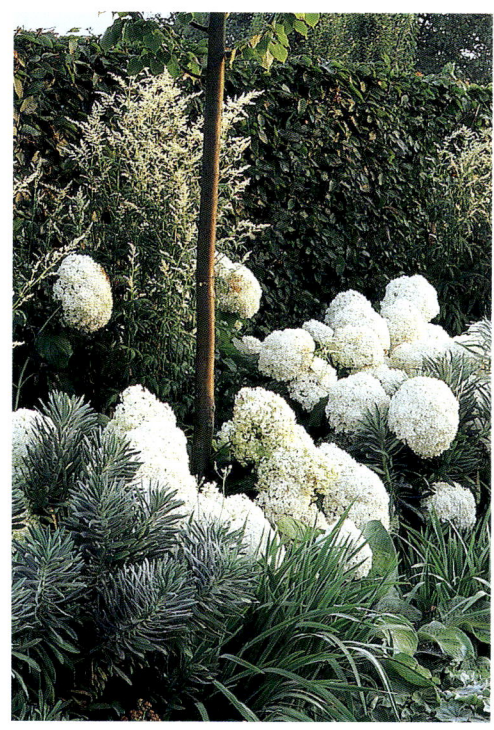

☀ Warum nicht einmal bewusst Kontraste setzen?   ☀ Weiß und grün, elegant und wohltuend.

Gemüse, Obst und Kräuter

Junges Gemüse aus dem eigenen Garten, frisch, knackig und lecker: Was gibt es Schöneres? Selbst gezogene Salate, kleine, süße Erbsen, Tomaten, noch warm von der Sonne, Erdbeeren, Johannisbeeren und Kirschen frisch gepflückt – wer kann da widerstehen? Wenn Sie es nicht können, liegen Sie voll im Trend.

Einfach ein paar Bohnen in die Erde gesteckt, Samentütchen gekauft und den Inhalt lustig verteilt – Sonne und Regen werden es schon richten: schön wär's. Doch so einfach ist es leider nicht. Selbst der kleinste Küchengarten will geplant und gepflegt sein, erfordert Arbeit und einiges Wissen. Und er soll möglichst auch noch hübsch aussehen.

Die Frage, ob alles, was machbar, auch sinnvoll ist, sollte Ihnen bei der Planung Ihres Nutzgartens eine Überlegung wert sein. Die gängigen Gemüse kann man das ganze Jahr über kaufen. Da ist es besser, nur besondere Sorten zu ziehen, die man selbst oder die Familie besonders schätzt. Auch wenn alles zur gleichen Zeit reif wird und man nicht mehr weiß, wie man die vielen Zucchini verarbeiten soll, stimmt die Planung nicht ganz. Die persönlichen Vorlieben, ein harmonisches Aussehen, der vorhandene Platz sowie die gegebenen Licht- und Bodenverhältnisse sollten im Vordergrund stehen. Als Fan der mediterranen Küche kann ich nicht erwarten, dass Tomaten, Oregano und Rosmarin mir zu liebe prachtvoll gedeihen, wenn ich sie nur in eine schattige Ecke pflanzen kann.

Planung und Gestaltung

Am Ende oder an der Seite des Grundstücks ist der beste Platz für Ihren kleinen Nutzgarten, sofern er sonnig ist. Denn: Gemüse und Obst brauchen Sonne. Fangen Sie klein an. Mit zunehmender Erfahrung werden Sie Spaß am Ausprobieren haben. Aber zuerst brauchen Sie ein Erfolgserlebnis.

Mit ein- und demselben Gemüse kann ein Beet nicht das ganze Jahr gut aussehen. Sie sollten daher kombinieren, um nicht nur geschmacklich, sondern auch optisch für Abwechslung zu sorgen. **Hübsche Kombinationen** sind beispielsweise:

- hohe Stab-Tomaten, Salat und Petersilie
- filigranes Laub von Karotten und großblättriger Mangold
- grüner Romanasalat und rotblättriger Kopfsalat.

Das Spiel mit den Farben erhöht auch gleichzeitig die Gaumenfreuden. Setzen Sie beispielsweise

- rot- und weißstieligen Mangold
- gelbe und violette Bohnen-Sorten
- rote und gelbe Tomaten
- grün- und rotblättrige Salate zusammen.

☀ Ein kleiner Nutzgarten kann und sollte ein Gaumen- und ein Augenschmaus sein. Und warum nicht auch gleich beim Ernten einen Blumenstrauß schneiden?

Gemüse, Obst und Kräuter ● 39

Wege und Begrenzungen

Damit ein Beet bequem bearbeitet werden kann, sind Wege nötig. Bei sehr kleinen Flächen reichen auch einige Trittsteine. Als Belag haben Sie die Wahl zwischen feinem bis mittelgrobem Kies, Rindenmulch und Schieferplättchen oder -bruch. Dessen Vorteil: Schiefer sieht nicht nur gut aus, er speichert auch die Wärme.

Ein Bild kann durch einen Rahmen gewinnen. Ein Gemüsebeet auch. Die Lage muss natürlich berücksichtig werden, ansonsten sind Ihrer Fantasie kaum Grenzen gesetzt. Setzen Sie waagerecht gezogenes Spalierobst an eine Wand oder einen Zaun als Rahmen in den Hintergrund. Oder schaffen Sie verschiedene Gartenräume durch hoch wachsendes Gemüse – Stangenbohnen können als dekorativer Sichtschutz dienen (einzelne, feste Stangen kippen nicht so leicht), klein bleibende Obstbäumchen können Sie als Säulenreihe setzen, Duftwicken am Maschendraht ziehen.

☀ Wege sind nötig, nicht nur um Beete voneinander abzugrenzen.

Den Boden vorbereiten

Der Schlüssel zum Erfolg für eine reiche Ernte im Gemüsegarten ist eine optimale Bodenvorbereitung und -pflege, noch wichtiger als bei einem Blumenbeet. Sobald der Boden frostfrei (meist ist das ab Ende Februar/Anfang März) und genügend abgetrocknet ist, kann mit der Bodenbearbeitung und -verbesserung begonnen werden.

Ein jährlicher Wechsel der Gemüsearten sorgt dafür, dass Nährstoffe nicht einseitig entzogen werden und der Boden dadurch auslaugt – und außerdem, dass sich Krankheiten, die auf bestimmte Pflanzen spezialisiert sind, nicht ausbreiten können. Frühestens nach drei Jahren kommt die gleiche Gemüseart wieder auf dasselbe Beet. Man nennt dies »Fruchtwechsel«. Es gibt auch Ausnahmen: Bei Erdbeeren etwa braucht das Beet nicht gewechelt werden.

● Befestigte Wege erleichtern ein bequemes Arbeiten und verhindern unschöne Trampelpfade.

Was passt zusammen und was nicht

Achten Sie bei der Planung darauf, dass die Ansprüche der einzelnen Gemüse- und Kräuter-Arten an Nährstoffen und Wasser möglichst übereinstimmen. Die feuchtigkeitsliebende Pfefferminze zusammen mit dem Thymian, der es gerne trocken hat, wäre keine gute Idee. Auch Tomaten brauchen viel Wasser. Zu ihnen würde Basilikum besser passen als Möhren. Die ideale Begleitpflanze zu Bohnen ist Bohnenkraut, sowohl im Geschmack als auch in den Ansprüchen. Zwischen Erdbeeren ist oft Platz für Radieschen, Petersilie oder Feldsalat. Sie halten sogar die Früchte gesünder. Und niedrig wachsende, kleinblütige Tagetes sehen zwischen dem filigranen Laub der Möhren nicht nur dekorativ aus – sie halten auch lästige Schädlinge fern.

Es gibt Gemüse, die von der Nachbarschaft mit anderen profitieren, und es gibt solche, die sich überhaupt nicht vertragen. Wenn Sie sich nach der Tabelle richten, dürfte nicht allzu viel schief gehen.

✿ Kombiniert mit passenden Partnern wie den Tagetes bleiben Schädlinge außen vor und das Gemüse knackig und gesund.

Gemüse-art	verträgt sich gut mit	verträgt sich nicht mit
Bohnen	Kartoffeln, Salat, Möhren, Tomaten, Radieschen	Erbsen, Lauch, Zwiebeln
Erbsen	Möhren, Radieschen, Salat, Zucchini	Bohnen, Kartoffeln, Tomaten
Kartoffeln	Bohnen	Tomaten
Mangold	Bohnen, Möhren, Radieschen	Spinat
Möhren	Erbsen, Kartoffeln, Tomaten, Radieschen, Salat	Sellerie
Radieschen	Bohnen, Erbsen, Salat	Gurken
Tomaten	Bohnen, Möhren, Radieschen	Erbsen, Kartoffeln

Aussaat oder Jungpflanzen

Der noch nicht geübte Gemüsegärtner ist auf der sicheren Seite, wenn er kleine Pflänzchen (sogenannte »Setzlinge«) oder die etwas größeren Topfballenpflanzen vom Fachmann bezieht. Letztere haben den Vorteil, dass sie ungestört weiterwachsen können, wenn sie ins Beet kommen.

Obstbäume und -sträucher kaufen und pflanzen Sie am besten im Herbst »wurzelnackt« (d. h. ohne Erde). Sie sind dann am günstigsten, können gut anwachsen und werden Sie früher mit einer reicheren Ernte belohnen.

Den verlockend aussehenden, bunten Samentütchen ist jedoch kaum zu widerstehen. Um sich die teilweise komplizierte Anzucht zu ersparen, wird direkt in die gut vorbereitete Erde gesät. Außerdem entwickeln sich die Sämlinge gesünder und werden nicht durch Umpflanzen gestört. Radieschen, Petersilie und Feldsalat lassen sich leicht zwischen März und August in jede Lücke säen. Vor allem für Kinder ist das schnelle Keimen und Wachsen von Bohnensamen ein spannendes Erlebnis. Ab Mitte Mai werden sie 2–3 cm tief direkt in gut gelockerte Erde gesetzt. In Töpfen kann man sie schon Mitte April vorziehen, vier Wochen später auspflanzen und vier Wochen früher ernten.

Düngung im Gemüsebeet

Der Boden wird von den einzelnen Gemüsearten unterschiedlich stark beansprucht:
- stark, z. B. Tomaten, Mangold, Zucchini, Kohl
- mittel, z. B. von Karotten, Kartoffeln, Salat
- wenig, z. B. von Bohnen, Erbsen, Kräutern.

Man spricht auch Starkzehrern, Mittelzehrern und Schwachzehrern. Je nach Gemüseart muss also unterschiedlich stark gedüngt werden, bei der letzten Gruppe überhaupt nicht.

Optimale Beet-Ausnutzung rund ums Jahr

Sie haben sich über die ersten Erfolge gefreut, sich über die ersten Fehler geärgert und den Mut nicht verloren? Und Lust auf mehr? Dann versuchen Sie es einmal mit einer sogenannten »**Kulturfolge**« im selben Beet und im gleichen Jahr:
- die schnellwüchsigen Radieschen als Vorkultur setzen
- danach Tomaten als Hauptkultur pflanzen
- schließlich Feldsalat oder Mangold als Schlusslicht verwenden.

Schließlich hier noch ein paar Tipps und Tricks für junge Gemüsegärtner:
- Wenn Sie wenig Platz haben, nehmen Sie Arten, die nicht alltäglich sind.
- Wählen Sie Arten, die Sie geschmacklich bevorzugen.
- Denken Sie an den »Rahmen«, da Gemüsebeete während der Saison unterschiedlich aussehen.
- Höhepunkte lockern auf und sind ein Blickfang. Ein optischer Genuss: ein Johannisbeer-Hochstämmchen, Stangenbohnen mit bunten Hülsen oder ein Mini-Kirschbäumchen (*Prunus avium* 'Stella Compact') mit roten, Früchten. Oder ein Rosenhochstamm.

Ein kleiner Küchengarten

Für diesen Pflanzvorschlag brauchen Sie insgesamt eine Fläche von 17 m²: 5 m in der Länge und 3,40 m in der Breite. Der Plan ist als »Baukasten« angelegt, sodass Sie auch nur einzelne Teile davon auswählen und verwenden können. Ein Viererfeld hat eine Fläche von knapp 3,5 m², der kleinste Teil nur 0,6 m². Außerdem können Sie die kleinen Beete auch untereinander austauschen oder statt ebenerdiger Beete auch Hochbeete anlegen.

Insgesamt sollten Sie auf ein harmonisches Aussehen achten, denn auch ein Küchengarten kann durchaus optisch attraktiv aussehen. Wichtig war uns – neben leckerem Gemüse und Obst in ausgewogenem Verhältnis – eine hübsche, farbenprächtige Gestaltung unter Berücksichtigung der Höhe. Und, dass durch Wege ein bequemes Arbeiten möglich ist.

Die Begrenzung bilden **Duftwicken** an einem Zaun aus Maschendraht oder einer Rankhilfe aus Weidenruten. Auf der anderen Seite sind zwei **Apfelbäumchen** vorgesehen, die als **Spalier** gezogen. **Stachelbeer-** und **Johannisbeer-Hochstamm** sorgen für Höhe, ebenso wie zwei Säulen-Kirschen und eine Säulen-Himbeere. Erkundigen Sie sich bei einer Gärtnerei, welche Beerensorten bei Ihnen in der Gegend am besten wachsen und wenig anfällig für Krankheiten und Schädlingsbefall sind.

Das »Highlight« ist die Mitte: **Stangenbohnen** und **Kapuzinerkresse**. Stangenbohnen sind ertragreich, platzsparend und ein dekorativer Sichtschutz, besonders bei verschiedenen Sorten. Das Gerüst bilden vier ca. 2 m hohe Bambusstangen; sie sind im Viereck aufgestellt und ein Stück unterhalb der Spitze zusammengebunden, dadurch bilden sie eine stabile Stütze. Wenn Sie für dieses Arrangement keinen Platz in der Erde haben, können Sie auch vier größere Tontöpfe mit je einem Stab darin zusammenstellen und oben wie zu einem Zelt verbinden. Das sieht selbst auf einer Terrasse hübsch aus und bildet einen ungewöhnlichen Sichtschutz. Und wenn Ihnen das alles zu viel ist: ein Rosenhochstamm ist auch ein schöner Mittelpunkt, selbst in einem Küchengarten.

Als Einfassung der einzelnen Beete haben Sie die Wahl zwischen Kräutern, Walderdbeeren, Lavendel, niedrigen Sommerblumen oder einer kleinen Buchshecke, die allerdings regelmäßig geschnitten werden muss.

① 3 × Stangenbohnen, z. B. 'Blauhilde'
② 'Gelbes Posthörnchen'
③ 'Schöne Venezianerin'
④ 1 × Kapuzinerkresse
⑤ 1 × Spalierapfel, z. B. 'Cox Orange'
⑥ 1 × Jap. Säulen-Himbeere, Höhe ca. 1 m
⑦ 1 × Säulen-Kirsche, z. B. 'Stella', 'Sylvia' oder 'Helena', Höhe ca. 2,50 m, selbstfruchtend
⑧ 1 × Johannisbeer-Hochstamm, z. B. 'Rote Rovada', Höhe ca. 1,80 m, lange Trauben
⑨ 1 × Stachelbeer-Hochstamm 'Pax', rote Früchte, oder 'Gelbe Invicta', gelbe Früchte
⑩ 1 × Johannisbeere, schwarz, z. B. 'Ometa', oder weiß, z. B. 'Weiße Versailler'
⑪ 10 × Duftwicken *(Lathyrus odoratus)*
⑫ 10 × Sommerblumen, z. B. Kosmeen *(Cosmos bipinnatus)*

Gemüse, Obst und Kräuter • 45

⑬ 10 × niedriger Sommerphlox *(Phlox drummondii)*, in Weiß, Rosa, Rot oder Purpur
⑭ 10 × Walderdbeeren
⑮ 2 × Zitronenmelisse, mehrjährig, wuchert
⑯ 2 × Salbei, mehrjährig, Halbstrauch
⑰ 5 × krause Petersilie, zweijährig
⑱ 5 × Schnittlauch, mehrjährig
⑲ 5 × Thymian, immergrün
⑳ 5 × Bohnenkraut, mehrjährig *(Satureja montana)* oder einjährig *(S. hortensis)*
㉑ 5 × Erdbeeren
㉒ Feldsalat
㉓ 2 × Kirsch-Tomate, z. B. 'Philovita', sehr gesunde Sorte, oder 'Ramblin' Red Stripe'
㉔ 2 × Roter Stielmangold
㉕ 2 × grüner Romanasalat
㉖ 3 × roter Kopfsalat, z. B. 'Roxy'
㉗ 4 × grüner Kopfsalat, z. B. 'Maikönig'
㉘ 6 × Radieschen, z. B. 'Knacker' (frühe) und 'Big Ben' für die Sommerpflanzung
㉙ 2 × Fleischtomaten, z. B, 'Myrto', rund, oder 'Corianne', flaschenförmig
㉚ 2 × Buschbohnen, z. B. 'Delinel'
㉛ 3 × Kartoffeln 'Blaue Schweden'
㉜ 2 × Buschtomaten, z. B. die gelbe Sorte 'Chello', pflaumengroße Früchte bis zum Spätherbst, sehr ertragreich
㉝ Kresse, die jungen Sämlinge ernten
㉞ 5 × Eichblattsalat, z. B. 'Navara'
㉟ 2 × weißer Stielmangold, weiße Stängel
㊱ Möhren, ab März in Reihen ins Beet säen
㊲ 5 Zuckererbsen, benötigen eine Rankhilfe, ab Mitte April aussäen, Jungpflanzen anhäufeln.

Ein Nutzgarten auf kleinstem Raum

Gemüse und Obst lassen sich auch in Töpfen kultivieren. Um gut zu gedeihen, brauchen fast alle Gemüse- und Obstsorten volles Licht, d. h. Sonne, wenn sie scheint. Die Topfkultur ist außerdem praktisch: Pflanzgefäße sind beweglich, sie lassen sich schnell dorthin stellen, wo sie gerade die optimalen Bedingungen haben oder wo sie Ihnen gefallen. Außerdem ist es in Gefäßen möglich, Pflanzen mit speziellen Ansprüchen in einer Spezialerde zu ziehen und ihnen ganz individuelle Bedingungen beim Wässern und Düngen zu bieten. Da ihr Lebensraum auf Dauer begrenzter ist als in einem Beet, müssen Sie dem Wässern und Düngen mehr Beachtung schenken, damit Ihr Gemüse und Obst auch dauerhaft gut versorgt wird. Die meisten Arten benötigen zum Wachsen relativ viel Nahrung. Mit Tomaten, Paprika, Kartoffeln, Zucchini, Salat und selbst Möhren werden Sie jedoch sicher Erfolg bei der »Topfkultur« haben.

Wer Kartoffeln liebt, kann sich mit einem »Mini-Kartoffelacker« in einem 10-Liter-Gefäß versuchen. Selbst das geht. Man sollte das einer besonderen Sorte vorbehalten, wie 'Blaue Schweden', die hörnchenförmige 'La Ratte' oder die rotschalige 'Desirée', mit rotvioletten Blüten, die sehr ertragreich ist. Übrigens sind farbige Kartoffeln nicht ungesund. Das Gegenteil ist der Fall: Die Farbstoffe schützen die Pflanze vor freien Radikalen und somit auch uns.

Als Anhaltspunkt: Eine Saatkartoffel ergibt bei der Ernte eine Mahlzeit. Ein solcher »Kartoffel-Topf« wird also kaum Ihre Familie durch den Winter bringen, aber durchaus einmal für Abwechslung und Erstaunen sorgen.

Sie haben keinen Platz im Garten für einen Kirschbaum, nicht einmal für einen Johannisbeerstrauch? Oder Sie haben einen sonnigen, geschützten Innenhof, aber keine Erde? Kein Problem, Sie müssen nicht auf selbst gezogenes Obst und Gemüse verzichten. Erdbeeren zum Beispiel lassen sich sogar am einfachsten in Töpfen ziehen. Sie können jede Sorte nehmen, am besten wirken solche mit hängendem Wuchs. Es gibt sogar spezielle Erdbeertöpfe mit seitlichen Pflanztaschen! Bei Obstbäumchen im Topf sollten Sie darauf achten, dass es sich um eine Sorte handelt, die auf eine schwachwüchsige Unterlage veredelt wurde. Oder Sie entscheiden sich für bereits vorgezogene Säulenformen, die für Kirschen, Äpfel, Pflaumen, sogar für Himbeeren und Brombeeren angeboten werden. Sie werden erstaunt sein, was alles möglich ist und wie lecker ein lukullischer Topfgarten sein kann.

Der mobile Kräutergarten

Auch wer keinen Garten hat, kann eigene frische Kräuter sowie etwas Obst und Gemüse ernten. Auf dem Balkon, selbst neben einer Kellertür, im Garten, wenn kein Platz für ein Beet ist, oder einfach nur zum Üben – für einen Topf findet sich bestimmt ein Fleckchen. Je nach Größe und Form der Gefäße und Ihrem Geschmack können Sie Ihre ganz eigene Auswahl treffen.

Kräuter für sonnige Plätze

Kein Problem bei einem sonnigen Standort: Hier lässt sich alles in kleinen Mengen »anbauen«. Als »Töpfe« kommen stabile Tontöpfe, aber auch quadratische Behälter aus festem Holz in Frage. Sehr hübsch macht sich auch ein Arrangement aus mehreren Töpfen.

Kräuter für halbschattige und schattige Plätze

Etwas schwieriger zu gestalten ist ein »Mini-Kräutergarten« für einen halbschattigen oder sogar schattigen Standort. Aber nicht unmöglich. Bei der richtigen Pflanzenauswahl werden Sie Erfolg und somit viel Freude haben.

Im Gegensatz zu den »Sonnenanbetern« haben diese Pflanzen gern etwas feuchtere Erde. Vergessen Sie das Gießen nicht, besonders bei sehr warmem Wetter. Pfefferminze fühlt sich selbst an einem schattigen Platz wohl. Man kann sie wie die meisten anderen Halbschatten-Kräuter zwar auch in die Sonne setzen, doch müssen Sie dort wesentlich mehr auf eine gleichmäßige Wasserversorgung achten, da die Pflanzen empfindlich auf Trockenheit reagieren. Bei den vielen angebotenen Geschmacksrichtungen gerade bei den Minzen haben Sie nur ein Problem: Die Qual der Wahl. Doch das sollte das kleinere Problem sein…

☀ Minzen gibt es in einer unglaublichen Sortenvielfalt. Eine Beeteinfassung verhindert, dass sie zu sehr wuchern.

Gartenpflanzen – vielfältig und so unterschiedlich wie Tag und Nacht

Eines ist allen Pflanzen gemeinsam: Es sind Lebewesen, die leben wollen. Was aber die einen zu Hochform erblühen lässt, bringt andere in den Blumenhimmel. Pflanzen wollen und sollten artgerecht leben können. Eine einst kleine Birke, entzückend im Vorgarten, ist keine Birke mehr, wenn ihre obere Hälfte aus Platzmangel abgesägt wird. Woher aber soll man wissen, wie groß etwas wird? Wie viele Pflanzen man für 5 m² braucht? Fünf Birken bestimmt nicht. Die Entscheidung für die richtigen Pflanzen für den eigenen Garten ist oft das Schwierigste, wenn man mit dem Gärtnern beginnt.

Deshalb ist es wichtig zu wissen, welcher Gruppe eine Pflanze angehört. Das erleichtert die Gartenplanung, die Beschaffung, das Pflanzen und die Pflege. Auch der Zeitpunkt, wann eine Pflanze zu kaufen ist, hängt von der Gruppe ab. Frühlingsblüher werden in der Regel im Herbst angeboten und müssen dann auch in die Erde. Sommerblumen sind meist erst nach den Eisheiligen verfügbar.

Die unendliche Fülle der Gartenpflanzen ist verwirrend, besonders für den Anfänger. Es ist hilfreich, sich mit den botanischen Begriffen wie »Familie«, »Gattung«, »Art« und »Sorte« vertraut zu machen. Ein Beispiel: Zur Familie der Rosengewächse gehören neben den Rosen auch die Brombeeren. Das zu wissen hilft, sich vorzustellen, wie eine Ramblerrose wächst. Innerhalb der Familie der Rosengewächse sind sich die Pflanzen der Gattung *Rosa* schon sehr ähnlich. Mit der Art geht es aber weiter ins Detail. Die Alba-Rosen beispielsweise, *R. alba* – wenn klar ist, dass es sich um die Gattung *Rosa* handelt, wird abgekürzt »R.« –, sind Alte Rosen mit graugrünem Laub, edlen, herrlich duftenden Blüten an einem hohen, robusten, winterharten Strauch. Innerhalb der Art gibt es die Fülle der Sorten. *R. alba* 'Königin von Dänemark' z. B. ist eine Sorte mit zauberhaften, dunkelrosa Blüten. Der Sortenname wird immer in einfache Anführungszeichen gesetzt. Mit *R. alba* 'Königin von Dänemark' wissen Sie, was Sie erwarten dürfen: eine wunderschöne, betörend duftende Alte oder Historische Rose.

Weniger ist oft mehr

Jede Pflanzengruppe kann für sich wirken. Am richtigen Standort ist es am leichtesten. Eine Gestaltung mit verschiedenen Gruppen setzt einige Kenntnisse voraus. Es soll gekonnt aussehen, und ein bisschen Stolz ist auch mit im Spiel. Wir Menschen sind zuweilen eigenartig. Das Schwierige, das, was wir besonders päppeln müssen, was mehr Aufmerksamkeit braucht, wächst uns besonders ans Herz. Eigentlich ungerecht gegenüber den Standhaften und Pflegeleichten. Wie schön jedoch, wenn die Mühe belohnt wird.

Gartenpflanzen – vielfältig und so unterschiedlich wie Tag und Nacht 49

① Zwei kleine Bäume umrahmen den Sitzplatz.
② Riesen oder Zwerge – bei Rosen bleibt kein Wunsch offen.
③ Eine ideale Abgrenzung, und doch nicht abweisend.
④ Glyzinen vor einer alten Mauer – Nostalgie pur.

Die richtige Wahl

Bäume und Sträucher sind verholzende Pflanzen. **Bäume** haben einen ausgeprägten Stamm und eine Krone. Es gibt Laub- und Nadelbäume. Für unsere meist kleinen Gärten sind nur kleine Bäume geeignet. Besser geeignet sind dagegen **Sträucher.** Sie sind erheblich kleiner und bilden von der Basis aus mehrere Triebe. Näheres ab Seite 70.

Rosen sind Ziersträucher, die wegen ihrer Blüten von alters her als »Königin der Blumen« gelten. Aus den ursprünglichen Wildrosen wurden im Lauf der Jahrtausende viele Züchtungen entwickelt. Man unterscheidet im Wesentlichen: Alte Rosen (meist einmalblühend), öfterblühende (moderne) Strauchrosen, Edel- und Beetrosen, Bodendeckerrosen, Kletterrosen und Rambler. Näheres ab Seite 142.

Hecken entstehen durch in eine Reihe gepflanzte Sträucher oder kleine Bäume. Notwendig oft als Abgrenzung oder Unterteilung, hervorragend als Hintergrund. Ob Laub abwerfend (Hainbuche) oder immergrün (Kirschlorbeer, Eibe), entscheidet die Situation. Gut sehen sie nur geschnitten aus. Naturnah wirkt eine freie Blütenhecke. Näheres ab Seite 108.

Kletterpflanzen wollen hoch hinaus. Ihr Wachstum ist höhenbetont. Die einen klettern mithilfe von Haftwurzeln (Efeu), Ranken (Clematis) oder ganzen Trieben (Rosen) – die anderen, indem sie sich nach oben winden. Wie hier die Glyzine auf dem Foto rechts. Die meisten Kletterpflanzen verholzen. Sie können dann einem Kletterer, wie der Clematis, Halt geben.

Fünf Lebenskünstler – ohne sie geht es nicht

Stauden sind krautig (verholzen also nicht) und leben länger als zwei Jahre (möchten sie jedenfalls). Ihr Laub zieht in der Regel nach der Blüte ein und treibt im nächsten Jahr neu aus. Es gibt aber auch Stauden, die ihr Laub den Winter über behalten, z. B. die Nieswurz, eine äußerst dankbare Pflanze. Näheres ab Seite 148.

Zwiebeln und Knollen bringen Leben in den Garten. Es sind Stauden, die ihr Überleben durch Speicherung von Nährstoffen in ihren Zwiebeln, Knollen, auch verdickten Wurzelstücken sichern. Wie bei den Stauden zieht das Laub nach der Blüte ein. Sie speichern die Nährstoffe aus dem verwelkenden Laub, das deshalb nicht zu früh entfernt werden darf. Schneeglöckchen und Krokusse sind ganz easy. Näheres ab Seite 178.

Sommerblumen bieten eine wunderbar verschwenderische Blütenfülle in den leuchtendsten Farben. Doch nur einen Sommer lang, dann sterben sie ab und müssen neu aus Samen gezogen werden. Näheres ab Seite 186.

Gräser und Farne fasst man gern in einer Gruppe zusammen. Obwohl sie botanisch nichts miteinander zu tun haben. Gemeinsam haben beide ihren Zierwert als Grünpflanzen. Gräser bilden attraktive Horste, Farne reizvolle Wedel. Beide kommen eher für naturnahe Gestaltungen in Frage, weniger für formale Gärten. Gräser sind ein Gewinn für sonnige, trockene Stellen. Und es wäre schade, würden Farne in einem Schattengarten fehlen. Näheres ab Seite 172.

Gartenpflanzen – vielfältig und so unterschiedlich wie Tag und Nacht

① Ein sommerliches Staudenbeet mit der Indianernessel als Abschluss.
② Was wäre ein Frühlingsgarten ohne Krokus und Schneeglöckchen?
③ Bunt und fröhlich wirken Beete mit Sommerblumen.
④ Gräser werden leider oft unterschätzt – ganz zu Unrecht.

Bodendeckende Pflanzen wachsen in die Breite. Ihre Aufgabe ist es, den Boden so zu bedecken, dass Unkraut keine Chance hat. Aber auch Lücken zu füllen und Teile zu begrünen, die schwierig zu pflegen sind (Hanglagen). Zur Auswahl stehen »Immergrüne« wie Efeu und Stauden wie Taubnessel und Gedenkemein. Selbst Bodendeckerrosen eignen sich. Und mit einer vom Hang herabwachsenden Ramblerrose sind Sie mit einem Schlag diese Sorgen los. Näheres ab Seite 147.

Pflanzen in Töpfen

können zaubern. Leicht und schnell wird aus einer trostlosen Ecke ein Lichtblick. Als reizvolle »Lückenbüßer« in Rabatten, auf Treppenstufen, als Willkommensgruß zu beiden Seiten des Hauseingangs und natürlich auf Terrasse, Balkon und Fensterbank, kurz dort, wo keine Erde ist, sind sie einfach unschlagbar.

Für Töpfe und andere Gefäße eignen sich eigentlich alle Pflanzen – wenn die Töpfe groß genug sind. Sogar Bäume. Meist nimmt man Gehölze oder Sommerblumen. Seltener Stauden. Obwohl eine Hosta z.B. ideal ist, dekorativ und easy zugleich. Denn sie kann ohne jeglichen Winterschutz draußen bleiben. Sie muss sogar dem Frost ausgesetzt werden, um zur Ruhe zu kommen. Ein Tipp: Da die Hosta im Winter nicht sichtbar ist, können Schneeglöckchen im Vorfrühling ihren Auftritt haben. Die beiden vertragen und ergänzen sich wunderbar.

Die Überwinterung stellt oft das größte Problem dar. Das spricht für Sommerblumen. Sie quittie-

☀ Hier ist mit Freude und Liebe ein richtiger Topfgarten entstanden.

ren im Herbst ihren Dienst, im nächsten Jahr gibt es neue. Südländische Gewächse wie Oleander müssen frostfrei überwintert werden. Pflanzen wie Rhododendron halten ausgepflanzt Minusgrade aus. Wenn im Topf dagegen die Wurzeln erfrieren, ist es zu spät. Auf der anderen Seite lässt sich in Töpfen eine besondere Erde bereitstellen, z. B. die notwendige leicht saure Erde für Rhododendren.

Alle Pflanzgefäße müssen ein Abzugsloch haben. Und eine Kiesschicht, durch die das Wasser ablaufen kann. Staunässe mag keine Pflanze. Und Sonnenkinder schon gar nicht. Pflanzen in Töpfen machen mehr Arbeit als ausgepflanzte. Ich weiß, wovon ich rede – bei über zweihundert Topfpflanzen.

Bepflanzen lässt sich fast alles. Sogar ein Holzschuh oder ein alter Autoreifen. Das ist Geschmacksache. Zum Stil des Gartens sollten natürlich auch die Pflanzgefäße passen. Zu viel Materialmix ist nicht schön. Ob aus Terrakotta oder Holz oder glasiert wie chinesische Gefäße – bleiben Sie möglichst bei einer Art. Weniger ist, wie so oft, mehr. Das gilt auch für Accessoires.

Mit den folgenden winterharten Pflanzen werden Sie in Töpfen nur Freude haben (wenn Sie das Gießen nicht vergessen und sie im Winter etwas geschützter aufstellen).

- *Hosta,* z. B. 'Royal Standard' – Lavendel – Taglilien (*Hemerocallis*-Hybriden) – *Ilex crenata,* z. B. 'Stokes' – und viele *Clematis*-Sorten, z. B. 'Maria Louise Jensen' mit ihren großen, blauvioletten Blüten.

● Weiße Blüten wirken besonders harmonisch in Verbindung mit grauen Pflanzgefäßen.

● Lebhaft und romantisch erscheint diese Kombination aus Oleander und Petunien in Rosatönen.

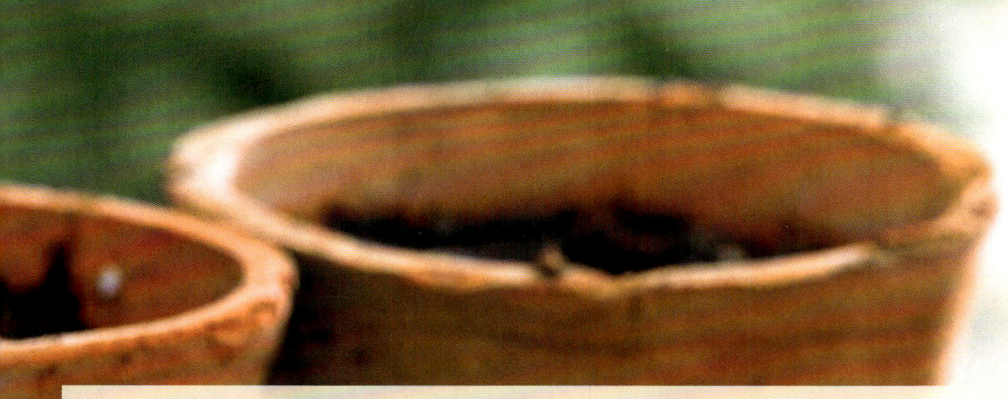

So geht's ganz leicht

Gartengeräte	56
Bodenvorbereitung	58
Einkauf	60
Rasen und Blumenwiese	62
Richtig pflanzen	
Bäume und Sträucher	70
Hecken	74
Rosen und Kletterpflanzen	76
Stauden und Zwiebelblumen	80
Sommerblumen	87
Richtig pflegen	
Bodenpflege und Kompost	90
Gießen und Wässern	93
Düngen	96
Schneiden	98
Pflanzen gesund erhalten	100
Winterschutz	103
Pflegetipps für …	
… Bäume und Sträucher	106
… Hecken	108
… Rosen	110
… Stauden und Sommerblumen	112

Gartengeräte – mit ihnen fängt die Gartenpraxis richtig an

Ohne Geräte geht es im Garten nicht. Das Angebot ist riesig, und man kann ein Vermögen dafür ausgeben. Nur, nötig ist das nicht. Kaufen Sie lieber wenige Geräte, aber gute und stabile. Was nützt ein Spaten, dessen Stiel beim ersten Kraftakt auseinanderbricht? Oder eine Schere ohne wechselbare Klingen, die schnell stumpf wird? Gute Artikel sind auf lange Sicht die preiswerteren. Und sie erleichtern die Gartenarbeit enorm.

Keine Angst, nicht alles auf diesem Bild brauchen Sie gleich zu Beginn:

- ① Gießkanne
- ② Spaten
- ③ Grabegabel
- ④ Mistgabel
- ⑤ Rasenkantenschere
- ⑥ Heckenschere
- ⑦ Schere für Formschnitt
- ⑧ Baumsäge
- ⑨ Gartenschere
- ⑩ Handgabel
- ⑪ Handhacke

Grundausstattung

Als Grundausstattung, um erst einmal loslegen zu können, schlage ich fünf Geräte vor. Sie werden auf jeden Fall gebraucht:
- **Spaten** zum Graben
- **Grabegabel** mit 2 Zinken (»Rosengabel«) zur Bodenbearbeitung innerhalb von Pflanzungen. Leichter zu handhaben als ein Spaten bei stark verfestigten Böden, trotzt Steinen und Wurzeln.
- **Handschaufel** für kleine Löcher
- **Gartenschere** für kleinere Schnittarbeiten, größere werden bei einer Neuanlage noch nicht fällig sein.
- **Gießkanne**
- **Schnur** zum Binden
- Außerdem **Handschuhe** zum Schutz Ihrer Hände.

Mit der Zeit können Sie dann langsam und nach und nach aufstocken. Das Gärtnern wird zeigen, was Sie sonst noch brauchen.

Zusatzgeräte

Im Lauf der Zeit sind Ehrgeiz und Erfahrungen gewachsen. Das ein oder andere Gartengerät wird erforderlich oder wünschenswert. Wozu sich die Arbeit unnötig schwer machen? Wenn geeignete Geräte sie erleichtern können.

Tatort Garten. Ob Spezialgeräte sinnvoll für Sie sind, entscheiden Sie selbst. Und Ihr Garten. **Rasenmäher** und **Rasenkantenschere** brauchen Sie nur, wenn Sie auch einen Rasen haben. Genauso ist es bei der **Heckenschere.** Wenn nichts hoch hinauswill, ist auch eine **Teleskopschere** unnütz. Um lange Freude an den guten und teuren Geräten zu haben, müssen sie gepflegt werden. Das Schneiden kann mit einer scharfen Schere zum Vergnügen werden. Mit einer stumpfen ist es ein Albtraum.

Sinnvoll ist eine **Leiter,** aber die hat man meist sowieso. Nur: Ist sie stabil genug? Auf eine **Teleskopschere,** wie hier abgebildet, möchte ich z. B. nicht verzichten. Sie ist sehr leicht und stufenweise verstellbar bis auf 3 m. So kann ich mit der Leiter die Glyzinen daran hindern, übers Dach zu wachsen. Eine **Astschere** wird irgendwann auch unentbehrlich sein. Das Beste ist hier gerade gut genug, sie muss enormen Hebelkräften standhalten. Achten Sie darauf, dass Ersatzteile lieferbar sind. Eine kleine, klappbare **Astsäge** kommt zum Einsatz, wenn die Astschere nicht ausreicht. Im Herbst wird ein **Laubrechen** gebraucht. Selbst wenn man kein »eigenes« Laub hat, aus den Nachbargärten kommt es bestimmt. Auch die Gießkanne wird mit der Zeit nicht mehr ausreichen (siehe Seite 93). Gelegentlich werden Sie etwas festbinden müssen. Nehmen Sie keinen Draht oder Kunststoffbast, beide strangulieren die Pflanzen. Eine **Schnur** aus Jute oder ein Bastband ist besser.

Nicht alles muss man selbst haben. Bei selten gebrauchten Geräten – wie einer sehr langen Leiter, besagter Teleskopschere oder einem Vertikutierer (siehe »Rasen«) – reicht es völlig aus, wenn sie in der Nachbarschaft einmal vorhanden sind. Das spart Geld und Platz. Funktioniert aber nur auf Gegenseitigkeit.

Bodenvorbereitung – das A und O für leichtes Gärtnern

Der Erfolg im Garten hängt in erster Linie vom Boden ab. Deshalb lohnt es sich, ihn so gut wie möglich kennenzulernen und gegebenenfalls zu verbessern. Ein gesunder, gut durchlüfteter Boden hält die notwendigen Nährstoffe für die Pflanzen bereit.

In der Natur sind Boden und Pflanzen ein natürlicher Organismus. Regenwürmer, alle möglichen kleinen Tierchen, Bakterien, Pilze usw. arbeiten ständig an der Verbesserung des Bodens. Solch ein Boden ist warm, locker und hält Wasser und Nährstoffe. Diese oberste Bodenschicht nennt man **Mutterboden.** Je nach Menge der organischen Rückstände enthält sie mehr oder weniger Humus. Von einer **Humusschicht** von 25 cm können wir im Garten meist nur träumen. Diese wertvolle Schicht zu verbessern und bei einem Neubau zu »retten« erspart später viel Arbeit und Kosten. 5 bis 10 cm billigste Gartenerde auf Bauschutt sieht bei der Übergabe gut aus. Nur Freude würden Sie nicht lange daran haben.

Haben Sie einen Garten mit einem alten Rosenbeet übernommen, werden Sie wenig Erfolg haben, wenn Sie an dieselbe Stelle wieder Rosen pflanzen. Die Rosen werden mickern. Der Boden ist der Rosen »müde« und muss erst einmal durch eine Bepflanzung mit anderen Gattungen aufgefrischt werden. Das ist bei Gemüse genauso.

Die Fähigkeit der Pflanzen, Nährstoffe aus dem Boden aufzunehmen, hängt von dessen Säuregehalt, dem **pH-Wert,** ab. Die meisten Gartenböden sind schwach sauer, ihr pH-Wert von ca. 6 ist für die meisten Pflanzen ideal. Auch der Kalkgehalt ist wichtig. Bei viel Kalk im Boden liegt der pH-Wert über 7. Je näher man im Garten dem Naturstandort einer Pflanze kommt, desto weniger wichtig ist der Säuregehalt.

Heinzelmännchen verrichten auch im Garten gute Dienste. Wenn man sie lässt. Wer im Herbst seinen Gartenboden für eine Pflanzung im Frühjahr vorbereitet, tut gut daran, das Laub liegen zu lassen. Oder es sich zu besorgen. Ihr Nachbar ist vielleicht froh, wenn er es loswird. War der Boden vorher gepflegt, brauchen Sie nicht umzugraben. Regenwurm & Co. haben diese Arbeit längst für Sie verrichtet… Auf biologischem Weg ist ein reifer oder »garer« Boden entstanden.

Das ist wichtig

Als Erstes: Frei von Steinen und sonstigen erstaunlichen Dingen, die Sie finden werden, muss der Boden sein – besonders aber frei von ausdauernden Wurzelunkräutern wie Quecke und Giersch. Da Giersch ganz hübsch aussieht, ist man anfangs geneigt, ihn als »geschenkte Staude« freudig zu begrüßen.

Aber Vorsicht! Giersch ist sehr aggressiv und duldet keine anderen Götter neben sich. Mögen sie noch so schön sein. Mit anderen Worten: Die Wurzeln müssen gründlichst entfernt werden. Ein kompletter **Erdaustausch** ist nur nötig, wenn der »Boden« z. B. nur aus Schutt besteht. Oder man möchte ein Beet anlegen, das eine spezielle Erde erfordert. Ein Moorbeet z. B. – mit Rhododendren und Heidekraut. Dafür braucht man saure Erde (pH-Wert etwa bei 5).

Falls Sie neue Erde brauchen, mischen Sie sie mit Ihrer vorhandenen. Im Normalfall reicht es aus, Humus oder Kompost einzuarbeiten. Eine Düngung mit Humus bildenden Stoffen ist Hilfe zur Selbsthilfe. Achten Sie darauf, dass der wertvolle Mutterboden nicht nach unten und die darunter liegende Gesteinsschicht nicht nach oben kommt.

Verbessern Sie:
- Einen **Sandboden** mit lehmiger Erde und reichlich Humus
- Einen **tonigen Boden** mit Sand und Humus und durch tieferes Umgraben
- Einen **steinigen Boden** mit einer großen Menge Erde und Humus und durch das Aufsammeln größerer Steine
- Einen **»Steinboden«** am besten gar nicht. Pflanzen in Töpfen sind auch sehr schön.

Den Kampf mit dem Giersch unter der Birke hatte ich aufgegeben. Freudig kam er immer wieder ans Tageslicht. Bis ich dekorativen grün-weißen Ziergiersch (Sorte 'Variegatum') dazwischenpflanzte. Erstaunlicherweise zog sich das Unkraut langsam, aber sicher völlig zurück. Es blieb die nichtwuchernde Zierform.

❋ Bevor man ein Beet anlegt, wird der Boden eingeebnet.

❋ Unkräuter müssen tief ausgestochen werden.

Einkauf ist die schönste Vorfreude auf den blühenden Garten

Pflanzeneinkauf macht Spaß. So viel Spaß, dass es zur Sucht ausarten kann. Es gibt schlimmere Laster. Warum also nicht? Ein Pflanzensammler und ein Gartenarchitekt sind selten unter einen Hut zu bringen. Nur – ein Konzept sollte dahinterstehen. Trotz aller Begeisterung – kaufen Sie nicht wahllos. Auswahl soll nicht zur Qual, sondern zur Lust werden. Und lassen Sie sich nicht verwirren, aber ohne botanische Namen auf den Etiketten geht es nicht. Sonst suchen Sie später vergeblich nach Informationen. Die botanischen Namen sind allerdings sehr gewöhnungsbedürftig. Ich habe anfangs gedacht, das lerne ich nie. Wozu auch? Gibt es nicht deutsche? Ja – aber die können von Gegend zu Gegend unterschiedlich sein. Und niemand kennt ein Geißblatt, wenn Sie sich aus England eine begehrte Sorte mitbringen wollen. Dort heißt es Honeysuckle. Der botanische Name *Lonicera* aber ist international.

Wesentlich leichter wird der Einkauf, wenn man weiß, zu welcher Gruppe eine Pflanze gehört (siehe Seite 50 ff.) und welchen Standort sie benötigt. Denn die **Beschreibung** der einzelnen Sorten ist meist sehr knapp, oft beschränkt sie sich nur auf die Blütenfarbe. Und dann die **Mengen.** Wie viel brauche ich wovon? Das ist nicht leicht zu beantworten. Aus Kostengründen musste ich damals die vorgeschlagene Menge Eiben für meine Hecke halbieren. Zum Glück. Schöner und dichter könnte sie jetzt nicht sein, es war genau die richtige Menge. Nur – nach der Pflanzung sah es schon sehr armselig aus. Und trotzdem raten wir zu diesem Weg. Außerdem gibt es wunderschöne »Lückenbüßer«. Aber dafür muss man wissen, welche Ausmaße eine Pflanze anzunehmen geruht. Damals hatte ich – »großzügig«, wie ich dachte – Schneeglöckchen verteilt. In meinen Aufzeichnungen steht: »3 unter die Birke …«. In der Annahme,

Früh übt sich der Kennerblick. Spaß macht der Pflanzeneinkauf in jedem Fall.

sie vermehrten sich rasant, freute ich mich auf einen üppig blühenden Vorfrühlingsgarten.

Baumschule oder Gartencenter haben beide ihre Vorzüge. Gartencenter haben ein **breites Angebot**: viele Gattungen, z. B. Rosen, Rhododendren, Clematis usw., aber wenige Sorten innerhalb der Gattungen. Baumschulen dagegen haben meist ein **tiefes Angebot:** wenige Gattungen, z. B. nur Rosen oder nur Rhododendren und Moorbeetpflanzen, dafür eine große Sortenvielfalt. Suchen Sie etwas ganz Spezielles, sind Sie besser in einer Baumschule aufgehoben. Kommt es Ihnen nicht so auf die Sorte an und möchten Sie alles aus einer Hand, ist ein Gartencenter besser.

Vertrauen und selbst überprüfen

Pflanzeneinkauf ist Vertrauenssache. Man kann Schnäppchen machen, aber auch hereinfallen. Wenn von einem Anbieter mehrmals die weißen Narzissen in fröhlichstem Orange erblühen, werde ich es mir das nächste Mal überlegen. Obwohl es gerade bei Blumenzwiebeln schwierig ist. Die Überraschung, auch die böse, lässt Monate auf sich warten. Bei einer »wurzelnackten« Rose kann man immerhin erkennen, ob die Wurzeln gesund aussehen. Drei Triebe sollte sie in der Regel auch aufweisen. Bei Containerpflanzen, selbst wenn sie gesund aussehen, ist ein prüfender Blick auf den Ballen ratsam. Eine Pflanze kann sich nur gut entwickeln, wenn ihre Wurzeln dazu imstande sind. Das sind sie nicht, wenn sie im Topf zu kreisrundem Wachstum gezwungen wurden. Nur – man wird im Handel wenig begeistert sein, wenn Sie alle Pflanzen erst aus den Töpfen nehmen. Was ja zu verstehen ist. Wenn jeder …

Heben Sie sich zumindest die Etiketten Ihrer neuen Schätze gut auf. Noch besser ist es, die Pflanzen mit **Schildchen** zu versehen. Das jedoch ist ein Thema für sich. Was habe ich nicht alles ausprobiert. Vom Regen verwaschen, von der Sonne ausgebleicht, von Amseln verschleppt usw.. Das Einzige, was jeder Verwitterung standhält, und gleichzeitig unauffällig ist, sind (selbst) gehämmerte Alu-Schildchen. Wie zu Gutenbergs Zeiten.

☀ Ob Container- oder Ballenware, hängt bei Gehölzen wie diesen Sträuchern auch von der Größe ab.

Rasen ist unersetzlich – aber nicht ohne

Durch nichts lässt sich ein Rasen in der Gartengestaltung ersetzen. Jedenfalls nicht für größere Flächen. Er passt zu allen Stilen, ob säuberlich gemäht in einer formalen Anlage oder in einem naturnahen Garten, in dem Gänseblümchen keine Katastrophe sind. Auch der Ganzjahresaspekt lässt sich nicht überbieten. Eine geschlossene Rasenfläche wirkt sich sehr wohltuend auf das Auge aus, selbst im Winter.

Es gibt den berühmten englischen Golfrasen, der mich immer wieder vor Neid erblassen lässt – dessen Pflege aber auch alles andere als einfach ist. Und es gibt einen **Gebrauchsrasen**, den man auch begehen darf, auf dem auch Kinder herumtollen dürfen – er ist wesentlich einfacher, wenn man einige Grundregeln beachtet.

Denn dieses herrliche Grün stellt auch Ansprüche. Der **Standort** sollte sonnig sein. Unter Nadelbäumen wird kein Rasen gedeihen. Als **Boden** ist ein Lehm-Sand-Gemisch ideal. Ein allzeit makelloser Rasen ist pflegeintensiv. Das sollte man wissen. Mit der richtigen Bodenvorbereitung, der für Ihren Zweck optimalen Samenmischung, den geeigneten Geräten und einigen Grundregeln kann man sich die Arbeit sehr erleichtern. Und mit der eigenen Einstellung. Ich kann leicht mit einigen Unkräutern im Rasen leben, solange sie grün sind.

Am Anfang steht die **Bodenvorbereitung.** Sie ist das A und O. Wer hier schludert, macht sich die Arbeit für später unnötig schwer. Der Boden wird gesäubert und ca. 20 cm tief umgegraben. Dabei Unkräuter, Wurzeln, Steine und was sich sonst noch alles findet sorgfältig entfernen. Nun wird die Erde verbessert (siehe Seite 58) und ein Langzeitdünger eingearbeitet. Dann wird die Fläche festgetreten oder festgewalzt. Wichtig ist, dass keine Unebenheiten bleiben. Sie würden später das Rasenmähen erheblich erschweren.

☀ Können Sie sich hier etwas Harmonischeres vorstellen als einen grünen Rasen?

Rasen ist unersetzlich – aber nicht ohne

① **Unkrautfrei** muss der Boden sein. Nur so hat der neue Rasen eine Chance.
② **Gewalzt oder festgetreten** ist der Boden nach zwei Wochen bereit, eingesät zu werden.
③ **Möglichst gleichmäßig** sollte die Rasenmischung verteilt werden. Wie, steht im Text.
④ **Wässern** ist nun angesagt. Und Geduld.
⑤ und ⑥ **Rollrasen** wird fix und fertig geliefert. Ohne eine gute Bodenvorbereitung geht es auch hier nicht.

So vorbereitet, sollte der Boden zwei Wochen ruhen, um keimende Unkräuter entfernen zu können.

Anfang April, oder Mitte bis Ende April, wenn Sie in einer weniger günstigen Gegend wohnen, kann mit der **Aussaat** begonnen werden. Da das eine Zeit ist, in der im Garten sowieso genug zu tun ist, ist es hilfreich, wenn der Boden schon im Herbst des Vorjahres vorbereitet wurde. Man braucht ihn einfach nur noch durchzuharken.

Wählen Sie mit Bedacht die für Sie passende **Rasenmischung.** Nicht irgendeine. Rasenmischungen werden nach ihrem Verwendungszweck angeboten und setzen sich aus verschiedenen Gräsern zusammen. Möchten Sie einen Rasen als Spiel- und Liegefläche, auf dem sich die Familie nach Herzenslust – und zwar ganzjährig – tummeln kann? Dann ist eine strapazierfähige Mischung angesagt. Empfindlicher Luxusrasen ist nur dort angebracht, wo die Grünfläche nur betrachtet – und nur zur Pflege betreten – wird.

Am Tag vor der Einsaat sollte gut gewässert werden. Ein windstiller, trockener Tag mit bedecktem Himmel ist zum Säen ideal. Vom Wind verweht, ist der Samen sonst überall, nur nicht dort, wo man ihn haben will. Für eine gleichmäßige Verteilung säen Sie am besten in breiten Streifen aus beiden Richtungen. Zum Schluss wird der Samen dünn mit Erde bedeckt oder eingeharkt. Damit der Samen gut keimt, heißt es wässern. Und zwar regelmäßig mindestens dreimal täglich fein beregnen. Danken Sie dem Himmel, wenn es regnet.

Rollrasen sorgt für schnelles Grün. Sofort eine gleichmäßige, dichte grüne Fläche. Schnell betretbar, in kurzer Zeit voll belastbar. Zeitsparend, fast ganzjährig einsetzbar. Und Rollrasen verhilft sofort zu einem schöneren Anblick. Vielleicht ist die Geduld nach einer Bauphase ja am Ende und man möchte endlich fertig sein. Mit Rollrasen gelingt das ganz leicht, hat aber seinen Preis.

Die Rasenpflege

Ohne Wässern, Düngen, gelegentliches Ausbessern und regelmäßiges Mähen geht es leider nicht. Es sei denn, man entscheidet sich für einen Kunstrasen. Aber selbst der müsste gefegt werden. Und ob das das Wahre ist? Natürlich auf keinen Fall.

Wassermangel zeigt der Rasen durch einen Blaustich. Dann ist es Zeit zur Beregnung. Bei längerer Trockenheit werden die Gräser braun und trocken. Gewässert wird morgens oder abends bei trübem Wetter. Nie in der Mittagshitze. Eine Faustregel wie »jeden Freitag« macht wenig Sinn. Es kommt auf den Boden an und auf das Wetter.

Ab April braucht Ihr Rasen wieder neue Kraft. Wenn Sie ihn hungern lassen, wird er sich rächen – mit mehr Unkraut, als Ihnen lieb ist. Ein bis zwei Tage nach dem Schnitt ist die beste Zeit zum **Düngen.**

Den Rasen ausbessern wird von Zeit zu Zeit nötig sein. Entweder haben sich hartnäckige Unkräuter allzu breitgemacht, Ameisen ganze

Teile zum Absterben gebracht, sich trockene Stellen während des Sommers gebildet oder alle Gäste haben während einer Party immer auf einem Fleck gestanden.

Dann wird der Rasen geflickt. Keine Angst, er sieht nur anfangs wie ein Patchworkteppich aus. Bald werden die Stellen nicht mehr zu sehen sein. Umzugraben braucht man nicht. Ein Nachsäen wie links beschrieben reicht völlig aus. Schneller und leichter kommen Sie allerdings wieder zu einheitlichem Grün, wenn sich von einer weniger sichtbaren Stelle ein passendes Stück abstechen lässt. Es wird einfach in die vorbereitete Kahlstelle eingefügt.

Das **Rasenmähen** geht erheblich leichter, wenn die Fläche ein Mindestmaß an Größe hat. Kleine Teile, durch die kein Rasenmäher passt, sind nur mühselig kurz zu halten. Das geht dann höchstens mit einem Rasenkantenschneider. Oder fast nur noch mit der Nagelschere. Besser wären für so winzige Flächen Kiesel oder Steine. Auch ist es nicht günstig, wenn der Rasen bis ans Haus oder an eine Mauer reicht. Wie wollen Sie mit dem Mäher hinkommen? Und wenn Sie sich einen leisen und umweltfreundlichen Rasenmäher zulegen und sich an Ruhezeiten halten, werden Sie es auch leicht haben – mit den Nachbarn.

Begonnen wird mit dem Mähen im April. Wo Schneeglöckchen oder Krokusse wachsen, sollten diese Stellen beim Mähen ausgespart bleiben, bis das Laub vergilbt ist.

Die **Schnitthöhe** ist abhängig von der Aufgabe des Rasens. Ein Zierrasen ist maximal 3 cm hoch, ein Freizeitrasen darf 4 cm hoch sein. Der Schnitt ist fällig, wenn die Grashalme doppelt so hoch sind. Schneiden Sie nur einen abgetrockneten Rasen. Nach einer Neueinsaat erfolgt der erste Schnitt bei 6 bis 7 cm Höhe. Grasabfall kann man zur Bodenbedeckung und als Kompostmaterial verwenden.

Rasen soll kurz in den **Winter** gehen, und sauber. Laub darf nicht liegen bleiben, es verursacht Fäulnis. Und er sollte nach Möglichkeit wenig betreten werden, denn gefrorene Halme brechen und sterben ab. Mit Grasschnitt kann man mulchen (den Boden dünn bedecken) oder ihn in dünnen Schichten kompostieren.

☀ Ein Handmäher reicht für kleinere Flächen völlig aus.

Aus der Not eine Tugend machen

Selbst der gepflegteste Rasen hat hier und da seine Tücken. Kein Grund zum Verzweifeln. Blumenzwiebeln sind die Retter. Ich hatte es kürzlich leid mit einer Stelle: habe die Grassonde abgehoben, die Erde darunter gelockert, Schneeglöckchen-, Krokus- und kleine Iriszwiebelchen versteckt, frische Erde aufgefüllt, und mit der Grassonde wieder abgedeckt. Die Stelle sah dann danach nicht besser aus, aber ich wusste, warum. Und dann das Frühlingserwachen: Mitten im Rasen ein zauberhafter Tuff. Zu beachten ist dabei allerdings, dass Sie diese Stelle nicht vor dem Sommer mähen sollten, da die Blumenzwiebeln das welkende Laub als Nahrung für ihren Auftritt im nächsten Jahr brauchen. Aber da die Stelle auch vor der Bepflanzung keine Augenweide war, lassen sich die drei Monate verschmerzen. Vielleicht hilft es Ihnen ja, sich bei dem Anblick auf den Frühling zu freuen. Und sich vorzustellen, was da im Verborgenen schlummert.

Rasenkanten

Jeder Rasen hört irgendwo auf. Eine geeignete Einfassung spart viel Arbeit. Diese Begrenzung kann sehr gut aussehen; man kann aber auch an ihr verzweifeln. Doch Sie müssen das nicht. Ein Rasen, der gut atmen kann, wächst besser und schöner. Locker über dem Rasen hängende Stauden oder Sträucher sehen schön aus. Das Mähen wird aber zu einem Albtraum.

❋ Herbstarbeit beim Rasen: Das Laub darf nicht liegen bleiben.

Mit dem Rasenmäher nimmt man dann nämlich nicht nur das Gras weg, sondern auch einen Teil dessen, was von den Stauden und Sträuchern überhängt. Und das sieht dann gar nicht mehr gut aus. Es sei denn, Sie machen sich die Mühe, das Überhängende hochzuhalten, damit Sie darunter mähen können. Das klingt sehr kompliziert, ist es auch ein wenig. Wenn Sie aber Stauden und Sträucher so weit weg von der Rasenkante pflanzen, dass kein Überhang entsteht, haben Sie viel blanke Erde, die wiederum das Unkraut nur so anzieht, und dann müssen Sie Unkraut jäten. Fragt sich, was weniger Arbeit macht. Schöner sehen die überhängenden Stauden und Sträucher auf jeden Fall aus.

Eine niedrige Buchshecke als Umgrenzung der Beete könnte Abhilfe schaffen – aber auch sie muss geschnitten werden.

Die Pflege der **Rasenkanten** erleichtert man sich wesentlich mit einer Einfassung aus schmalen Platten. Die Pflege der Rasenkanten kann man sich wesentlich erleichtern, und zwar mit einer Einfassung aus schmalen Platten. Sie sind eine ideale Begrenzung zu Beeten und Rabatten, zu Wegrändern und zu Mauern. Die Platten müssen mit dem Boden gleich hoch sein, damit der Rasenmäher leicht darüber rollen und das Gras exakt abschneiden kann. Hohe Kanten erschweren nur die Arbeit unnötig. Wenn keine Einfassung besteht, müssen die Kanten abgestochen werden. Eine saubere Kante beeinflusst die Gesamtwirkung erheblich. Er kann noch so gut gemäht sein, ausgefranste Kanten zerstören das Bild.

❋ Sauber abgestochene Rasenkanten sehen einfach besser aus.

Rasen oder Blumenwiese?

Das ist hier die Frage. Ein makelloser Zierrasen ist aufwändig, besonders wenn man schon beim ersten Gänseblümchen nervös wird. Mindestens genauso viel Mühe macht eine Blumenwiese, wenn sie nicht nur eine Bienen-, sondern auch eine Augenweide sein soll. Wie wäre es mit einem Kompromiss?

Gänseblümchen im Rasen dürfen bei mir bleiben. Sie sind nicht aggressiv und sehen allerliebst aus. Und kleinen Kindern macht es Spaß, auch einmal etwas pflücken zu dürfen. Ich nehme es nicht so genau mit dem Rasen. Das erleichtert das Leben ungemein. Der Löwenzahn hat bei mir allerdings keine Chance.

Einen Ersatz für Rasen gibt es nicht. Besser als ein mickernder Rasen im Schatten oder ein schlecht zu mähender an unzugänglichen Stellen, wie an Hängen oder Böschungen, sind allerdings **bodendeckende Pflanzen**. Für den Schatten eignen sich Efeu, das Kleine Immergrün oder auch das dem Vergissmeinnicht ähnliche Gedenkemein für einen feuchten Boden. Die Gold-Fetthenne verträgt dagegen Trockenheit. Wenn eine Ramblerrose anmutig über eine Böschung fällt, erspart das jede weitere Begrünung.

Platt getretenes Gras am Sitzplatz oder unter einer Schaukel braucht Sie nicht zu ärgern. Es gibt **Matten** aus grünem Kunststoff in Gitterform. Sie werden am besten vor der Einsaat verlegt. Das Gras wächst hindurch, von der Matte ist bald nichts mehr zu sehen. **Trittsteine** im Rasen werden ohne Unterlage verlegt. Sie senken sich mit der Zeit von allein.

Ich habe auch gute Erfahrungen mit der Kriech-Brombeere *(Rubus pentalobus)* gemacht. Der dekorative Bodendecker bildet einen ganz flachen, dichten, trittfesten Teppich. Er ist pflegeleicht, winterhart und verliert die Blätter nur bei starken Kahlfrösten. Ein Geheimtipp!

Blumenzwiebeln können den Rasen im Frühling in ein Blütenmeer verwandeln. Wenn Scilla, Krokus, Schneeglöckchen oder Narzissen vom Gehölzrand aus in den Rasen wachsen und verwildern, gibt das ein sehr reizvolles und natürliches Bild. Man kann auch ein kleines Stück Rasen an drei Seiten ausstechen, aufklappen, die Erde darunter lockern, die Zwiebeln hineinstecken, wieder zuklappen und andrücken.

Wo keine intensive Rasenpflege gemacht und nur alle 3 bis 6 Wochen gemäht wird, stellen sich, besonders auf kalkhaltigen Böden, allmählich verträgliche **Wildstauden** mit hübschen Blüten ein. Ganz von allein. Schafgarbe, Hornkraut, Ehrenpreis, Gänseblümchen oder Veilchen sind nur einige. »Ein Veilchen auf der Wiese stand, gebückt in sich und unbekannt. Es war ein herzig's Veilchen.« (Goethe)

☀ Wer sich für eine Blumenwiese entscheidet, lebt auf jeden Fall stressfreier – ob nur mit Margeriten oder bunt gemischt, das entscheiden Sie allein.

Rasen oder Blumenwiese? 69

Bäume und Sträucher pflanzen

Bäume, auch manche Sträucher können ein beachtliches Alter erreichen. Und selbst unseren Enkeln noch Freude bereiten. Bei solch einer Investition in die Zukunft lohnt es sich allemal, gute Startbedingungen zu schaffen.

Die **beste Pflanzzeit** für Gehölze ist der Herbst. Laubabwerfende Gehölze trennen sich von ihren Blättern jedes Jahr am Ende der Wachstumsperiode. Das ist meist der Herbst, wie beim Flieder. Andere wie die Hainbuche oder auch einige Hortensien halten ihre Blätter oft bis zum Frühjahr fest. Sie alle kommen am besten im Spätherbst in die Erde. Der Boden darf allerdings noch nicht gefroren sein.

Die Pflanztiefe ist für gutes Anwachsen und Gedeihen sehr wichtig. Nie tiefer setzen, als sie vorher im Topf oder in der Baumschule gepflanzt waren. Ausgenommen bei Container-Rosen. Bei ihnen ist es wichtig, dass die Veredlungsstelle (siehe Seite 77) ca. 5 cm unter die Erde kommt (im Container stehen die Rosen meist zu hoch). Natürlich auch nicht bei Hochstammrosen, da befindet sich die Stelle unter der Krone.

Ein Baum braucht Platz. An der Vorstellungskraft, welche Ausmaße er annehmen kann, fehlt es meist. Deshalb werden Bäume oft viel zu dicht am Haus gepflanzt. Informieren Sie sich, bevor Sie den Spaten ansetzen. Es erspart Ihnen später Verdruss über sehr hohe Stromrechnungen.

Das **Pflanzloch** wird mindestens doppelt so groß ausgehoben wie der Ballen. Ist der Untergrund sehr verfestigt, muss er mit einer Grabegabel gelockert werden. Eine Bodenverbesserung mit Humus, Kompost oder Hornspänen wird Ihr »Hausbaum« sehr zu schätzen wissen. Ein Stützpfahl wird vor dem Pflanzen eingeschlagen. Der Ballen wird zuvor gut gewässert. Sind nur Wurzeln ohne Erde vorhanden, wird der Baum mit dem Wurzelballen einige Stunden lang in Wasser gestellt. Nun kann gepflanzt werden. Suchen Sie sich nach Möglichkeit einen bedeckten, windstillen, regnerischen Tag aus. Zumindest für die Pflanzen ist das besser. Nachdem das verbleibende Pflanzloch so mit Erde aufgefüllt wurde, dass keine Hohlräume entstehen, wird das, was später ein Baum werden will, an der Stütze festgebunden. Festgebunden, nicht stranguliert. Nehmen Sie keinen Draht, sondern ein Material, das nicht einschneidet. Die Stütze soll dem Bäumchen helfen, ein großer, gerader Baum zu werden, und sich nicht als Mordinstrument entpuppen.

Ein Gießrand um den Baum erleichtert das Wässern. Nun wird angegossen, auch bei Regen. Nicht mit der Brause, sondern mit einem kräftigen Strahl. Er sorgt dafür, dass sich keine Hohlräume bilden und Erde die Wurzeln einbettet. Ist das Wasser versickert, »schenken« Sie noch einmal nach, bis der Boden richtig schön gesättigt ist. Bei trockenem Wetter das Wässern nicht vergessen. Ist aus dem Bäumchen ein Baum geworden, braucht er keinen »Halt« mehr.

Bäume und Sträucher pflanzen • 71

① Das Pflanzloch mindestens so breit graben, wie der Ballen ist, und doppelt so tief.
② Das Tuch um den Ballen am besten ganz entfernen – oder aufknoten, sonst stranguliert man die Pflanze.
③ Die Zwischenräume mit frischer Erde füllen.
④ Festtreten sichert die Standfestigkeit.

Immergrüne

Bäume und Sträucher, die ihre Blätter nicht abwerfen, nennt man kurz »Immergrüne«. Sie behalten ihr Laub zwar nicht ihr Leben lang, doch in der Regel für einige Jahre.

Sie verdunsten, im Gegensatz zu laubabwerfenden Gehölzen, auch im Winter Wasser. Und müssen deshalb gut eingewurzelt sein, bevor der Boden gefroren ist. Am besten werden sie Anfang September mit Wurzelballen gepflanzt.

Alle frostempfindlichen Immergrünen, wie Rhododendren und Kamelien, kommen besser erst im Frühjahr in die Erde. So haben sie die ganze Gartensaison über Zeit, sich in ihrem neuen »Zuhause« einzugewöhnen. Sie verkraften den Umpflanzschock leichter und werden ihren ersten Winter viel besser überstehen.

Wurzelnackte Gehölze

Sie haben keinen Ballen mit Erde. Ihre Wurzeln liegen völlig frei. Diese Gehölze werden im Herbst gerodet und meist in Kühlhäusern gelagert. Eine Lagerung über mehrere Monate bekommt ihnen nicht so gut.

Viel besser ist es, sie im gleich nach dem Roden im Oktober/November zu pflanzen. Bis zum Frühjahr sind sie gut eingewurzelt und können gesund und kräftig austreiben. Viel kräftiger als wurzelnackte Pflanzen, die erst im Frühjahr in die Erde kommen. Die müssen sich ja erst einmal etablieren und sind voll und ganz damit beschäftigt, robuste Wurzeln zu bilden.

☀ In solch einem »Bett« mit genügend Platz wird sich jeder Baum wohlfühlen.

Bäume und Sträucher pflanzen • 73

① Eine Handvoll Knochenmehl und Hornspäne kann nicht schaden.
② Nicht nur beim Pflanzen ist es gut, zu zweit zu sein.
③ Gießen selbst bei Regenwetter nicht vergessen.

Hecken pflanzen

Dicht und schön, gesund und meist auch groß wünschen wir uns eine Hecke. Als Sicht- oder Windschutz, als Unterteilung oder Hintergrund. Oder auch nur als Einfassung. Eine Hecke kann aus unterschiedlichen Gehölzen bestehen: aus Laub abwerfenden – wie Hainbuche – oder immergrünen – wie Berberitze (Laubgehölz) oder Eibe (Nadelgehölz) – auch mit einem Blütengehölz (z.B. Forsythie) dazwischen.

Die erste Überlegung, »Was möchte ich?«, ist damit geklärt. Die zweite, »Wie viele Pflanzen brauche ich davon für meine Hecke?«, ist die Folge davon. Die **Anzahl** ist abhängig von der Art der Pflanze und von der Ballengröße. Natürlich auch vom Preis. Laub abwerfende Heckenpflanzen sind preiswerter in der Anschaffung, immergrüne – mit Ausnahme des Wässerns – pflegeleichter.

Wer schnell eine hohe grüne Wand haben will, muss große Pflanzen mit festem Ballen kaufen. Das ist sehr teuer. Außerdem werden sich durch die zu dichte Bepflanzung später Mängel an den Pflanzen zeigen, beispielsweise Verkahlung durch zu wenig Licht.

Da eine Eibe gut 1 m breit wird, würden für eine 10 m lange Hecke 10 Pflanzen ausreichen. Wenn Sie Geduld haben. Wenn nicht, brauchen Sie für eine schnell geschlossene Hecke mindestens das Doppelte. Für eine niedrigere Einfassung aus Buchs sind für 1 m Länge 5 kleinere Pflanzen nötig.

Die richtige **Pflanzzeit** ist, wie bei Bäumen und Sträuchern auch, der Herbst, in raueren Gegenden auch der Frühling.

Achten Sie beim **Kauf** darauf, dass Sie Pflanzen gleicher Größe, Höhe und Breite bekommen. Und auch der gleichen Sorte. Es gibt preiswerte Heckenpflanzen ohne Erdballen. Sie brauchen allerdings viel Pflege zum Anwachsen und sind alles andere als einfach.

Voller Tatendrang wird nun – je nach Ballengröße – ein 30 bis 40 cm tiefer Graben ausgehoben. Immergrüne werden immer mit Ballen geliefert und gepflanzt. Der Ballen wird vorher in einen Eimer mit Wasser gestellt. Faustregel: mindestens so lange in Minuten, wie der Ballendurchmesser in Zentimetern.

Sind nun die Pflanzen im richtigen Abstand gesetzt, wird mit Erde aufgefüllt. Mit einer Oberschicht aus humusbildenden Stoffen (z.B. Kompost) ist die »Hecke«, die erst eine werden will, optimal versorgt. Mit einem **Schnitt** gleich nach dem Pflanzen wird die Hecke erzogen. Immergrüne dabei mäßig auf eine einheitliche Höhe zurückschneiden, Nadelgehölze überhaupt nicht, Pflanzen ohne Ballen zur Hälfte.

Ein bisschen Mühe am Anfang und Geduld zahlen sich später doppelt und dreifach aus. Kaufen Sie nicht zu viele Pflanzen. Ist es so schlimm, wenn es mal etwas Lückig aussieht?

Hecken pflanzen 75

① Eine Schnur sorgt für eine gerade Ausrichtung, denn auf das Augenmaß ist nicht immer Verlass.
② Entlang der Schnur wird entsprechend der Ballengröße ein Graben ausgehoben.
③ Eine Starthilfe in Form von Hornspänen ist zu empfehlen. Sie sollten allerdings nicht direkt an die Wurzeln kommen.
④ Angießen nicht vergessen, auch nicht bei Regenwetter. Dabei nicht mit Wasser sparen. Die eingeschlämmte Erde füllt letzte Hohlräume.

Rosen pflanzen

Es ist eine stachelige Angelegenheit. Diese Stacheln aber helfen z. B. einer Ramblerrose, hohe Bäume zu erklimmen. Mit festen Handschuhen ist es halb so schlimm. Rosen lieben einen luftigen, freien und sonnigen Standort. Deshalb muss ein Klettergerüst von der Hauswand mindestens 20 cm Abstand haben. Rosen lieben einen nährstoffreichen Boden. Jeder Gartenboden ist geeignet, wenn er mit Humus angereichert wird, genügend feucht und locker ist (siehe Seite 58). Aber Rosen nie dort pflanzen, wo vorher schon Rosen standen. Solche Böden sind »rosenmüde«.

Sie haben die Wahl zwischen »wurzelnackt« (ohne Erde) und »im Container«. **Wurzelnackte Rosen** können vom Herbst bis zum Frühjahr gepflanzt werden – solange der Boden frostfrei ist. Kann man sie gleich pflanzen, werden sie sofort ausgepackt und für einige Stunden in Wasser gestellt. Ist jedoch der Boden gefroren, müssen sie an einem frostfreien, kühlen Platz, z. B. einer Garage, so lange aufbewahrt werden, bis der Boden wieder zu bepflanzen ist. Graben Sie das Pflanzloch so tief (2 Spaten tief), dass die Wurzeln ohne Verbiegen senkrecht in die Erde kommen. Außerdem ist ganz wichtig, dass die **Veredelungsstelle** 5 cm unter die Erde kommt. Diese sehr empfindliche Stelle muss vor dem Austrocknen und vor Frost geschützt werden. Triebe und Wurzeln werden vor dem Pflanzen etwas gekürzt. **Rosen im Container** können das ganze Jahr über gepflanzt werden, außer bei Frost.

☀ Beetrosen wie diese 'Bordure Nacrée' werden am besten im Herbst oder Frühling gepflanzt.

Rosen pflanzen

So werden Rosen gepflanzt:
① Die Wurzeln werden etwas gekürzt.
② So können sich die Wurzeln richtig vollsaugen.
③ Das Pflanzloch wird so tief ausgehoben, dass die Wurzeln senkrecht darin Platz finden.
④ Die Veredelungsstelle ist tief genug unter der Erde.

Kletterer setzen

🌼 Ohne Topf wird die Pflanze leicht schräg zum Rankgerüst gestellt.

Es ist nicht schwieriger als bei anderen Pflanzen auch. Ein ausreichend großes Loch, unten gut mit Hornspänen und oben gut mit Kompost vorbereitet – und hinein damit. Nur: Viele Kletterpflanzen müssen festgebunden werden, und dazu muss man ihre Wuchseigenschaften kennen. Und einige haben Extrawünsche. Und die meisten finden nicht von alleine den Weg nach oben. Hilft man ihnen nicht in die Höhe, werden sie zu Bodendeckern.

Die Auswahl fällt bei dem Riesenangebot nicht schwer. Eigentlich müsste für jeden Geschmack etwas dabei sein. Ob das allerdings für Ihre Lage und Ihren Boden in Frage kommt, muss vorher geklärt werden. Eine Glyzine wird sich im Blumenkasten so wenig wohlfühlen wie eine großblütige Clematis in voller Sonne. Und ein Wilder Wein ist genug, es sei denn, Sie besitzen einen Park mit ungeahnten Möglichkeiten.

Kletterpflanzen wollen klettern. Damit sie das können, brauchen die meisten einen »Halt«.

- **Selbstkletternd** sind Wilder Wein, Kletterhortensie und Efeu. Nicht, dass sie von allein senkrecht in die Höhe wachsen. Sie halten sich mit ihren Saugwurzeln an Bäumen, Hauswänden usw. fest.
- **Schlingend** sind Glyzine, Hopfen und Geißblatt. Sie brauchen entweder einen Baum oder ein sehr stabiles Klettergerüst.
- **Rankend** sind Echter Wein und Clematis. Sie sind mit einer Rankhilfe in Form eines Gitters oder auch nur einer Schnur zufrieden.

☀ Triebe locker festbinden. Verwenden Sie keinen Draht, sondern Bast, Jute oder eine Baumwollkordel.

☀ Nun wird Erde aufgefüllt und anschließend ordentlich angegossen.

Stauden einpflanzen – mit ein bisschen Liebe

Damit eine Staudenpflanzung das ganze Jahr eine Augenweide ist, sollte sie gut geplant und genauso gut vorbereitet werden.

In der Natur sind Stauden oft in Gesellschaft mit Bäumen oder Sträuchern anzutreffen. Ein Vorbild für uns. Größere Stauden wie Pfingstrosen, Rittersporn oder Phlox, auch größere Gräser wie das Chinaschilf bringen Höhe in die Pflanzung. Man nennt sie »**Leitstauden**«. Sie werden zuerst ausgewählt. Danach sucht man sich die kleineren Stauden aus. Früh blühende, wie das Tränende Herz, werden mehr in den Hintergrund gesetzt, und später blühende davor. Es fällt dann nicht so auf, wenn die früh blühenden ihren Höhepunkt überschritten haben. Kleinere Sommer- und Herbststauden gehören in den Vordergrund. Tuffs von Schneeglöckchen, Krokussen oder Traubenhyazinthen sorgen dafür, dass es hier auch im Frühling blüht. Und deren einziehendes, welkes Laub wird dann durch die Stauden kaschiert.

Eine lockere Anordnung von hohen, mittelhohen und niedrigen Stauden ergibt ein ausgewogenes Bild. Wählen Sie nur Stauden, die die gleichen Ansprüche an Boden und Standort haben. Das erleichtert die Pflege. Ein Schatten liebender Farn und ein »sonniges« Gras werden nie glücklich miteinander werden. Es ist schön, wenn Stauden, die zur gleichen Zeit blühen, farblich harmonieren.

Der **Pflanzabstand** hängt von den ausgewählten Arten ab. Für 1 m² sind 3–4 höhere Stauden ausreichend, 6–9 niedrigere, und von den ganz kleinen dürfen es auch 10–15 sein. Obwohl man kaum eine größere Fläche in einer Rabatte mit kleineren Stauden füllen wird. Es sei denn, man setzt sie großflächig als Bodendecker ein. Pflanzen Sie nicht zu dicht. Leere Stellen lassen sich mit Sommerblumen füllen.

Wann wird gepflanzt? Das hängt von den Pflanzen ab. Nur, mit dieser Antwort werden Sie wenig anfangen können. Als Faustregel gilt: nach ihrer Blütezeit – in ihrer Ruhephase. Also Frühjahrsblüher noch im Frühling oder Frühsommer, Sommerblüher im Herbst und Herbstblüher auch noch im Vorfrühling.

Bereiten Sie Ihren Stauden ein weiches Bett. Ein gelockerter Boden, ohne Unkraut, mit Humus angereichert, ist die Grundvoraussetzung für üppiges Blühen. Legen Sie die Pflanzen auf die vorgesehenen Stellen. Und versuchen Sie, sich die spätere Wirkung vorzustellen. Jetzt lassen sie sich noch umplatzieren. Sind Sie mit Ihrem Werk zufrieden, wird gepflanzt. Betrachten Sie es als Spiel: Als hätten Sie eine große Palette und viele Farben vor sich. Sie haben es besser als der Maler, Sie können (und müssen!) auch die Höhe einsetzen. Nach und nach werden Sie Ihrem Ziel näher kommen. Schließlich ist noch kein Meister vom Himmel gefallen.

Stauden einpflanzen – mit ein bisschen Liebe 81

① Mit der Handschaufel gräbt man das Pflanzloch.
② Langzeitdünger sorgen für gutes Gedeihen.
③ Beim Einsetzen die Staude etwas höher halten. Mit Erde auffüllen, andrücken.
④ Das Angießen nicht vergessen…

Zwiebelblumen pflanzen

Im Herbst den Frühling vorbereiten. Schon die Vorfreude darauf lässt die Wintertage weniger grau erscheinen. Wo können Sie nicht überall für »Lichtblicke« sorgen. Ob unter Bäumen und Sträuchern, zwischen Stauden, verwildert im Rasen oder in Balkonkästen – überall sind diese kleinen Schätze entzückend.

Achten Sie beim Kauf auf gesunde Zwiebeln. Fest und schwer müssen sie sein, unbeschädigt, ohne Flecken und weiche Stellen. Wenn Sie bei einer Sorte die Wahl zwischen großen und kleinen Zwiebeln haben, nehmen Sie die großen. Eine Schneeglöckchenzwiebel von 1 cm Durchmesser wird schon im nächsten Winter blühen. Bei einer kleineren müssen Sie länger warten. Apropos Schneeglöckchen: von Züchtern werden sie nach der Blüte mit welkem Laub verschickt. Gleich gepflanzt, haben sie so die besten Chancen. Wenn Sie jahrelang keinen Erfolg mit den im Herbst angebotenen Zwiebeln hatten (so wie ich), versuchen Sie es im Frühjahr mit Schneeglöckchen »in the green«.
Sie werden staunen über den Unterschied.

Kaufen kann man Blumenzwiebeln dann, wenn man sie auch pflanzen kann. Bei einer Lieferung hat schon mancher gedacht – auch ich –, die haben wohl vergessen, die Zwiebeln hineinzutun. Bevor Sie reklamieren, schauen Sie genau nach. Längst nicht alles, was unter dem Oberbegriff »Zwiebel« läuft, sieht auch wie eine solche aus. Anemonen z. B. sind unförmige, kleine, dunkelbraune Gebilde – Erdklümpchen nicht unähnlich.

Die jeweilige Pflanzzeit ist:
- Im Hochsommer: für Herbstblüher wie Herbstzeitlose, Herbstkrokus
- Im August/September: für Narzissen und Krokusse.
- Im Herbst: für sonstige Frühlingsblüher.
- Je früher die Zwiebeln in die Erde kommen, desto früher kommen die Blüten raus.

Pflanzen Sie Blumenzwiebeln nicht in Reih und Glied wie Zinnsoldaten. Das wirkt sehr unnatürlich. Wenn es wie zufällig wirken soll, werfen Sie die Zwiebeln in die Luft – und pflanzen Sie sie dort, wo sie hingefallen sind. Für eine natur-

☀ Zwiebeln mit fleischigen Schuppen.

Zwiebelblumen pflanzen 83

● Knollen sehen meist nicht sehr vertrauenserweckend aus.

● Rhizome wachsen unterirdisch oder flach auf der Erde.

nahe Gestaltung ist das am schönsten. Oder in ungeradzahligen Tuffs, z. B. 7 Narzissen.

Gepflanzt wird drei mal so tief, wie die Zwiebel hoch ist. Eine Narzissenzwiebel von 5 cm in ein 15 cm tiefes Loch. Und richtig herum, d. h. mit den Würzelchen nach unten. Das ist bei Knollen gar nicht so einfach.

Eine Ausnahme bildet die Madonnen-Lilie *(Lilium candidum)*. Als einzige Art stammt sie aus dem Orient und verträgt auch leichten Schatten. Im Gegensatz zur Königs-Lilie *(Lilium regale)*, die sich nur in voller Sonne wohl fühlt. Die weißlich-gelben, sehr großen Zwiebeln müssen im **August** gepflanzt werden. Als einzige Lilie wird sie nur mit 3 cm Erde bedeckt. Die Madonnen-Lilie treibt noch im selben Herbst aus, der dekorative Blattschopf überwintert. Sie blüht im nächsten Sommer.

Verwildern lassen

Am natürlichsten wirkt es, wenn die Pflanzen **»verwildern«**. Winterling und Blaustern vermehren sich rasant, da sie sich fleißig aussäen. Schön, wenn sie das dürfen. Schneeglöckchen dagegen verhalten sich sittsamer. Sie passen besser in eine Staudenrabatte. Zwiebelpflanzen brauchen ihr verwelkendes Laub zur Ernährung ihrer Zwiebel. Um wieder Kraft zu schöpfen für eine schöne Blüte im nächsten Jahr. Entfernen Sie das Laub erst, wenn es sich leicht mit den Händen abnehmen lässt. Bis dahin kann man es mit anderen Pflanzen kaschieren.

Gepflanzt werden kann mit einem Blumenzwiebel-Pflanzer oder einer Handschaufel.

☀ In das Pflanzloch wird Langzeitdünger eingearbeitet. Bei schwerem Boden auch Sand.

☀ Gut mit Erde bedecken. Anzugießen braucht man nicht.

Sommerblumen anziehen

Es ist kinderleicht, aber die Frage ist, ob es sich lohnt. Natürlich geht es schneller, die fertigen Pflanzen zu kaufen. Aber es macht Spaß, die Blumen selbst zu säen und ihnen beim Wachsen zuzusehen. Das Erfolgserlebnis ist vorprogrammiert. So etwas soll ja von Zeit zu Zeit guttun. Auch entwickelt man ein innigeres Verhältnis zu »seinen« Pflanzen.

Ein Samenkorn steckt voller Leben. Das ist schon ein Wunder, wenn man bedenkt, wie winzig so ein Körnchen manchmal ist – und doch schon die ganze Anlage der Pflanze enthält. Bei Liliensamen beispielsweise lässt sich der Keim mit bloßem Auge erkennen. Hält man die dünnen, braunen Plättchen gegen das Licht, sieht man ein schwarzes »Komma«. Fehlt es, ist der Samen nicht keimfähig. Zur **Keimung** ist Wasser notwendig. Wenn der Samen auf feuchte Erde gelegt wird, kommt Luft, und in den meisten Fällen Wärme und Licht, hinzu. Durch das Aufquellen wird die Samenschale gesprengt. Dahinter steht eine erstaunliche Kraft. Nur so wird verständlich, dass aus Mauerritzen oder sogar Asphalt Blumen sprießen. Zuerst erscheinen die Keimblättchen. Sie biegen sich auseinander, der Stängel mit dem ersten Blattpaar erscheint. Nun geht es aufwärts. Keine Sorge: Die Keimblätter fallen nach getaner Arbeit ab. Die »echten« Blättchen übernehmen das Atmen.

● Schmuckkörbchen oder Kosmeen sind kinderleicht anzuziehen und blühen unermüdlich bis zum Frost.

Farbenfroh und vielseitig ist die Schar der Sommerblumen. Das sind einjährige Pflanzen wie Kosmeen oder zweijährige wie Stiefmütterchen oder Vergissmeinnicht. Um sich an einem bunten Blütenteppich zu erfreuen, braucht man größere Mengen. Das macht die eigene Anzucht sinnvoll, spart Geld und macht Spaß.

- **Einjährige** werden im Frühling direkt an Ort und Stelle ins Freie gesät oder im Winter vorgezogen, z. B. auf der Fensterbank. Sie blühen bis in den Herbst hinein und sterben dann ab. Das muss in südlichen Gefilden jedoch nicht sein. Dort können sich Einjährige wie Stauden verhalten und jedes Jahr neu austreiben. Es kommt auf die Pflanze und das Klima an.
- **Zweijährige** sät man im April/Mai, spätestens im Juli. Sie überwintern als grünes Pflänzchen und blühen im kommenden Jahr. Wenn ihnen ihr Standort behagt, samen sie sich fleißig selbst aus und sind eigentlich immer da. Gerade sie werden gern selbst vermehrt. Es ist das bisschen Mühe wert.

Jetzt wird es praktisch. Genug der Botanik und Theorie. Sie machen aber vieles leichter verständlich. Viele einjährige Sommerblumen kann man direkt dort aussäen, wo sie später wachsen sollen. Die Zeit dafür ist meist, wenn die letzten Fröste vorbei sind, bei der Kosmee April/Mai. Seien Sie großzügig mit dem Samen, Sommerblumen wirken nur in Gruppen. Kleckern ist hier nicht angebracht. Da Kosmeen sehr hoch werden, sollten sie gleich in den

① »Säen ist nicht so beschwerlich wie ernten.« Goethe hat Recht. Die Samen werden, nicht zu dicht, in einen flachen Kasten mit Anzuchterde gestreut.
② Winziger Samen braucht nicht mit Erde bedeckt zu werden. Fein überbrausen.
③ Hurra! Die Pflänzchen sind da. Die Abdeckung wird entfernt. Sie müssen sich langsam an die raue Wirklichkeit gewöhnen.
④ Nun sind sie groß genug, um in kleine Töpfchen mit Blumenerde gesetzt zu werden. Erst wenn diese durchwurzelt sind, darf ausgepflanzt werden.

Hintergrund gesät werden. Das spart später das Umsetzen. Mit einer dünnen Schicht Erde bedeckt und feucht gehalten, können sie schon in einer Woche keimen.

Um kräftige Pflanzen zu bekommen, werden sie später auseinandergesetzt. Man nennt das »**Vereinzeln**« oder »**Pikieren**«. Möchten Sie, dass es früher blüht, ziehen Sie die Pflänzchen auf der Fensterbank 6–8 Wochen vorher an.

Nun gibt es aber auch Sommerblumen, die man besser schon im Herbst an Ort und Stelle aussät. Sie werden etwas tiefer als im Frühjahr in die Erde gebracht und mit Zweigen locker abgedeckt. Diese Behandlung mögen zum Beispiel der Sommer-Rittersporn *(Consolida ajacis)*, der Schwarzkümmel *(Nigella)* und einjährige Mohnarten *(Papaver)*.

Die Selbstläufer

Das sind die Einjährigen, die eigentlich immer da sind, und das ohne jegliches Dazutun. Sie säen sich selbst aus, überall und recht munter. Die kleinen Pflänzchen nehmen es zwar nicht so genau, sie sind nicht immer »treu«. Aber oft entstehen sehr reizvolle Exemplare. Diese Art der Vermehrung ist mir bei den Sommerblumen die liebste. Die Sämlinge haben die erstaunliche Fähigkeit, sich an Stellen anzusiedeln, auf die ich nicht gekommen wäre. Fingerhüte *(Digitalis)* sind darin Meister. Und wo sie mir dann nicht gefallen: ein Handgriff …

Einjährige Kletterpflanzen, wie zum Beispiel die Glockenrebe *(Cobea scandens)*, lassen sich auch durch Stecklinge vermehren. Und zwar im Hochsommer. Allerdings müssen sie hell und frostfrei überwintert werden. Sie blühen früher, werden aber nicht ganz so stattlich wie die Sämlingspflanzen. Alles kann man halt nicht haben.

Wir sind bestens zum Verwildern geeignet:
- *Corydalis solida* (Finger-Lerchensporn) – violett-rosa
- *Digitalis purpurea* (Fingerhut) – viele Farben
- *Hyacinthoides non-scripta* (Atlantisches Hasenglöckchen) – weiß, blau, duftend
- *Scilla bifolia* 'Rosea' (Zweiblättriger Blaustern) – rosa
- *Scilla siberica* 'Alba' (Sibirischer Blaustern) – weiß

☀ Das sieht wirklich nicht nach Schwerarbeit aus. Und der Erfolg hat sich auch schon eingestellt, wie man an den Keimlingen sieht.

Gartenpflege fängt beim Boden an

Ein guter Boden bildet die Grundlage für einen gesunden, üppig blühenden Garten. Auch er will gepflegt sein, und dafür kann man als Gärtner einiges tun.

Ideal für alle Gartenpflanzen ist lockere, krümelige Erde. Darin können nicht nur Jungpflanzen gut wachsen. Wasser und Nährstoffe sind dann in einem gesunden Gleichgewicht und stehen den Wurzeln zur Verfügung. Jeder Gärtner versucht daher, diese Bodenstruktur zu erhalten. Man erreicht das durch schonende Bodenbearbeitung und durch ein Bedecken des Bodens, denn offener, also unbedeckter Boden trocknet viel schneller aus, verkrustet und verklumpt.

Mulchen nennt man das Abdecken des Bodens mit natürlichem Material. Im Garten ist es eigentlich immer zur Hand: Ob Rasenschnitt, gehäckselte Schnittabfälle oder Herbstlaub. Auch gekaufter Rindenmulch oder Stroh eignen sich. Das Mulchmaterial wird einfach mit den Händen auf den Beeten zwischen den Pflanzen verteilt. Und zwar während der Wachstumszeit und im Herbst.

Im Frühjahr sollte man den Boden eher offen halten, er erwärmt sich dann schneller, die jungen Triebe wachsen rascher. Auf den gemulchten Flächen bleibt der Boden feucht, geschützt und schön locker. Günstiger Nebeneffekt: Unkräuter werden unterdrückt und der Boden nach und nach mit Humus angereichert.

Kompost – das Gold des Gärtners

Auch mit Kompost lässt sich »mulchen«. Bei dieser »**Flächenkompostierung**« geht es allerdings nicht nur um die Bodenabdeckung, sondern der Kompost zersetzt sich und führt dem Boden dabei wertvolle Nährstoffe und Spurenelemente zu. Auch der Mulch wird mit der Zeit abgebaut, doch dauert dies wesentlich länger.

Kompost ist das Gold des Gärtners. Viele schwören darauf. Was hat es mit dem geheimnisvollen Bio-Stoff auf sich? Tatsächlich verbessern regelmäßige Kompostgaben nicht nur den Boden durch die Humuszufuhr, sie wirken auch pflanzenstärkend, weil damit unzählige Mikroorganismen zugeführt werden. Diese stabilisieren das lebendige Gleichgewicht im Boden und stärken dadurch auch die Pflanzen, die robuster und weniger krankheitsanfällig werden.

Wie legt man einen Komposthaufen richtig an? Zunächst suchen Sie sich einen geeigneten Platz dafür. Er sollte nicht in der prallen Sonner, sondern halbschattig oder schattig sein und nicht gerade direkt im Blickfeld der Terrasse liegen. Nach dem Aufstellen der Miete – so nennt man die zerlegbaren Behälter aus Holz, Kunststoff oder Metall – wird der Haufen aufgebaut. Zuunterst kommt eine Lage grober Gehölzschnitt oder Reisig, dann etwas Gartenerde als

Gartenpflege fängt beim Boden an 91

① Geräte wie dieser Kultivator lockern mit wenigen Handgriffen verkrustete Erde.
② Schnellkomposter sind besonders einfach zu handhaben.
③ Perfekt geschichtet: oben frische Gartenabfälle, unten fertiger Kompost.
④ Der reife Kompost wird locker zwischen den Pflanzen verteilt.

»Impfstoff«, und nun Schicht um Schicht das zu kompostierende Material.
Aufgebaut wird ein Komposthaufen am besten im Frühjahr. Wichtig: den Haufen nicht austrocknen lassen, sondern ab und an gießen.

Was darf alles auf den Kompost?

- Alle Pflanzenreste aus dem Garten, ob Zweige vom Auslichten, welke Rosenblüten, abgeschnittene Staudentriebe oder Erd- und Pflanzenreste vom Umtopfen.
- Rasenschnitt kann ebenfalls kompostiert werden – allerdings nur in dünnen Lagen, sonst verklebt und fault er.
- Alle Grünabfälle aus der Küche, also Reste von Obst, Gemüse und Kräuter.
- Keine gekochten Speisereste – sie locken gerne Ratten an.

Je nach Ausgangsmaterial und Witterung entsteht nach drei bis neun Monaten reifer, krümeliger, gut riechender Kompost – reif zum Ausbringen in den Garten.

Das Mulchmaterial verteilt man vorsichtig mit den Händen auf den Pflanzflächen.

Gießen und Wässern müssen sein

Der Segen kommt nicht immer von oben. Aber das kann doch nicht so schwer sein! Wieso also extra darüber schreiben? Selten jedoch gibt es so viele Fragen wie beim Gießen. Warum? Wann? Wie viel? Wie oft? Womit? Wieso Töpfe auch bei Regen gießen? ...

Wasser braucht jede Pflanze. Es ist ihr Lebenselixier – füllt die Zellen und löst Nährstoffe aus dem Boden. Für anspruchsvolle Gartenpflanzen reichen natürliche Niederschläge oft nicht aus. Sie welken. Aber nicht jede Pflanze braucht gleich viel. Ein Lavendel mit schmalen, derben Blättern braucht wenig, die groß- und dünnblättrigen Hortensien viel – ebenso alle neu gesetzten Pflanzen oder die im Regenschatten stehen, dicht an einer Mauer (sie entzieht dem Boden Feuchtigkeit), Wurzelkonkurrenz oder starkem Wind ausgesetzt sind. Der **Wasserverbrauch** variiert auch im Jahresverlauf. Während ihrer Ruhezeit ist eine Pflanze genügsam.

1 m² Garten braucht pro Jahr ca. 300 bis 500 Liter Wasser zusätzlich. Woher nehmen? Das Beste ist immer Regenwasser. Aber besser Leitungswasser als gar keines! Und immer abgestandenes, nicht zu kaltes Wasser – aber kein destilliertes. Die Brause, bei einem Schlauch fein eingestellt und in hohem Bogen verteilt, bewahrt die Pflanzen vor einem Kälteschock.

Weicher bekommt man Wasser, wenn man 2 bis 3 Torfquelltöpfchen (»Jiffy Pots«) einen Tag lang in eine Gießkanne mit Wasser (8 bis 10 l) legt. Man lässt sie drin und füllt wieder mit Wasser auf. Es ergibt ein »Fast-Regenwasser«.

Nie in praller Mittagshitze gießen. Besser ist vormittags oder abends. Beregnen am Abend spart Wasser. Eine Regel wie »jeden Freitag« gibt es nicht, dazu sind die Bedürfnisse zu unterschiedlich. Und wenn es heißt »drei Kannen Wasser angießen und dann jede Woche«, dürfen natürlich nicht jede Woche wieder drei Kannen gegossen werden.

Den **Schlauch** an jede Pflanze halten und bis zehn zählen ist für die eine zu wenig, für die andere zu viel. Nie nur ein bisschen gießen. Das ist Wasservergeudung und schadet den Pflanzen mehr, als es nützt. Die Wurzeln kommen nach oben, um etwas von dem wenigen Nass abzubekommen, und vertrocknen in kurzer Zeit. Richtig ist: reichlich, in größeren Abständen und zu günstigen Tageszeiten zu gießen. Das Wasser sollte 20 cm tief eindringen können. Das entspricht einer Menge von 20 l pro m². Übrigens: Selbst im November, wenn er so trocken ist wie 2011, kann es erforderlich sein, Bäume und Sträucher zu wässern.

Pflanzen in Töpfen brauchen besondere Aufmerksamkeit. Die meisten von ihnen vertrocknen bei Regenwetter. Kurioserweise. Besonders bei kompakten Pflanzen, wie dem

1. Die Beregnung des Rasens kann im Sommer sinnvoll sein, bei einer Neueinsaat ist sie notwendig. Für die Blumenbeete sind andere Methoden besser.
2. Ohne die gute, alte Gießkanne geht es nicht – besonders bei Töpfen.
3. Ein Gießstab dient der gezielten Bewässerung.
4. »Endtropfer« versorgen die Pflanzen ganz direkt.

Buchs, fließt das Wasser förmlich ab. Es kommt gar nicht bis an die Wurzeln. Zur Abhilfe sollten Sie vorbeugend ab und zu die meist moosbedeckte Oberfläche lockern und Ihre Lieblinge gut im Auge behalten.

So leicht wie möglich sollte das Wässern sein. Für Einzelpflanzen und kleine Gartenteile ist die **Gießkanne** unschlagbar. Obwohl ich wunderschöne Kannen aus Metall habe, greife ich immer zu den einfachen aus Plastik. Sie sind leichter. Allein 10 l Wasser wiegen 10 kg. Und das treppauf, treppab.

Ohne einen **Gartenschlauch** wird es in den meisten Fällen nicht gehen. Mindestens einen Wasseranschluss brauchen Sie am Haus. Besser sind zwei. Es ist sehr mühsam und alles andere als einfach, einen schweren Gartenschlauch hinter sich herzuziehen. Besonders wenn er ständig knickt und in Kurven Pflanzen absäbelt. Sogenannte Schlauchpoller sind nur ein schwacher Trost.

Ein Tipp! Es gibt inzwischen leichte Spiralschläuche, die sich ganz von allein wieder auf ca. 1,50 m zurückziehen. Ich habe an der Vorder- und Rückseite des Hauses jeweils einen und brauche seitdem nichts anderes mehr. Er ist immer so lang, wie ich ihn gerade brauche, und lässt sich bis 15 m ausziehen. Seitdem geht es auch meinen Pflanzen besser.

Wasserleitungen mit Außenanschlüssen werden abgestellt und entleert, sobald stärkere Fröste angesagt sind. Wasser dehnt sich in gefrorenem Zustand aus. Eine geplatzte Wasserleitung ist nichts Feines. Auch Wassergefäße, ob Vogeltränke oder Regentonne, werden besser geleert. Vorbeugen ist viel leichter, als hinterher die Bescherung in Ordnung zu bringen.

Regenwasser sammeln

Bevor Sie sich das nächste Mal ärgern, dass es schon wieder regnet – denken Sie daran, was für ein Segen das für Ihre Pflanzen ist. Es gibt verschiedene Möglichkeiten, das kostbare Nass aufzufangen. Ich habe einfach eine große, schmale, durchaus dekorative Tonne unter die Regenrinne gestellt. Und reserviere dieses himmlische Wasser für kalkempfindlichen Pflanzen, wie Kamelien und Rhododendren.

☀ Eine ganz schön professionelle Lösung: ein Regenfass, gut kaschiert mit Kapuzinerkresse und Margeriten.

Pflanzen richtig düngen

Auf das richtige Maß kommt es an. Zu viel kann fatale Folgen haben. Es kann das Ende einer Pflanze bedeuten. Und zwar das schnelle. Zu wenig kann auch das Ende bedeuten. Aber das geht langsamer. Man sieht es und kann reagieren. »Viel hilft viel« ist hier das falsche Motto. Die meisten Pflanzen in unseren Gärten sterben durch zu viel Dünger. Sparen Sie sich die Arbeit.

Die einfachste Art zu düngen ist, der Natur ihren Lauf zu lassen und sie nicht ständig zu stören. Am besten gedeihen Pflanzen an ihrem Naturstandort, Rhododendren z. B. in den Höhenlagen Asiens. Dort düngt sie kein Mensch. Aber sie bekommen durch das herabfallende Laub höherer Bäume ständig Nährstoffe zugeführt. Das Bodenleben ist umso reichhaltiger, je dichter gepflanzt wird. Und je mehr wir für ein natürliches Gleichgewicht im Boden sorgen, desto weniger Arbeit und Kosten haben wir. Wenn Sie einen klinisch reinen Garten anstreben, in dem ein Regenwurm kein Blättchen mehr findet, das er in die Erde ziehen kann, werden Sie viel Geld für Dünger ausgeben müssen. Durch das Zusammenpflanzen verschiedener Gattungen – also Rose, Clematis, Buchs usw. – wird ein ausgewogenes Verhältnis im Boden gefördert. Unterschiedliche Nährstoffe werden entnommen und wieder zugefügt. »Sie düngen doch bestimmt sehr viel«, bekomme ich immer wieder im Garten zu hören. Das Gegenteil ist der Fall. Meine Pflanzen ernähren sich gegenseitig. Ich dünge nur einmal im Frühjahr und sonst nur ausnahmsweise.

Laub enthält alle wichtigen Pflanzennährstoffe. Nutzen Sie es reichlich im Winter zum Abdecken des Bodens. Sie müssen es nicht sortieren. Leichtes, dünnes Laub verrottet schneller. Ein Zuviel davon ist kaum möglich. Nur ersticken sollten die Pflanzen nicht darunter.

Meist wird dieser »eigene« Dünger nicht reichen. Man muss »zudüngen«. Ideal ist Komposterde. Aber wer hat schon genügend davon? Ersatzweise gibt es handelsübliche Dünger.

Ein Dünger, egal welcher, ist für eine Pflanze nur in Verbindung mit Wasser verwertbar. Deshalb den Dünger nie direkt auf die nackten Wurzeln, auf die trockene Erde oder bei strahlendem Sonnenschein geben. Und nie das

☀ Es gibt eine breite Palette organischer Dünger, wie Hornspäne, Hornmehl oder Guano.

Gießen vergessen. Es sei denn, ein schöner Landregen ist in den nächsten Stunden in Sicht. Den Dünger sollten Sie nie direkt auf die Erde ausbringen, sondern ihn immer zuerst mit frischer Gartenerde mischen und dann die mit Dünger angereicherte Erde einarbeiten.

Organische Dünger, wie Hornspäne, sind meist kaliarm. Sie sollten zu Beginn der Vegetationsperiode gegeben werden. Während des Wachstums ist es ratsam, mit Kali nachzudüngen. Je grober ein solcher Dünger in seiner Beschaffenheit ist, umso langsamer wirkt er.

- **Organisch-mineralische Dünger** haben ein günstigeres Verhältnis. So lässt sich in einem Arbeitsgang ausgewogener düngen. Sie stellen den goldenen Mittelweg dar.
- **Mineralische Volldünger** bieten den Pflanzen sofort aufnehmbare Nährstoffe. Wie Traubenzucker gehen sie sofort »ins Blut«.
- **Langzeitdünger** sind zeitsparend, müssen aber sinnvoll eingesetzt werden. Es hat keinen Zweck, einer Pflanze im Spätsommer noch einen 6-Monats-Dünger zu geben. Was soll sie damit?
- **Spezialdünger** gibt es für alles, von Rasen bis Rosen. Es sind ausgewogene Mischungen. Ob immer nötig, sei dahingestellt.

Die Zusammensetzung wird auf den Düngerpackungen mit »NPK« angegeben:

N = **Stickstoff** fördert das Wachstum. Ein Mangel äußert sich durch hellgrünes Laub.

P = **Phosphor** fördert die Blütenbildung und das Wurzelwachstum. Ein Mangel zeigt sich durch ein schmutzig grünes, später rotgelb verfärbtes Laub.

K = **Kali** lässt das Holz ausreifen, erhöht die Winterhärte und die Widerstandskraft gegen Krankheiten. Bei Mangel verfärben sich die Blätter vom Rand her braun und verdorren.

Bei einem Verhältnis 20:10:10 überwiegt der N-Anteil. Ein Dünger für das Frühjahr, den Beginn des Wachstums. Bei 10:15:20 überwiegt der K-Anteil. Ideal für den Spätsommer, um gut gerüstet durch den Winter zu kommen. Braucht eine Pflanze einmal »Blühhilfe«, wird phosphorbetont gedüngt.

Düngen Sie im Sommer nicht mehr stickstoffbetont. Die Pflanze käme nicht zur Ruhe, würde neue Triebe hervorbringen, die meist nicht mehr ausreifen könnten. Sie würden im folgenden Winter erfrieren. Ganz besonders, wenn der Herbst nicht sonnig und warm genug war.

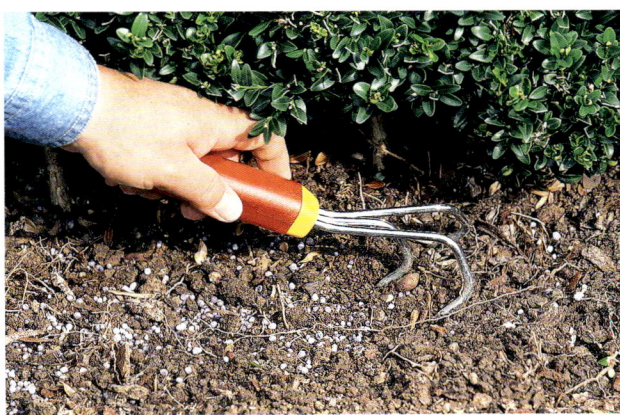

☀ Der Dünger wird am besten mit einer Harke oder Handharke flach in die Erde eingearbeitet.

Wann und wie schneide ich meine Gartenpflanzen?

Abschneiden, ausschneiden, beschneiden – Erziehungsschnitt, Formschnitt, Frühjahrsschnitt, Kahlschnitt, Pflanzschnitt, Pflegeschnitt, Rückschnitt, Verjüngungsschnitt, Winterschnitt – verwirrender geht es kaum. Bücher könnte man darüber schreiben – hier finden Sie das Wichtigste auf zwei Seiten.

So viel Gutes man einer Pflanze mit dem Schnitt tun kann – mindestens so viel kann man falsch machen. Obwohl es eigentlich ganz einfach ist. Man muss »nur« wissen, worauf es ankommt. So wunderschön ein artgerecht geschnittener Baum aussieht, besonders im Winter, so schlimm ist der Anblick eines geköpften Baums mit amputierten Ästen. Die typische Form einer Pflanze muss erhalten bleiben. Eine Birke ist nun einmal eine Birke!

Zum richtigen Zeitpunkt richtig geschnitten ist der Idealfall. Meist ist es aber besser, zum richtigen Zeitpunkt falsch zu schneiden als zum falschen Zeitpunkt richtig. So paradox sich das auch anhört. Was nützt es, wenn ich den Flieder gut zurückgeschnitten habe – im Frühjahr? Und somit alle Äste, die im Mai hätten blühen wollen, entfernt habe? Hätte ich ihn im Mai/Juni nach der Blüte weniger gekonnt geschnitten, wäre das nicht so tragisch gewesen. Es ist noch kein Meister vom Himmel gefallen.

Warum wird überhaupt geschnitten? **Aus Platzmangel** (der Garten droht zuzuwachsen), **aus optischen Gründen** (ein sauber in Form geschnittener Buchs oder Strauch sieht einfach besser aus) und um der Pflanze Gutes zu tun, sie **zum Blühen und Wachsen anzuregen**. Und um die junge Pflanze **zu erziehen**.

Jeder Schnitt regt das Wachstum an. **Je mehr man abschneidet, desto stärker wird die Pflanze wachsen**. Das sollte man bedenken, bevor man zur Schere greift. Ein alter Strauch, der keine Augenweide mehr ist, kann auf diese Weise »verjüngt« werden. Leider geht das bei Menschen nicht.

☀ Alte Fruchtstände werden im Frühjahr abgeschnitten.

- **Stauden**, wie Phlox oder Rittersporn, und Sommerblumen, wie Levkojen, werden direkt nach der Blüte zurückgeschnitten, damit sie wieder blühen. Dieser Rhythmus »Blüte – Schnitt – Blüte – Schnitt« lässt sich bis zum Herbst durchführen.
- Bei **Gehölzen** (also Bäumen und Sträuchern, besonders bei Rosen) ist es für das richtige Schneiden wichtig zu wissen, ob sie am diesjährigen Holz blühen oder am vorjährigen oder auch am alten.

»**Diesjähriges Holz**« sind Triebe, die im laufenden Jahr wachsen. Hier wird der Rückschnitt im zeitigen Frühjahr vorgenommen, wenn kein starker Frost mehr erwartet wird. Die Triebe aus dem vorigen Jahr können bis auf wenige »Augen« (Triebknospen) zurückgeschnitten werden, denn die Blütenknospen bilden sich an den neuen Trieben. Ein schönes Beispiel ist der Sommerflieder *(Buddleja)*.

»**Vorjähriges Holz**« sind Triebe aus dem vorigen Jahr, die die Anlagen der Blütenknospen »in sich« tragen und im folgenden (also dem laufenden) Jahr blühen. Das sind Frühlings- oder Sommerblüher wie Forsythie, Edelflieder und »einmalblühende« Rosen (siehe Seite 142 ff.). Sie werden direkt nach der Blüte geschnitten.

»**Altes Holz**« sind Triebe, die zwei Jahre und älter sind. Auch sie können immer noch blühen. Bei einer Forsythie z. B. blühen zwei- und dreijährige Triebe am üppigsten. Altes Holz wird, wenn es geschnitten werden soll, knapp über dem Boden entfernt. Das meint man mit »bis ins alte Holz zurückschneiden«.

☀ Der richtige Schnitt über einem »Auge«, erkennbar am Austrieb.

☀ Formschnitt gelingt mit einer Akkuschere ganz leicht.

Pflanzen gesund erhalten – besser vorbeugen als heilen

Pflanzen sind Lebewesen – mit all ihren Bedürfnissen, Wünschen und Reaktionen. Auch wir Menschen sind am liebsten gesund. Bis zu einem gewissen Grad haben wir es selbst in der Hand. Eine Pflanze nicht. Sie ist auf uns angewiesen. Und oft hilflos ausgeliefert. Sie kann nicht weglaufen, wenn ihr der Standort nicht behagt. Wir Menschen brauchen uns ja am Nordpol nicht im T-Shirt aufzuhalten. Und müssen auch kein Sauerkraut essen, wenn wir wissen, dass wir es nicht vertragen.

Gesunde Pflanzen sind widerstandsfähiger gegen Schädlinge und Krankheiten. Kranke und geschwächte Pflanzen werden bevorzugt befallen. Die beste **Vorsorge** ist, für gesunde Pflanzen zu sorgen. Das ist einfacher als die vielen, oft erfolglosen Rettungsversuche. Eine standortgerechte Sortenwahl und artgerechte Pflege sind Voraussetzungen für das Wohlbefinden einer jeden Pflanze. Getan ist es damit aber noch nicht. Eine Monokultur, z. B. ein reines Rosenbeet, begünstigt das Auftreten von Krankheiten und Schädlingen. Die beste Vorsorge ist deshalb eine gute Mischung verschiedener Pflanzengattungen. Unterschiedliche Pflanzen entnehmen dem Boden unterschiedliche Nährstoffe und führen ihm unterschiedliche Nährstoffe wieder zu. Eine einseitige Belastung oder Auslaugung des Bodens und die daraus folgende Schwächung der Pflanzen in den Beeten wird vermieden.

Eine rege Tierwelt (insbesondere **Vögel**) ist der beste Schutz gegen die üblichen Schädlinge wie Blattläuse usw. Dabei ist es leicht, Vögel dauerhaft anzulocken. Täglich frisches Trink- und Badewasser und eine abwechslungsreiche Bepflanzung wissen die gestressten Vogeleltern zu schätzen. **Wühlmäuse** möchte man natürlich nicht im Garten haben. Arbeiten Sie oft und intensiv im Garten, das mögen Wühlmäuse gar nicht. Wahrscheinlich ist es ihnen zu unruhig. Sie möchten lieber ungestört sein.

Schäden erkennen und deuten

Die Sprache der Pflanzen können wir nur mit den Augen verstehen, ihr Wohlbefinden oder ihren Hilfeschrei! Blätter verfärben sich, verdrehen sich, rollen sich ein, hängen herab. Wichtig ist zu wissen, wie eine gesunde Pflanze aussehen muss, um solche kleinen Veränderungen schon im Frühstadium – dann, wenn man noch helfend eingreifen kann – zu erkennen. Meist ist die Veränderung ein Signal für einen Mangel: an Licht, an Wärme, an Wasser, an Nährstoffen. Manchmal auch für ein Zuviel: an Licht, an Wärme, an Wasser, an Nährstoffen. Zu erkennen, dass einer Pflanze etwas fehlt oder nicht gefällt, ist schon nicht leicht. Richtig schwierig ist es, durchaus auch für Fachleute, zu bestimmen, was der Pflanze genau fehlt.

① Chlorose zeigt sich durch gelbe Blätter.
② Blattläuse wirken schlimmer als sie meist sind. Abstreifen oder abspritzen reicht meist aus.
③ Spinnmilben sind winzige Saugtierchen, die bevorzugt geschwächte Pflanzen befallen.
④ Dickmaulrüssler schleppt man sich meist mit gekauften Pflanzen in den Garten ein.
⑤ und ⑥ Mehltau und Sternrußtau sind lästige Pilzkrankheiten.

Chlorose lässt die Blätter gelb werden. Nur die Rippen bleiben grün. Sie wird hervorgerufen durch Eisenmangel, zu viel Kalk im Boden ist dafür verantwortlich. Er verhindert, dass die Wurzeln Eisen aufnehmen können. Verzicht auf kalkhaltigen Dünger und Gießen mit Regenwasser kann helfen, oder ein spezieller Eisendünger aus dem Fachhandel.

Schädlinge & Krankheiten

Keine Panik! »Leicht gesagt«, werden Sie denken. »Wenn meine Pflanzen das alles kriegen – lasse ich besser die Finger davon.« Erstens kriegen es nicht alle. Zweitens nicht alle alles. Nur – wenn eine Pflanze einmal etwas hat, wissen Sie, was es ist. Woher es kommt und was Sie dagegen tun können. Es gibt »tierische« Schädlinge: saugende (Blattläuse) und fressende (Schnecken und Larven). Und es gibt »pilzliche« Krankheiten (z. B. Mehltau). Eine Austriebsspritzung beugt pilzlichen Erkrankungen vor. Spritzen Sie nur bei bedecktem Himmel und bei Windstille.

Trotz aller Vorsorge kann ein Befall an Schädlingen oder eine Krankheit auftreten. Wenn man dies frühzeitig erkennt, lässt sich noch am leichtesten etwas dagegen unternehmen. Absammeln von Blattläusen oder pilzbefallenen Blättern (nicht auf den Kompost!), Abwischen von Rußtau – all das ist möglich und wirksam, wenn es nur frühzeitig genug erfolgt. Man muss nicht gleich mit Kanonen auf Spatzen schießen. Und etwas lockerer sollte man auch das Thema »Läuse & Co.« angehen. Wenn sich auf meinen Ramblerrosen in 10 m Höhe ein paar Läuschen tummeln, stört mich das herzlich wenig – sehen kann ich es sowieso nicht. Ein Streben nach Perfektion macht nur unglücklich. Wenn Sie Ihren Boden gut versorgen, vernünftig wässern und ausgewogen düngen, legen Sie den Grundstein für einen gesunden Garten. »Hilfe zur Selbsthilfe« sollte unser Motto sein. Je gesünder die Pflanzen, umso weniger Arbeit hat man mit »Kranken«. Ganz abgesehen davon ist eine gesunde Pflanze ein viel schönerer Anblick.

Blattläuse, ob schwarz, wie beim Falschen Jasmin, oder grün, wie bei Rosen, treten in ganzen Kolonien auf. Sie saugen, entziehen der Pflanze Saft und Kraft. Junge Triebe verkümmern, aber auch Blüten und Früchte. Die klebrigen Ausscheidungen – »Honigtau« – begünstigen den Rußtau. Für Blattläuse anfällige Pflanzen (z. B. Margeriten, Hibiskus) nicht in Rabatten pflanzen. Läuse mit scharfem Wasserstrahl abspritzen, nur im Notfall Chemie einsetzen.

Schnecken hinterlassen im Garten widerliche Schleimspuren. Von der Pflanze bestenfalls ein Gerippe – oft nichts. Am besten, Sie schaffen sich Enten an. Oder wenigstens Igel. Nun? Ich helfe mir, indem ich von Schnecken bevorzugte Pflanzen, wie Hosta, »aufaste«: die untersten Blätter so weit entferne, dass kein Laub mehr den Boden berührt. Und vorbeugend Schneckenkorn streue: »Wehret den Anfängen.«

Spinnmilben haben dieses kunstvolle Gebilde geschaffen. Eigentlich sieht es sehr hübsch aus. Nur, die Pflanze darunter wird ersticken. Spinnmilben leben auf der Blattunterseite, entziehen der Pflanze durch Saugen Kraft und überziehen sie mit einem hauchdünnen Netz. Die Blätter wirken silbrig. Schlechter, verkrusteter Boden ist oft die Ursache. Boden verbessern, wässern, eventuell kalibetont düngen. Nicht zu verwechseln mit den feinen Spinnweben im »Altweiber-Sommer«.

Dickmaulrüssler fressen nachts vom Rand her die Blätter an. Beim allerersten Anzeichen ist Vorsicht geboten. Das Gefährlichste sind die weißen, 1 cm großen, C-förmigen Larven. Sie fressen die Wurzeln einer Pflanze innerhalb kürzester Zeit. Das ist unwiderruflich das Ende (der Pflanze). Schauen Sie sich vor dem Pflanzen den Wurzelballen genau an. Man hat die Larven immer mitgekauft.

Mehltau, ein weißer, mehliger Belag, besonders an jungen Trieben einer Pflanze. Leider auch an Knospen. Wird durch die Luft verbreitet. Wählen Sie einen luftigen Standort. Sorgen Sie bei Kletterpflanzen für genügend Abstand zur Hauswand (20 cm). Lassen Sie Pflanzen nicht zu dicht wachsen. Einige Sorten von Rosen, aber auch von Phlox oder Rittersporn sind sehr anfällig. Kaufen Sie resistente Sorten.

Rußtau ist ein hässlicher, schwarzer, klebriger Belag auf den Blättern. Ein Pilz, der sich auf den Ausscheidungen von Läusen ansiedelt. Er befällt viele Immergrüne. In Maßen vorkommend keine Tragödie: Die Blätter einfach mit einem Tuch und warmem Wasser abwaschen. Ein Unterschied wie Tag und Nacht (kleines Bild). Bei größerem Bestand die Pflanze völlig mit Sommeröl (Paraffinöl) einsprühen.

Sternrußtau, ein Pilz, der nur auf Rosenblättern vorkommt, zeigt sich durch sternförmige braune Flecken, die größer werden. Danach werden die Blätter gelb und fallen ab. Das Übel tritt bei feuchtem Wetter auf, der Pilz verbreitet sich durch Wasser. Daher: keine Bewässerung von oben. Befallene Blätter entfernen, auch vom Boden aufsammeln. Robuste Rosen kaufen.

Rosenrost, erkennbar an orangefarbenen Pusteln auf der Blattunterseite und gelbbraunen Flecken auf der Oberseite. Der Pilz verbreitet sich bei feuchtem, kühlem Wetter. Die ganze Pflanze wird geschwächt und eine Bekämpfung ist kaum möglich. Eine sonnige, luftige Lage und kein Wasser von oben. Manche Rosensorten sind anfällig. Verbannen Sie diese aus Ihrem Garten.

☀ Solch eine Vielfalt ist die beste Voraussetzung für gesunde Pflanzen.

Winterschutz ist Schutz vor Frost und Sonne

Schutz vor dem Winter brauchen die wenigsten Gartenpflanzen. Der Winter ist für sie ein Segen. Die Zeit, um sich auszuruhen: vom Wachsen, Blühen und Fruchten. Um mit neuer Kraft und neuem Elan ins neue Jahr zu starten. Schöpferische Pause würden wir dazu sagen. Ohne Winter kein Frühlingserwachen. Wer nicht schläft, kann nicht erwachen. In südlichen Ländern ist der Frühling nicht halb so schön. Die Frische fehlt.

Einige Pflanzen, wie Flieder und Hosta, brauchen sogar Minustemperaturen, um üppig zu blühen und zu wachsen. Und Frost reduziert das Ungeziefer. In milden Wintern überlebt viel zu viel davon, die Plage im kommenden Jahr ist vorprogrammiert. Alles Gründe, um einem klirrekalten Winter wenigstens als Gartenmensch etwas abgewinnen zu können. Im Winter kann ein Garten zauberhaft aussehen. Mit Raureif überzogene Gehölze, Hagebutten, die wie gezuckert aussehen, wunderhübsch zarte Gräser und selbst die wie Zigarren zusammengerollten Blätter der Rhododendren haben ihren besonderen Reiz. Und hat sich Schnee wie eine wärmende, leichte Decke über den Garten gelegt, ist nicht nur die Stimmung draußen märchenhaft – auch unsere Stimmung ist gehoben. Denn einen so guten Schutz vor Frost können wir unseren Pflanzen nicht bieten. Allerdings muss der Schnee locker und luftdurchlässig sein. Dann ist die isolierende Wirkung groß. Bei wässrigem, schwerem Schnee können Zweige unter der Last abbrechen. Oder auch Immergrüne, wie Eibe oder Buchs, aus der Form geraten. Deshalb: schütteln oder klopfen Sie den Schnee ab.

Leider erfüllt sich der Traum von einem weißen Winter nur selten. Stattdessen werden uns Kahlfröste beschert. Vielleicht noch mit strahlend blauem Himmel? Knochentrocken und eiskalt. Das haben viele Pflanzen gar nicht gern. Und entsprechend traurig sehen sie aus. Ob ihnen der Frost nichts ausmacht, sie sich danach schütteln und wieder »ihren Mann« stehen oder ob sie dahinvegetieren oder es gar ihr unwiderrufliches Ende war – das hängt von der Pflanze ab. Und von uns. Wie wir sie in den Winter schicken.

Was bedeutet Winterhärte?

Winterhart ohne Einschränkungen sind die wenigsten Zierpflanzen. Eine Birke treibt jedes Jahr aufs Neue aus, egal, wie kalt und lang der Winter war. Die Pflanzen können Winterhärtetabellen nicht lesen. Ihre Grenzen müssen am jeweiligen Standort getestet werden. Die Winterhärte hängt von vielen Faktoren ab. Das Etikett ist nur einer, und nicht der wichtigste. Ein geschützter Standort, ein guter Allgemeinzustand der Pflanze bei Winterbeginn, gut ausgereiftes Holz durch einen schönen, sonnigen Herbst und kein Dünger mehr in der Ruhezeit – das alles hilft der Pflanze, gut durch den Winter zu kommen. Auch das Tempo der Temperaturveränderung spielt eine Rolle. Ein plötzlicher Temperatursturz wird genauso schlecht verkraftet wie zu schnelles Auftauen. Geht es langsam bergab, werden tiefere Temperaturen vertragen.

Winterschutz bedeutet bei Immergrünen, aber auch bei Rosen in erster Linie **Sonnenschutz.** So paradox das klingen mag. Wir müssen verhindern, dass ihre Blätter durch die Sonne auftauen. Sie verdunsten Feuchtigkeit, die Wurzeln sind aber noch gefroren. Aus den gefrorenen Wurzeln kann keine Feuchtigkeit aufsteigen. Der Kreislauf ist gestört. Die Pflanze erfriert nicht – sie vertrocknet. Deshalb sollte man auch nach Möglichkeit für immergrüne Gehölze wie Rhododendren und Kamelien, selbst für den Kirschlorbeer einen Standort mit Morgensonne im Winter vermeiden. Sie glauben gar nicht, wie intensiv eine Februar-Sonne schon sein kann. Ein unheimlicher Schock für die Pflanzen, besonders nach einem trüben Januar. Wo das nicht möglich ist: Tannenzweige um die Pflanze gestellt oder auch für kurze Zeit eine dünne Gardine locker darübergelegt, ist völlig ausreichend.

Immergrüne werden vor dem Frost gut gewässert. Das Laub, das Sie ja nicht weggesaugt haben, wärmt den Boden. Mit Tannenzweigen abgedeckt, kann es sich nicht auf- und davonmachen. Und sieht hübsch aus. Was in Ihrem Garten Väterchen Frost trotzt und was nicht – haben Sie zu einem großen Teil selbst in der Hand.

● Eine dicke Laubschicht schützt Immergrüne.

● Rosen werden erst angehäufelt, dann abgedeckt.

● Schnee darf nicht zur Last werden.

Pflegetipps für Bäume und Sträucher

Bäumen und Sträuchern etwas Pflege zukommen zu lassen lohnt sich immer. Viel zu oft werden sie gepflanzt – und vergessen. So können sie leider nicht ihre volle Schönheit entwickeln.

Wo sie sich doch jedes Jahr anders präsentieren; gewachsen sind, natürlich auch aus der Form geraten können. Ein enormes Potential steckt in ihnen. Wir freuen uns jeden Winter auf das erste Schneeglöckchen, nur – es sieht immer gleich aus. Haben wir uns jemals auf das filigrane Geäst eines Baumes gefreut, wenn die Blätter gefallen sind? Vielleicht achten Sie einmal darauf. Ob ein Baum gut geschnitten ist, zeigt sich im Winter.

Richtiges Schneiden entscheidet über:
- das gute Aussehen von Bäumen und Sträuchern
- ihre Gesundheit
- Blüten- und Fruchtansatz.

Blütengehölze wie Schneeball und Weigelie werden regelmäßig ausgelichtet. So erhält man viel junges Holz, das Kraft zum Blühen hat. Schneiden gehört neben der Bodenpflege zu den wichtigsten Arbeiten im Garten. Und man sieht den Erfolg. Der Schnitt »ins alte Holz« verkleinert zu groß und aus der Form geratene Sträucher. Sie fühlen sich danach jung, voller Energie und Tatendrang.

Große Äste müssen abgesägt werden. Das ist für den Baum eine größere Verletzung. Die Säge **muss** sauber sein. Lassen Sie keine Stümpfe stehen. Sogenannte Kleiderhaken sind kein ästhetischer Anblick. Sie faulen auch ab und übertragen Krankheiten auf das gesunde Holz. Es ist leichter, größere Äste stückweise abzusägen. Wundverschlussmittel werden heute nicht mehr empfohlen. Wichtig ist, dass die Wundränder sauber abgeschnitten werden.

Ein artgerechter Baumschnitt erfordert Können, Erfahrung und die richtigen Werkzeuge. Bei großen Bäumen, besonders solchen mit Solitärstellung, ist zu überlegen, ob man die Arbeit nicht besser Fachleuten anvertraut. Ich habe damit nur gute Erfahrungen gemacht.

Meine beiden sehr großen Eiben haben einen ganz akkuraten Formschnitt, den ich allein nicht hinbekommen würde. Einmal im Jahr reicht völlig, wenn der Schnitt Ende August bis Mitte September durchgeführt wird. In der Zeit ist das Wachstum abgeschlossen. Diese Investition habe ich noch nie bereut.

Eine »Baumscheibe« dagegen lässt sich leicht selbst anlegen. Das macht Spaß. Und Sie können nach Lust und Laune kreativ werden. Gemeint ist nicht ein Baumstumpf – sondern der Bereich auf dem Boden unter der Krone des Baums.

① und ② Vor dem Schnitt sieht die Forsythie etwas »bauchlastig« aus. Altes Holz wurde entfernt. Die langen neuen Trieb bleiben stehen. Neuerdings scheint es Mode zu sein, Forsythien wie Kugeln zu schneiden. Dieser Schnitt hier ist wesentlich artgerechter und natürlicher.
③ und ④ Der Schmetterlingsstrauch wird im Frühling vor der Blüte geschnitten. Dazu kürzt man die Triebe aus dem vorigen Jahr ein.

Pflegetipps für Hecken

Wieder einmal ist es in erster Linie der Schnitt, der aus einer Hecke eine gepflegte Hecke macht. Und dazu gehören scharfe Scheren. Für eine junge Hecke genügt eine Gartenschere. Ist die Hecke gewachsen, braucht man eine Heckenschere. Und für eine sehr lange Hecke eine elektrische Heckenschere.

Aber erst muss aus kleinen Pflänzchen eine Hecke werden. Eine gut aufgebaute Hecke ist unten so dicht wie oben. Und unten breiter als oben. Nicht selten sieht man Hecken, besonders von Eiben, Liguster und Hainbuchen, bei denen es genau umgekehrt ist. Schuld daran ist ein falscher oder überhaupt kein Rückschnitt nach dem Pflanzen.

Im Pflanzjahr darf die junge Hecke nicht unter Wassermangel leiden. Sonst könnte es passieren, dass es ihr erstes und letztes Jahr war. Während eines trockenen Sommers muss sie mindestens alle zwei Wochen gründlich gewässert werden. Eine Mulchschicht aus altem Laub des Winters hilft, die Feuchtigkeit zu halten. Besonders Immergrüne sind im ersten Winter durch starken Frost und Wind gefährdet. So paradox es klingt: Eine Hecke, der beste Windschutz für andere Pflanzen, braucht im ersten Winter selbst einen Windschutz. Geeignete Matten gibt es im Fachhandel.

Im ersten Frühling nach dem Pflanzen wird ausgewogen gedüngt. Sobald die gewünschte Höhe erreicht ist, braucht eine Hecke weniger Dünger. Pflanzen in Hecken wachsen ungewöhnlich nah beieinander. Sie sind in ständigem Konkurrenzkampf um Platz, Licht, Wasser und Nährstoffe. Der Schnitt regt sie an, dauernd zu wachsen. Das kostet Kraft und ein bisschen Fürsorge.

Immergrüne Hecken

Diese können Laubhecken sein (Buchs) oder aus Nadelgehölzen bestehen, wie Thuja oder Eibe. Gut gepflegt, sind sie immer grün. Alle neigen dazu, unten kahl zu werden. Bei einer jungen Eibenhecke oder einer Hecke aus anderen Nadelgehölzen werden im Frühjahr, Sommer und Herbst die Seitentriebe eingekürzt, damit sie sich schön verzweigt. Der Haupttrieb in der Mitte wird erst gekürzt, wenn die gewünschte Höhe erreicht ist. Das ist wichtig! Später wird die Hecke oben etwas schmaler geschnitten als unten. So kommt Licht auch an den unteren Teil, die Zweige verkahlen nicht. Diese Form wird nicht durch Schneemassen oder starken Wind zerstört.

Die Königin unter den Hecken ist aus meiner Sicht die Eibe. Sie wächst relativ langsam, ca. 20 cm pro Jahr. Bei einer ausgewachsenen Eibenhecke reicht ein einziger Schnitt im Hochsommer, und sie sieht einigermaßen gepflegt aus. **Buchs** und Thuja sind raschwüchsiger, sie brauchen zweimal im Jahr eine Korrektur, um ordentlich auszusehen.

Sommergrüne Hecken

Solche Hecken sind nur im Sommer grün. Sie werfen früher oder später ihr Laub ab (die Hainbuche oft erst im zeitigen Frühjahr). Bei ihnen muss nach der Pflanzung der Haupttrieb stark gekürzt werden. Das tut weh. Aber nur uns. Wenn nicht am Anfang geschnitten wird, kann sie nie zu einer buschigen Hecke werden. Lassen Sie vom jährlichen Neutrieb nur die Hälfte stehen, höchstens 25 cm.

Trotz Sommerschnitt werden sie jedes Jahr um einige Zentimeter höher und breiter. Wenn Sie das nicht möchten, müssen Sie zusätzlich ca. 30 cm entfernen. Milde Wintertage eignen sich am besten dafür. Zur guten Pflege gehört jeweils ein Schnitt im Juni (sobald nistende Vögel ausgeflogen sind) und einer im August.

Blühende Hecken wachsen nicht nur lockerer – man nimmt es auch lockerer. In ihrem ersten Frühjahr werden sie in ihrer Höhe halbiert. Danach reicht es, sie alle zwei bis drei Jahre auszulichten. Wenn Sie schneiden: direkt nach der Blüte.

Alte, vernachlässigte Hecken müssen nicht »entsorgt« werden. Es wäre auch eine teuflische Arbeit, sie auszugraben. Versuchen Sie es mit einer Renovierung. Eine Wohnung wird man wahrscheinlich auch sanieren und nicht gleich das ganze Haus abreißen. Das vertragen aber nur Laubgehölze und Eiben gut. Diesen **Verjüngungsschnitt** führt man bei Immergrünen Ende Mai/Anfang Juni durch, bei Laubgehölzen im Winter während der Ruhezeit. Das sieht anfangs grauenhaft aus. Aber gut gedüngt und gut gewässert werden sich die Patienten schnell erholen. Nach zwei bis drei Jahren lässt sich mit etwas Glück schon wieder von Hecke sprechen. Versuchen Sie es erst mit einer Längshälfte. Funktioniert das, kommt im nächsten Jahr die andere Seite an die Reihe. Schnittabfall lässt sich zur Bodenbedeckung oder für den Kompost verwenden. Schön ist, wenn man »Grenzhecken« auch von der Nachbarseite aus schneiden kann. Das kommt nicht nur dem Nachbarn zugute, sondern auch der Hecke.

☀ Niedrige Hecken, z. B. aus Buchs, müssen akkurat geschnitten werden. Ohne Richtschnur kommt man hier kaum aus.

Pflegetipps für Rosen

Aller guten Dinge sind drei: Schneiden – Nährstoffe – Liebe. Ja, um schöne Rosen zu haben, muss man sie lieben. Die »Königin der Blumen« möchte auch wie eine Königin behandelt und hofiert werden. Das Allerwichtigste ist jedoch, wie so oft, der richtige Schnitt. Nur so kann eine Rose das geben, wozu sie in der Lage ist.

Das Verwirrende ist, dass die unterschiedlichen Gruppen von Rosen auch unterschiedlich geschnitten werden wollen. Hinzu kommt der Verwendungszweck. Viele Möglichkeiten und noch mehr Meinungen. Ich versuche, es ganz einfach für Sie zu machen.

Einmalblühende Rosen, wie 'Mme Hardy', blühen einmal im Jahr, etwa vier bis sechs Wochen lang. Sie werden im Sommer nach der Blüte geschnitten, bilden neue Triebe, die im nächsten Jahr blühen. Sie blühen »am vorjährigen Holz«. Und sind, gut geschnitten, auch ohne Blüten ein schöner, dekorativer Strauch. Selbst im Winter ohne Laub.

Öfterblühende Rosen, wie 'Schneewittchen', blühen mehrmals im Jahr. Aber nur, wenn die verwelkten Blüten regelmäßig abgeschnitten werden; und zwar bis zum ersten voll entwickelten Blatt. Schneidet man weiter zurück, muss man länger auf neue Blütenknospen warten. Im zeitigen Frühjahr kürzt man alle Triebe ein und entfernt totes und krankes Holz. Achten Sie darauf, dass eine schöne, gewölbte Form entsteht. Nun bilden sich neue Triebe, die noch im gleichen Jahr blühen. Schneiden Sie zu früh im Jahr zurück, kann der Neuaustrieb bei Spätfrösten erfrieren, und Sie müssen nochmals zurückschneiden. Die Rose blüht entsprechend später.

✸ Dieser Wildtrieb muss entfernt werden. Besser wäre es, ihn abzureißen statt abzuschneiden.

Doch die letzten Blüten des Jahres abzuschneiden wäre ein Jammer. Bei Rosen mit einfachen oder halbgefüllten Blüten entwickeln sich aus diesen oft sehr dekorative Hagebutten. Sie sind nicht nur eine Zierde für sich, sondern auch ein Leckerbissen und Anziehungspunkt für viele Vögel.

Kletterrosen könnten so schön sein – wenn sie richtig geschnitten würden. Was leider zu selten der Fall ist. Wie oft blühen sie zwar im zweiten Stock, aber unten? Das Wachstum der langen Triebe muss früh unterbrochen werden, damit sich unten blühwillige Seitentriebe bilden. Bei **öfterblühenden Kletterrosen**, wie 'Golden Gate', müssen zusätzlich die verwelkten Blüten herausgeschnitten werden (siehe oben). Im zeitigen Frühjahr schneidet man alle Seitentriebe bis auf 2–3 Augen zurück. Für eine dichtere Mitte darf mehr stehen bleiben. Lücken werden mit geeigneten Trieben geschlossen. Lassen Sie keine Triebe hinter das Klettergerüst wachsen. Binden Sie junge Triebe dicht über dem Boden fest. Und ziehen Sie die Rose fächerförmig nach oben.

Ungewollte Überraschung

Wie kommt es bloß, dass in so vielen Vorgärten riesige Wildrosensträucher mit einfachen, meist zartrosa Blüten im Spätfrühling und unzähligen Hagebutten im Herbst wachsen? Haben die Gärtner plötzlich ihr Herz für Wildrosen entdeckt? Wohl kaum. Hier wurde einmal eine Edelrose gepflanzt, die völlig von ihrer Unterlage, der Wildrose, überwuchert wurde. Da sie die Kräftigere ist, hat sie gesiegt. Also aufpassen!

❀ Bei Strauchrosen werden sich störende Triebe ausgelichtet, dann kann sich die Rose besser entwickeln.

❀ Beetrosen und Edelrosen werden im Frühjahr scharf auf eine Höhe von 20–30 cm zurückgeschnitten.

Pflegetipps für Stauden und Sommerblumen

Wer schön sein soll und ja auch will, darf nicht leiden müssen. Von diesen fleißigen Blühern wird eine Höchstleistung erwartet.

Dazu brauchen sie Kraft und unsere Unterstützung. Sie werden uns nicht auf Knien danken, sondern hocherhobenen Hauptes – und glücklich lächeln. Das zu erreichen ist nicht schwer.

Stauden sind **Dauergäste** in unserem Garten (siehe Seite 80). Damit sie aber zuverlässig jedes Jahr wiederkommen, prächtig aussehen und nicht von ihren eigenen Sämlingen überwuchert werden, bedarf es einiger Pflege. Pflegeleicht ist eine gelungene Staudenpflanzung nicht. Aber man kann sich die Pflege leicht machen.

Die Schere ist bei Stauden wichtiger als die Düngung. Ein zeitiger **Rückschnitt** nach der ersten Blüte veranlasst viele, wieder zu blühen. Das wollen wir ja erreichen. Die Blütenstängel werden dazu dicht (ca. 10 cm) über dem Boden abgeschnitten. Auf diese Weise blüht Ihr Rittersporn oder auch die Katzenminze noch im Oktober.

☀ Vor dem Austrieb im Frühjahr wird alles Trockene entfernt.

Pflegetipps für Stauden und Sommerblumen

Die Blütezeit verlegen kann man erfolgreich bei Stauden wie Phlox. Schneidet man den Stängel mit den Blütenknospen auf 10 cm zurück, erscheinen die Blüten Wochen später. Das ist nicht ganz fair der Pflanze gegenüber. Doch ein prächtig blühender Garten ist schöner als ein traurig aussehender, wenn wir von einer Reise heimkommen.

Nur die Blütenstände werden bei Akelei, Astilbe, Sonnenauge oder Pfingstrosen herausgeschnitten. So können wir uns auf eine gute Nachblüte freuen. Im Herbst können Sie einige Blütenstände vor der Schere verschonen. Sie sehen im winterlichen Garten sehr dekorativ aus.

Vermehren und gesund erhalten. Erstens bekommt man neue Pflanzen aus Samen. Das ist spannend. Wir wissen nie, was uns erwartet. Oder durch Stecklinge und Teilung. Hier können wir sicher sein, dass wir dieselbe Sorte erhalten. Zweitens werden Stauden oft nach einigen Jahren »müde«, also blühfaul. Die **Teilung** ist eine Verjüngungskur. Geteilt wird vor dem Austrieb, nach der Blüte oder im Frühherbst. Zwiebelblumen, wie Schneeglöckchen, werden nach ca. zehn Jahren zu groß und lassen in der Schönheit nach. Sie werden im Juni/Juli ausgegraben und geteilt.

Will man kräftige Pflanzen haben, muss man das Verblühte abschneiden. Dadurch werden sie angeregt, immer wieder zu blühen. Eigentlich ein Betrug an der Pflanze. Ihr Ziel ist es, Samen zu bilden. Unseres ist ein anderes: ein Garten voller gesunder, schöner und üppig blühender Pflanzen.

● Mit den Händen lässt sich faseriges Wurzelwerk leicht auseinanderziehen.

Die besten Pflanzen für Gartenneulinge

Hecken	116
Bäume und Sträucher	122
Kletterpflanzen	134
Rosen	142
Stauden	148
Gräser	166
Bodendecker und Farne	172
Zwiebelblumen	178
Sommerblumen	186
Obst, Gemüse, Kräuter	194

Hecken schützen nicht nur vor Wind und fremden Blicken

Sie schützen auch vor Lärm (jedenfalls große Hecken), beherbergen Insekten und kleine Tierchen und sind der ideale Unterschlupf und Nistplatz für Vögel. Sie verbergen hässliche Dinge (wie Mülltonnen, Geräteschuppen usw.) und können die Durchschnittstemperatur im Garten um 1–2 °C gegenüber den Nachbargärten anheben. Hecken schirmen uns zudem von der Außenwelt ab und geben uns ein Gefühl der Geborgenheit.

Eine Hecke kann denselben Zweck erfüllen wie eine Mauer. Aber sie ist etwas Lebendiges! Das wiederum erfordert Pflege, mehr oder weniger. Auch braucht eine Hecke mehr Platz.

Sie wird wesentlich breiter. Aber sie lebt! Leider gibt es viel zu wenig Hecken.

Liebäugeln Sie mit einer Hecke? Dann sollten Sie viel spazieren gehen. Schauen Sie sich in Ihrer Gegend Hecken an. Passen sie in die Umgebung? Sehen sie gesund aus? Dann fühlen sie sich an ihrem Standort wohl. Können Sie sich eine Hecke, die Ihnen gefällt, in Ihrem Umfeld vorstellen? Klingeln Sie ruhig einmal bei anderen Gartenbesitzern. Die meisten sind sehr

☀ Eine formale Hecke kann als Raumteiler dienen und als ruhiger Hintergrund.

hilfsbereit, wenn es nicht gerade in der Mittagszeit ist. Eine Hecke ist eine Investition, die nicht alle Tage gemacht wird. Deshalb ist es gut, sich genau zu informieren. Und wenn man danach nur weiß, was man **nicht** möchte.

Als **reizvolle Kulisse** für andere Pflanzen – als ganzjähriger Schmuck im Garten – als optische Unterteilung – sogar als Schönheit für sich aus Strauchrosen – es wäre schade, wenn Hecken nur eine Funktion hätten. Bei so vielen Möglichkeiten!

Formal (streng) oder naturnah (frei wachsend) ist die wichtigste Unterscheidung. Eine **formale Hecke** wird geschnitten. Dabei sind verschiedene Formen möglich. Als Raumteiler in einem kleinen Garten wirkt eine grüne »Wand« sehr wuchtig. Eine Öffnung als Durchgang oder »Guckloch« sieht hübsch aus und weniger massig. Eine formale Hecke tritt viel mehr in den Hintergrund. Ist Kulisse. Eine **naturnahe Hecke** wird nur wenig oder gar nicht geschnitten. Das Lockere macht ihren Reiz aus, mit überhängenden Zweigen, mit Blüten und Früchten. Sie ist heiter, lustig, alles andere als streng. Aber sie braucht auch wesentlich mehr Platz.

Es gibt Hecken für jede Situation, jeden Geschmack und jeden Geldbeutel.

- **Naturhecken** passen in ländliche Gegenden. Wo Garten und Landschaft sich nicht trennen lassen. Hier sind Hainbuchen am richtigen Platz. Aber auch Holunder oder Weißdorn. Sie können ja auch schon vorhanden sein. Selten übernimmt man ein völlig leeres Grundstück. Dazwischen gepflanzte Stauden,

☀ Leuchtende Forsythien bestimmen im Frühling das Bild dieser Blütenhecke.

wie Glockenblumen, Fingerhut oder auch Akelei, sehen reizend aus.

- **Blütenhecken** kommen auch für kleinere Gärten in Frage. Obwohl sie immer noch recht viel Platz in Anspruch nehmen. Sie brauchen zumindest eine »sonnige Seite«. Wer Gelb mag, nimmt Forsythien, Falscher Jasmin blüht weiß, Weigelien rosa. Und auch Flieder eignet sich, in Weiß und Lila, sogar in Gelb und Rosa. Geschnitten wird nach der Blüte. Ich würde auch Immergrüne dazwischenpflanzen. Sie sorgen für den Winteraspekt.

- **Immergrüne Hecken** sind die klassische Form. Sie werden in der Regel geschnitten. Von Scheinzypresse und Lebensbaum gibt es Sorten, die säulenförmig wachsen und wenig Schnitt brauchen. Eibe als Nadelgehölz, Liguster und Kirschlorbeer als Laubgehölze werden für höhere Hecken verwendet. Sie sind schattenverträglich und in ihrer Wirkung sehr unterschiedlich.

- **Einfassungen** von Vorgärten oder Wegen sollten niedrig sein. Buchs, **Lavendel** und **Berberitze** bieten sich für unser Klima an.

Die ideale Hecke wächst zunächst in einem rasanten Tempo wie Kresse in die Höhe. Oben angekommen, bleibt sie so ohne jegliches Schnitt. Der einzige Nachteil ist, dass es so eine Hecke nicht gibt.

Die am schnellsten wachsende und billigste Hecke ist aus **Liguster.** Sie sieht allerdings nur gepflegt aus, wenn sie etwa einmal im Monat geschnitten wird, und ist im Winter mehr braun als grün. Bei **Kirschlorbeer** ist es ratsam, nicht so oft zu schneiden. Obwohl ich generell den großblättrigen Kirschlorbeer schöner finde, ist der kleinblättrige Liguster für eine Hecke, die geschnitten wird, geeigneter. Durchgeschnittene Blätter sind kein optischer Hochgenuss.

Die beste Heckenpflanze ist für mich die **Eibe**. Sie wächst langsam, braucht nur einmal im Jahr geschnitten zu werden, ist ein idealer Hintergrund, lässt anderen Pflanzen den Vortritt, kommt mit 30 cm Breite aus und kann bei richtiger Pflege uralt werden. So viele Vorzüge haben allerdings ihren Preis. Kaufen Sie deshalb kleine Pflanzen. Groß werden sie von allein. Idealerweise sieht eine Hecke aus beispielsweise acht Eiben nach einiger Zeit aus wie eine einzige Pflanze.

Solch eine Reihe gleicher Pflanzen, unnatürlich dicht beieinanderstehend, hat einige Ansprüche an den Boden haben. Das beginnt mit einem guten »Graben« voll guter Erde (siehe Seite 108 ff.). In den ersten Sommern regelmäßig wässern. Doch Vorsicht im Winter! Gerade Eiben brauchen eine gute Drainage. Der Tod durch Ertrinken wäre zu schade.

Ein Tipp: So schön Buchsbaum ist, so hat er doch in letzter Zeit zunehmend für Verdruss gesorgt. Besonders durch die gefräßigen Raupen des Zünslers. Eine gute Alternative ist *Ilex*. Äußerst gesund, mit buchsbaumähnlichem Laub und noch dazu attraktiv sind:
- *Ilex crenata* 'Stokes' 0,8 × 0,8 m
- *Ilex crenata* 'Convexa' 2 × 2 m
- *Ilex crenata* 'Dark Green' 2,5 × 2 m

Berberitze
(Berberis thunbergii)

⬆ 1,5–2 m ✿ 5 ○

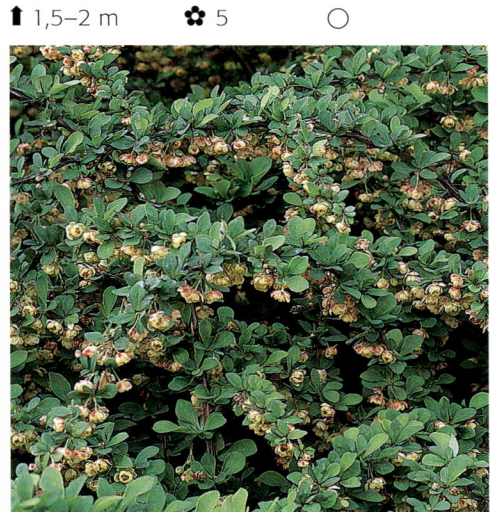

Äußerst robustes und schnittverträgliches Heckengehölz, häufig als Vorgarten-Abgrenzung verwendet.
Wuchs: Sommergrüner, stark verzweigter Strauch mit spitzen Dornen und kleinen, eiförmigen Blättern, bis 2 m breit, als Schnitthecke 50–80 cm hoch.
Blüte: Klein, gelb, süß duftend, im Herbst längliche rote Beeren.
Standort: Wächst auf jedem Gartenboden, verträgt auch Trockenheit gut.
Pflege: Braucht kaum Pflege, Schnitt nach der Blüte (Handschuhe tragen!), gelegentlich überalterte Triebe entfernen.
Tipps: Beliebt bei Bienen (Blüten) und als Vogelschutzgehölz. Orangerote Herbstfärbung.

Sorten: 'Atropurpurea' (<u>Blut-Berberitze</u>), rotlaubig, ebenfalls häufig gepflanzt, sonst wie die Art; 'Atropurpurea Nana', nur 40–60 cm hohe Zwergform.

Buchsbaum
(Buxus sempervirens)

⬆ 2–4 m ✿ 4–5 ○–◐–●

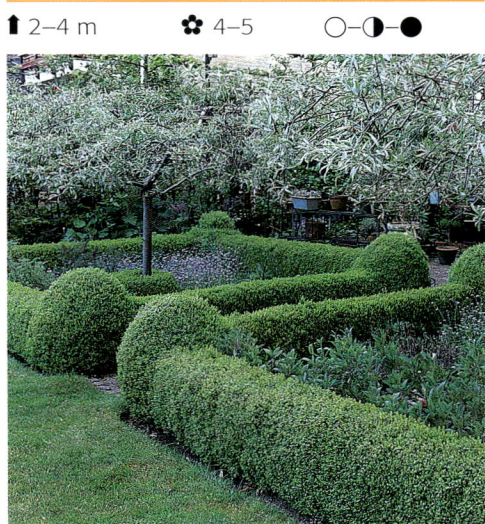

Ideal als niedrige bis mittelhohe Schnitthecke und Formgehölz, überzeugt durch sein stets sauberes, dichtes Laubkleid.
Wuchs: Immergrün, dicht verzweigt mit ledrigen, kleinen, elliptischen, gewölbten Blättern und herbem Duft.
Blüte: Gelb, klein und unscheinbar.
Standort: Normaler, kalkhaltiger Gartenboden, für sonnige oder schattige Lagen und im Kübel.
Pflege: Außer dem Schnitt kaum weitere Pflege. Vorsicht, das Laub ist giftig! Kübelgehölze im Winter geschützt stellen.
Tipps: Junge Pflanzen schon ab Frühjahr und häufig schneiden, ältere nur vorsichtig an grünen Trieben. Bei endgültiger Schnittform nur noch im Sommer (Juni) schneiden.

Sorten: 'Suffruticosa', Einfassungs-Buchs, nur 60 cm, beste Sorte für niedrige Hecken.

⬆ Wuchshöhe in cm   ✿ Blütezeit in Monaten   Standort: ○ sonnig ◐ halbschattig ● schattig

Hainbuche
(Carpinus betulus)

↕ 5–20 m   ❀ 4   ○–◐–●

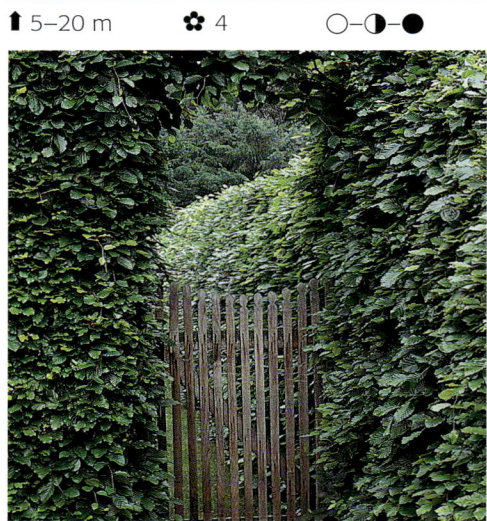

Aufgrund seiner Schnittverträglichkeit seit alters beliebter Baum für Formhecken und Einfriedungen.
Wuchs: Sommergrüner Laubbaum mit tief ansetzender Verzweigung und buchenähnlichem, frischgrünem Laub, das auch im Winter lange ziert. Als Schnitthecke 100–300 cm hoch.
Blüte: Blassgelbe Kätzchenblüten, später hängende, geflügelte Nüsschen.
Standort: Wächst auf allen Böden, bevorzugt tiefgründigen Lehmboden.
Pflege: Tiefwurzler, braucht keine Pflege, kann fast ganzjährig geschnitten werden.
Tipps: Schöne gelbe Herbstfärbung. Für dichte Hecken zweimal jährlich schneiden (Juni und Februar).

Scheinzypresse
(Chamaecyparis lawsoniana)

↕ 4–8 m   ❀ 4   ○–◐

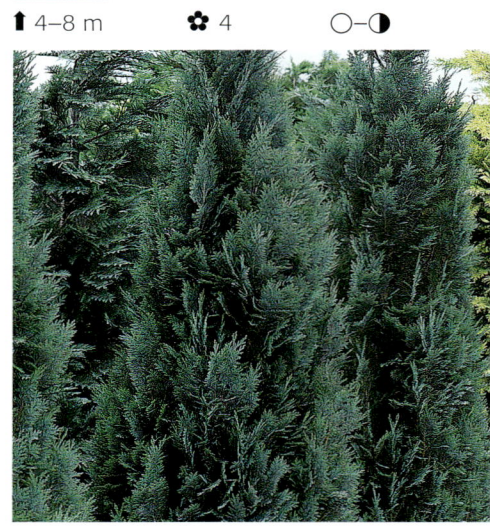

Die »Thuje« (fälschlich) ist der wohl häufigste Baum für immergrüne Heckenwände.
Wuchs: Schlank, kegelförmig mit kleinen schuppenförmigen Nadeln an abgeflachten Trieben. Schnitthecke 150 bis 300 cm hoch.
Blüte: Unscheinbar, kleine, kugelige Zapfen.
Standort: Robuster, anspruchsloser Baum, kommt mit jedem Boden zurecht.
Pflege: Schnitt ganzjährig möglich, jedoch immer nur die grünen Spitzen schneiden! Schnitt ins alte Holz bewirkt Verkahlung, die sich nicht mehr schließt.
Tipps: Alle Teile sind giftig!

Sorten: 'Columnaris', die Blaue Säulenzypresse, 4–8 m, blaugrüne Nadelschuppen, sehr beliebt; 'Stewartii', gelbnadelig.
Weitere Art: Ähnlich verbreitet und schnittfest ist die Thuje bzw. der Lebensbaum *(Thuja occidentalis)* in der Sorte 'Brabant', mit grünen Nadelschuppen, Schnitthöhe 80–250 cm.

Liguster
(Ligustrum vulgare)

↕ 3–4 m ✿ 6–7 ○–◐–●

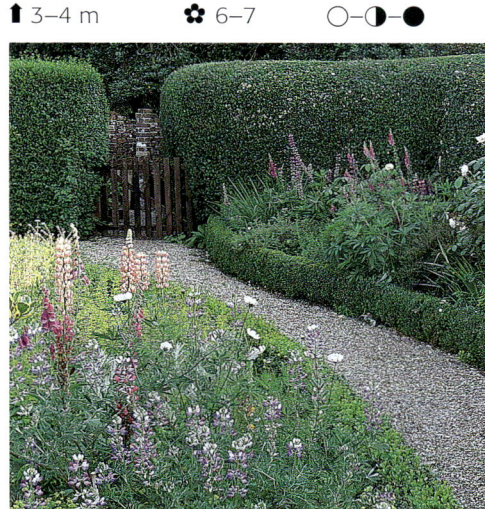

Schnittverträglich, auch im Winter grünes, attraktives Laubgehölz – was will man mehr?
Wuchs: Aufrecht wachsender, wintergrüner Strauch mit lanzettlichen Blättern in tiefem Dunkelgrün, als Schnitthecke 80–150 cm.
Blüte: Klein, cremeweiß, duftend, in schlanken Rispen. Schwarze Beeren.
Standort: Vielseitig und anpassungsfähig, auf trockeneren wie feuchteren Böden, bevorzugt kalkhaltiges Substrat.
Pflege: Anspruchslos.
Tipps: Liguster ist in allen Teilen schwach giftig.

Eibe
(Taxus baccata)

↕ 5–10 m ✿ 3–4 ○–◐–●

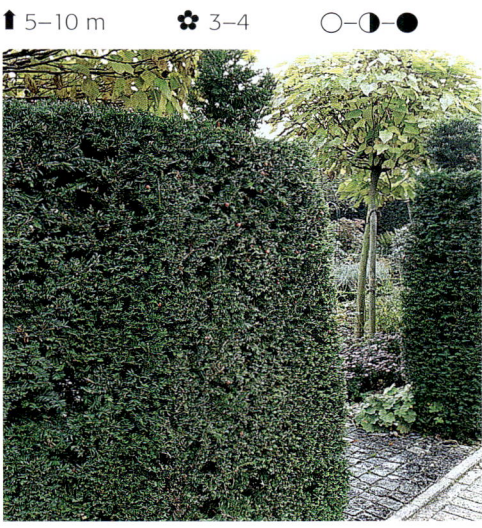

Beste Schnittverträglichkeit und dichtes, dunkles Grün kennzeichnen diesen edlen langlebigen Nadelbaum.
Wuchs: Aufrechter, buschiger kleiner Baum, der sich gut verzweigt, langsam wächst und auch im Schatten problemlos gedeiht, mit tief dunkelgrünen Nadeln. Als Schnitthecke 100–200 cm.
Blüte: Unscheinbar, rote beerenartige Früchte mit hochgiftigem Kern.
Standort: Frische bis feuchte, kalkhaltige Böden wählen, auf trockener Erde besteht im Winter bei sonnigen Standorten Austrocknungsgefahr.
Pflege: Eiben können beliebig in Form geschnitten werden und eignen sich ähnlich wie Buchs auch für geometrische Formen und Figuren.
Tipps: Verdichtete Böden meiden.

Sorten: 'Atrovirens' wird am häufigsten angeboten, Blätter dunkler grün, länger haftend.

Bäume und Sträucher sind die »Höhepunkte« in jedem Garten

Kein Garten ist zu klein für einen Baum. Es kommt nur auf die Größe an: des Gartens und des Baumes. Und es gibt Bäumchen, wie die Zuckerhutfichte. Sie bleibt ein Bäumchen ganz ohne Schnitt. Inzwischen ist die Auswahl recht beachtlich.

Ein einziger Baum kann einen Garten prägen. Oft legt er sich aber erst nach Jahren sein charakteristisches Aussehen zu. Er muss sich erst besinnen, was er werden soll. Meist wird nur auf die Höhe geschaut. Vergessen Sie nicht die Breite der Krone! Vom »Einzugsbereich« der Krone (ihren Wurzeln, ihrem Schatten, ihrem Schutz) hängt das Wohlergehen anderer Pflanzen ab. Was immer sonst im Garten gepflanzt wird, Bäume geben den Ton an.

Viele Hausbesitzer geben sich die größte Mühe mit der Rasenpflege vor dem Haus. Möchten sie den Verkehr besser sehen und hören? Kleine Bäume und Sträucher sind interessanter – zugleich Schall- und Sichtschutz. Kalkulieren Sie auf jeden Fall die endgültige Größe ein, und die Lichtverhältnisse in der dahinter liegenden Wohnung.

Die große Entscheidung: »Was nehme ich?« braucht ihre Zeit. Machen Sie sich eine **Checkliste.** Größe – Form – Laubfarbe im Sommer und Laubfärbung im Herbst – Blütenfarbe und Blütezeit – Winteraspekt – Wuchsschnelligkeit. Und lassen Sie sich beraten. Ein Baum, der schnell wächst, hat auch die gierigsten Wurzeln. Blüten in Hülle und Fülle über drei Wochen – und dann? In einem kleinen Garten ist ein Auftritt nicht genug, und mag er noch so spektakulär sein. Und bedenken Sie auch das herabfallende Laub.

Ein halbes Jahr lang ohne Laub sind Bäume und Sträucher, wenn es keine immergrünen

☀ Kugel-Robinien sind dekorative kleine Bäume, die selbst in kleinen Gärten nicht erdrückend wirken.

sind. Eine schöne Wuchsform sieht auch »nackt« schön aus. Und die leuchtend roten Zweige von Cornus alba 'Sibirica' sind mitten im Winter eine Attraktion. Seine jungen Triebe sind am kräftigsten gefärbt. Schönes, dunkelgrünes Laub. Cremeweiße Blütendolden im Frühsommer. Danach rundliche, weiße Beeren. Dieser Hartriegel hat das ganze Jahr über etwas zu bieten. Er ist eines kleinen Gartens würdig. Die hier ausgewählten Pflanzen haben alle nicht »nur einen« Vorzug.

Bäume haben einen Stamm, Sträucher mehrere dicke Triebe gleich vom Boden aus. Oft ist aber der Übergang fließend und zwischen Baum oder Strauch nicht klar zu unterscheiden.

Bäume können in Ihrem Garten ja schon vorhanden sein. Auch dann ist ein Aspekt zu wenig. Vor der Axt steht auf jeden Fall die Möglichkeit, den Baum aufzuwerten (durch Kletterpflanzen, schönen Schnitt oder Unterpflanzung). Hier geht es jedoch ums Neupflanzen. Einer der elegantesten und dekorativsten »Kleinen« ist die Kugelrobinie 'Frisia'.

Vom Frühjahr bis zum Herbst bringt sie mit ihrem sattgelben Laub Sonne in den Garten. Auch der Japanische Ahorn leuchtet an trüben Herbsttagen in Gelb, Orange oder Rot – je nach Sorte. Und wenn noch die Sonne darauf scheint! Dagegen überrascht die Ahorn-Sorte 'Flamingo' mit ihrem Farbenspiel im Sommer. Das Rosa in den grünen Blättern wird weiß. – Zierkirschen haben viel Schönes zu bieten: Wuchs, Blattaustrieb, Herbstfärbung. Ausgesucht

☀ Das Blätterkleid muss nicht immer grün sein. Im Herbst zeigen viele Gehölze eine schöne Färbung.

werden sie aber nach ihren traumhaften Blüten – ob in Rosa oder Weiß, einfach oder gefüllt.

Sträucher, die nacheinander blühen, geben einem kleinen Garten mehr als eine einmalige, kurze Schau. Mehr Ruhe und längeren Genuss. Forsythien im April, Flieder im Mai, Falscher Jasmin im Juni, gefolgt von Hibiskus, Schmetterlingsstrauch und Hortensien im Spätsommer. – Der Perückenstrauch trägt seinen Namen zu Recht. Federähnliche, hellbraune Fruchtstände verwandeln den Strauch ab Spätsommer in eine Wolke. Die gelbe oder purpurrote Herbstfärbung ist eine willkommene Zugabe. Sträucher mit einem geraden Mitteltrieb lassen sich zu einem kleinen Baum ziehen, wenn die Seitentriebe nach und nach bis zur gewünschten Höhe entfernt werden.

Der Winter kann durchaus seine Reize haben. Wenn die Stauden verblüht sind, das Laub gefallen ist, kommt das »Gerüst« des Gartens zum Vorschein. Die Silhouetten von Bäumen und Sträuchern sehen vor dem Winterhimmel wie Scherenschnitte aus. Dazwischen der rosa blühende Schneeball – Tristesse adieu!

☀ Im Winter wirken unterschiedliche Wuchsformen und Strukturen besonders gut.

Bunter Eschen-Ahorn
(*Acer negundo* 'Flamingo')

↕ 2–5 m   ✿ 4–5   ◯–◐

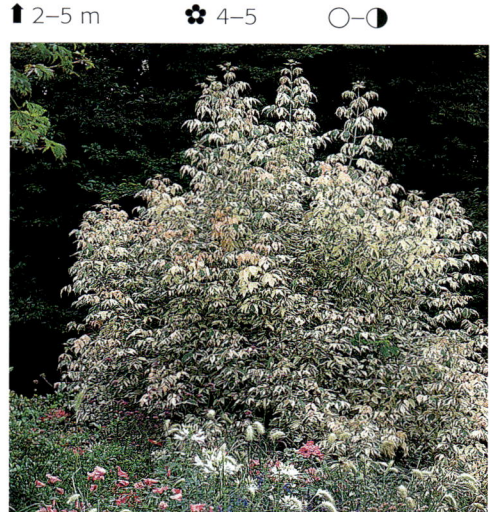

Überaus robust und anpassungsfähig und mit seinem bunten Laubkleid eine echte Zierde.
Wuchs: Kleiner Baum mit rundlicher Krone oder großer buschiger Strauch, mit gefiederten Blättern, im Austrieb rosa und weiß gerandet und gefleckt.
Blüte: Kleine gelbliche Blüten, männliche in Büscheln, die weiblichen hängend.
Standort: Jeder normale Gartenboden.
Pflege: Schneidet man die jungen Triebe jährlich oder regelmäßig zurück, erhält man stets schöne bunte Triebe. Grünlaubige Zweige an der Basis ganz entfernen.
Tipps: Der klein bleibende Baum eignet sich vor allem für kleinere Gärten oder Gartenteile.

Fächer-Ahorn
(*Acer palmatum*)

↕ 1–3 m   ✿ 5   ◯–◐

Im Japan-Garten ein Muss, doch wirkt er auch bei uns charaktervoll und edel.
Wuchs: Kleiner mehrstämmiger Baum oder Strauch, oft breiter als hoch, langsam wachsend, mit je nach Sorte grünem oder rotem, fächerförmig zerteiltem oder geschlitztem Laub.
Blüte: Sehr kleine purpurne Blütchen, geflügelte rötliche Früchte.
Standort: Durchlässige, frische bis feuchte Böden an eher kühlen Plätzen. Keine Hitze!
Pflege: An sonnigeren Stellen die Baumscheibe mulchen oder mit flach wurzelnden Bodendeckern bepflanzen.
Tipps: Bleibt klein und eignet sich gut für kleine Gärten. Schön am Teich oder im Vorgarten.

Sorten: 'Atropurpureum', Blätter ganzjährig dunkelrot, 3–5 m; 'Dissectum', Laub fein zerschlitzt, hellgrün, 1,5–3 m; 'Dissectum Atropurpureum' (= 'Ornatum'), ähnlich, aber mit rotem Laub.

↕ Wuchshöhe in cm   ✿ Blütezeit in Monaten   Standort: ◯ sonnig ◐ halbschattig ● schattig

Schmetterlingsstrauch
(Buddleja davidii)

⬆ 2–4 m ✿ 7–10 ○

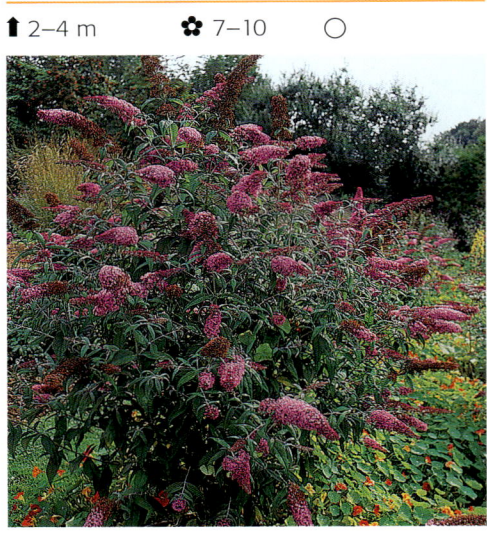

Bezaubernder und überreich blühender Schmetterlingsmagnet.
Wuchs: Trichterförmiger Strauch mit leicht überhängenden Trieben und graugrünen, lanzettlichen Blättern.
Blüte: Kleine, radförmige, duftende Blüten in sehr dichten kegelförmigen Rispen an den Triebenden in Violett, Weiß, Rot oder Rosa, selten Gelb.
Standort: Jeder normale Gartenboden.
Pflege: Die letztjährigen Triebe regelmäßig im Frühjahr stark zurückschneiden, damit sich junge Neutriebe bilden, die die Blüten tragen.
Tipps: Passt auch gut an den Rand eines Staudenbeetes.

Sorten: 'Black Knight', dunkelviolett, reichblütig, 'Pink Delight', rosa, mit großen Rispen; 'Peace', weiß, innen orange.

Weißer Hartriegel
(Cornus alba 'Sibirica')

⬆ 1,5–3 m ✿ 5 ○–◐

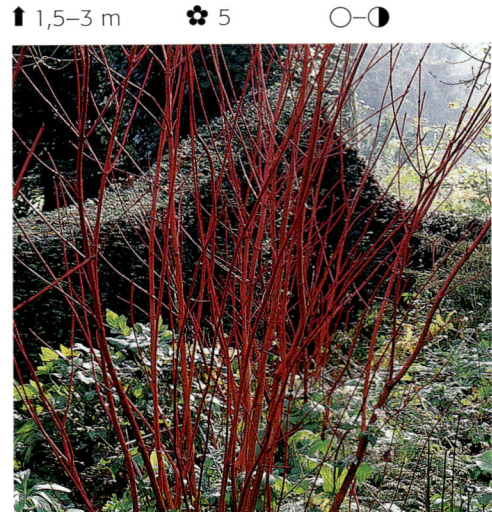

Dieser Strauch setzt auch im Winter klare Akzente.
Wuchs: Breitbuschiger Strauch mit sehr auffallender roter Rinde und gegenständigen, breit elliptischen Blättern.
Blüte: Kleine cremefarbene Blüten in kleinen Dolden an den Triebenden, im Herbst mit weißlichen bis blassblauen Beerenfrüchten.
Standort: Jeder normale Gartenboden.
Pflege: Im Alter verblasst die schöne Rinde; daher den Neuaustrieb alle paar Jahre durch Rückschnitt anregen. Ältere Sträucher nicht mehr scharf zurückschneiden.
Tipps: Wirkt gut in frei wachsenden Hecken sowie in Wassernähe. Die Triebe eignen sich gut für Trockensträuße.

Sorten: 'Spaethii', Gelbbunter Hartriegel, Blätter mit gelben Rändern und Flecken.

Perückenstrauch
(Cotinus coggygria)

⬆ 1,5–2 m ❀ 6–7 ○

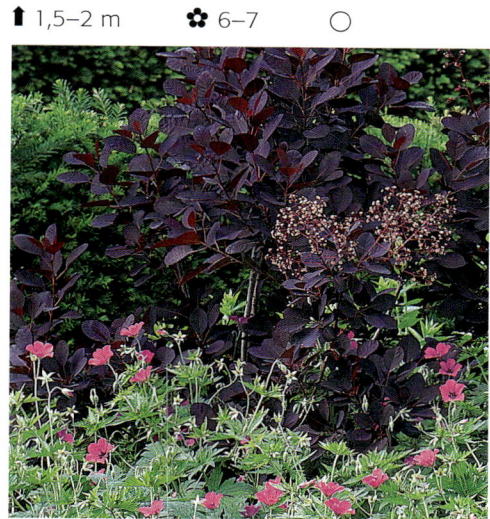

Das attraktive Laub und die auffallenden Fruchtstände machen ihn zum Blickfang.
Wuchs: Breitbuschiger, rundlicher Strauch, oft breiter als hoch, mit eiförmigen, grünen Blättern und leuchtend orangeroter bis roter Herbstfärbung.
Blüte: Sehr kleine gelbliche Blütchen in fedrigen Rispen an den Triebenden, die sich zu dicht behaarten, perückenartigen, gelbroten Fruchtständen entwickeln.
Standort: Normale, auch trockene Gartenböden in sonniger Lage.
Pflege: Die Sträucher wenig schneiden oder nur auslichten, damit sie ihre geschlossene Wuchsform entwickeln.
Tipps: Lässt sich aufgrund der Größe gut in Rabatten integrieren.

Sorten: 'Royal Purple', mit purpur- bis schwarzrotem Laub und rötlichen Fruchtständen.

Forsythie, Goldglöckchen
(Forsythia × intermedia)

⬆ 2–3 m ❀ 4–5 ○–◐

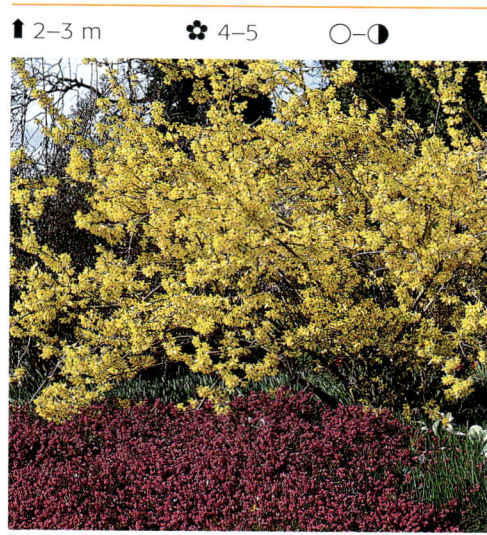

Das weithin leuchtende Gelb ist aus Frühjahrsgärten kaum wegzudenken.
Wuchs: Aufrechter Strauch mit langen straffen, teils überhängenden Trieben und lanzettlichen Blättern, die nach der Blüte erscheinen.
Blüte: Glöckchenförmige Blüten aus vier Blütenblättern in leuchtendem Gelb, dicht an dicht direkt an den Trieben.
Standort: Alle normalen Gartenböden an im Frühjahr sonnigen, warmen Plätzen.
Pflege: Ältere Triebe in Bodennähe auslichten, alle 2–3 Jahre die Zweige nach der Blüte einkürzen.
Tipps: Wegen der dominanten Wirkung nur einzeln einsetzen. Schön in gemischter Blütenstrauchhecke zusammen mit Zwiebelblumen.

Sorten: 'Lynwood', leuchtend knallgelb, reich blühend; 'Spectabilis', tiefgelb, bewährte Sorte.

Hibiskus, Garten-Eibisch
(Hibiscus syriacus)

↕ 1–2 m ❀ 7–9 ◐–◑

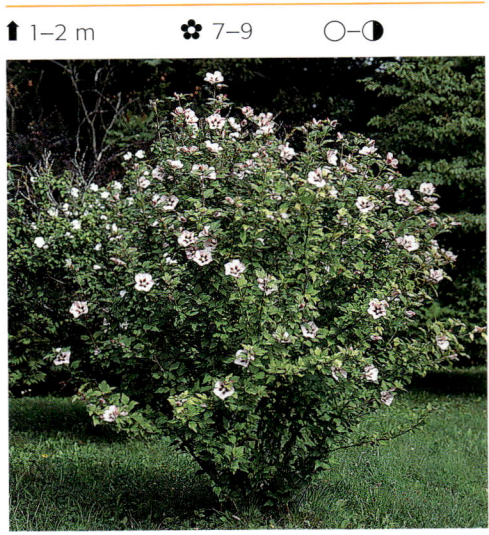

Sommerlicher Schmuckstrauch mit malvenähnlichen Blüten.
Wuchs: Straff aufrechter, langsam wachsender Strauch mit dreilappigen elliptischen Blättern.
Blüte: Sehr große trichterförmige Einzelblüten an den diesjährigen Trieben, in Rot, Rosa, Violett oder Weiß, auch gefüllt.
Standort: Nährstoffreiche, frische bis mäßig trockene Gartenböden in etwas geschützter Lage.
Pflege: Kann in strengen Wintern zurückfrieren, treibt jedoch gut wieder aus. Jungen Pflanzen etwas Laubschutz geben. Rückschnitt im Frühjahr fördert den Blütenansatz.
Tipps: Ein Garten-Eibisch ist besonders als Solitärstrauch zu empfehlen.

Sorten: 'Blue Bird', blauviolett mit roter Mitte; 'Hamabo', rosa mit großer roter Mitte; 'Red Heart', weiß mit roter Mitte.

Bauern-Hortensie
(Hydrangea-Macrophylla-Hybriden)

↕ 1–1,5 m ❀ 6–9 ◐–◑

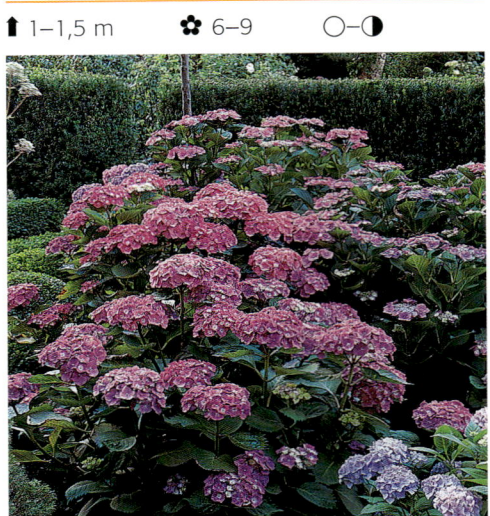

Typischer Blütenstrauch für ländliche und romantische Gärten.
Wuchs: Aufrechter dichtbuschiger Strauch mit großen, frischgrünen, elliptischen Blättern.
Blüte: Meist große ballförmige Blütenstände aus sterilen vierzähligen Blüten, bei manchen Sorten auch schirmförmig und nur am Rand steril, in Rosa, Rot, Blau, Violett oder Weiß.
Standort: Nährstoffreiche, gleichmäßig feuchte Gartenböden.
Pflege: Verblühte Triebe erst im Frühjahr entfernen, sie wirken im Winter sehr attraktiv.
Tipps: Blaue Sorten brauchen sauren Boden und Alaun-Düngung.

Sorten: Im Handel sind zahlreiche Sorten, oft ohne Namen. 'Endless Summer', durchblühend
Weitere Art: *H. aspera* subsp. *sargentiana*, die Samt-Hortensie, aufrecht, mit schirmförmigen Blütenständen und großen samtigen Blättern, 2–3 m, blüht 7–8.

Stern-Magnolie
(Magnolia stellata)

↕ 2–3 m ❀ 3–4 ○

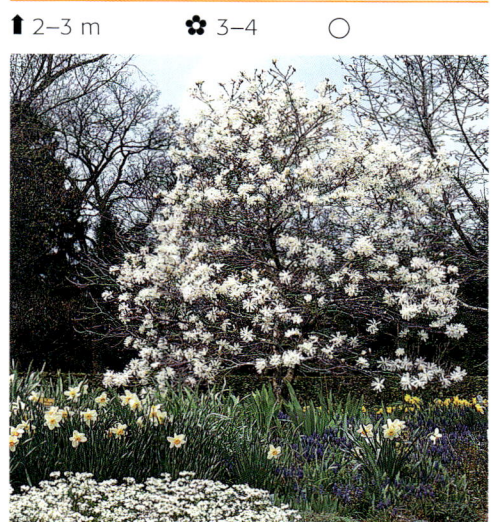

Dieses kleine Blühwunder ist auch für kleine Gärten sehr zu empfehlen.
Wuchs: Breitbuschiger großer Strauch mit rundlicher Krone, langsam wachsend, mit schmal elliptischen Blättern, die erst nach den Blüten austreiben.
Blüte: Große, sternförmig ausgebreitete, duftende Blüten, weiß mit gelber Staubblattsäule in der Mitte.
Standort: Nährstoffreiche, frische bis mäßig feuchte Böden in geschützter Lage.
Pflege: Die Wurzeln sind empfindlich, daher nicht an der Baumscheibe graben.
Tipps: Nicht an Südseiten pflanzen, da dort zu früher Austrieb und Gefahr, dass die Blüten bei Spätfrost erfrieren. Günstiger sind Südost- oder Südwestlagen.
Sorten: 'Royal Star', großblütiger mit mehr Blütenblättern, strahlend weiß.

Pfeifenstrauch, Falscher Jasmin
(Philadelphus-Hybriden)

↕ 1,5–3 m ❀ 6–7 ○–◐

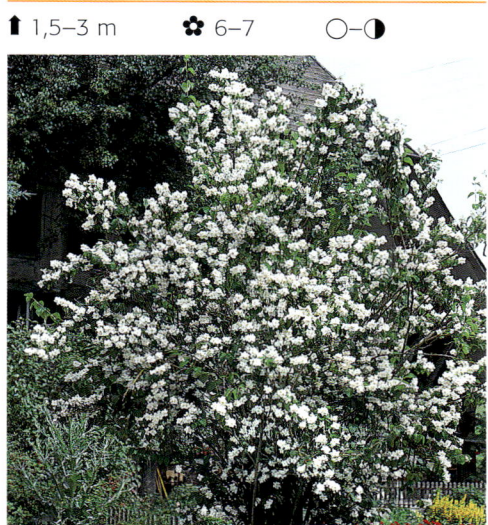

Wegen des betörenden, an Jasmin erinnernden Duftes und der attraktiven Blüten eines der beliebtesten Blütensträucher.
Wuchs: Großer buschiger Strauch mit straff aufrechten Trieben und breit lanzettlichen, dunkelgrünen Blättern.
Blüte: Große, weiße, stark duftende Schalenblüten in buscheligen Trauben, auch gefüllt.
Standort: Jeder normale Gartenboden.
Pflege: Ältere Triebe etwa alle drei Jahre auslichten.
Tipps: Passt wunderbar in eine gemischte, frei wachsende Blütenhecke.

Sorten: 'Belle Étoile', sehr großblütig, weiß mit rötlicher Mitte; 'Lemoinei', etwas kleinere Blüten mit starkem Duft; 'Virginal', groß- und reichblütig, gefüllt, straff aufrechter Wuchs. Teilweise werden diese Sorten im Handel als *P. coronarius*-Sorten geführt.

Zuckerhut-Fichte
(*Picea glauca* 'Conica')

↕ 1–3 m ✿ 5 ◐–◑

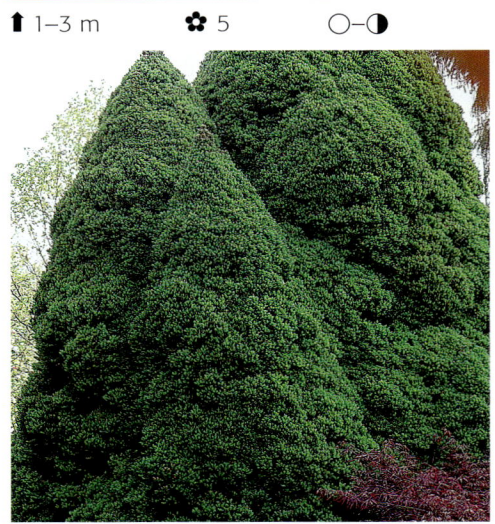

Einer der wenigen wirklich dauerhaft klein bleibenden und dennoch attraktiven Nadelbäume für den Garten.
Wuchs: Kleiner, sehr langsam wachsender Baum mit ebenmäßig kegelförmigem Umriss und weichen frischgrünen Nadeln.
Blüte: Unscheinbar, in kleinen Zapfen.
Standort: Normale, frische bis feuchte Gartenböden. Lufttrockene Plätze (z.B. vor heißen Südwänden oder unter einem Vordach) meiden!
Pflege: Braucht keinen Schnitt, um die klare Form beizubehalten. Bei Trockenheit wässern.
Tipps: Bei Lufttrockenheit anfällig für Spinnmilben, daher den Standort sorgfältig auswählen. Eignet sich gut, um einen formalen Akzent zu setzen.

Lorbeer-Kirsche, Kirschlorbeer
(*Prunus laurocerasus*)

↕ 0,5–3 m ✿ 4–5 ◐–◑

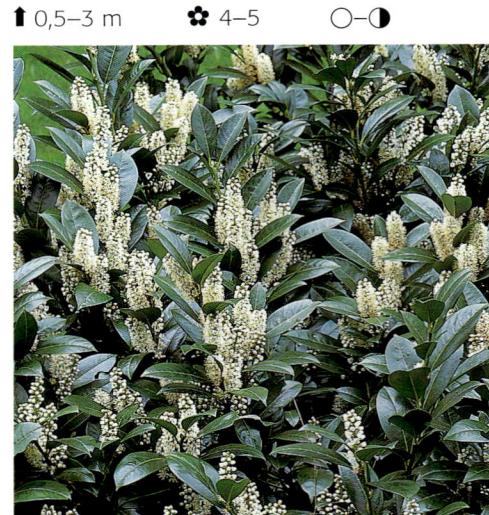

Eine der besten Immergrünen – mit ganzjährig attraktivem, stets sauber wirkendem Laub.
Wuchs: Breitbuschiger Strauch mit immergrüner, dichter Belaubung aus großen, elliptischen, glänzend dunkelgrünen Blättern.
Blüte: Kleine, radförmige, cremeweiße Blüten in aufrechten kerzenförmigen Trauben über dem Laub.
Standort: Nährstoffreiche, humose, mäßig trockene bis mäßig feuchte Böden.
Pflege: Rückschnitt möglichst im Frühjahr vornehmen.
Tipps: Wird meist als Solitär oder zur Flächenbegrünung verwendet, in milden, luftfeuchten Lagen auch als Schnitthecke.

Sorten: 'Otto Luyken', nur ca. 1 m hoch, reich blühend; 'Schipkaensis Macrophylla', 2–3 m, großblättrig, mit langen Blütenkerzen, als Sichtschutz und für Hecken verwendbar.

Zier-Kirsche
(Prunus serrulata)

↕ 3–6 m ✿ 4–5 ○

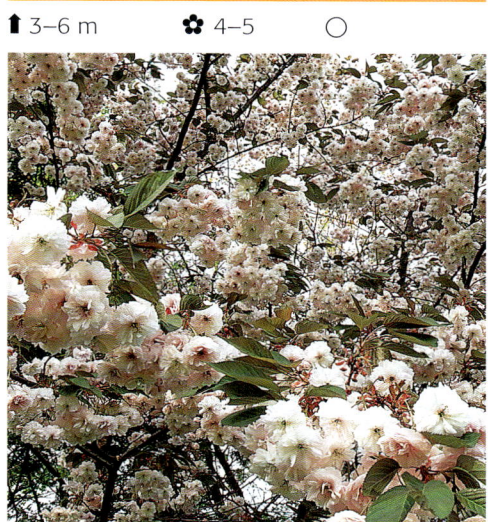

Einmaliges Blühwunder aus Japan, im Herbst schöne gelborange Laubfärbung.
Wuchs: Kleiner Baum mit trichter-, säulenförmiger oder ausgebreiteter Krone, teils mit überhängenden Zweigen, und elliptischen, zugespitzten Blättern.
Blüte: Schalenförmige Blüten in dichten Büscheln, weiß oder rosa, auch gefüllt, erscheinen vor den Blättern.
Standort: Nährstoffreiche, frische bis mäßig feuchte Böden.
Pflege: Zu dicht stehende Zweige auslichten.
Tipps: Passt in den Vorgarten oder in kleine Gärten, darf in keinem Japangarten fehlen.

Sorten: 'Amanogawa', säulenförmig, zartrosa, leicht gefüllt; 'Kanzan', trichterförmig, kräftig rosa, dicht gefüllt; 'Shirofugen', trichterförmig bis ausgebreitet, reinweiß, später rosa, dicht gefüllt; 'Shirotae' (= 'Mount Fuji'), ausgebreitet, reinweiß, ungefüllt bis leicht gefüllt, duftend.

Rhododendron, Azalee
(Rhododendron-Hybriden)

↕ 0,3–2,5 m ✿ 5–6 ◐–●

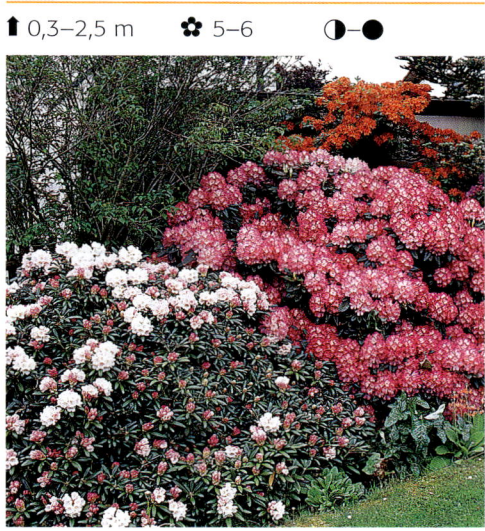

Sicher die schönsten Blüher unter den immergrünen Laubgehölzen.
Wuchs: Aufrechte breite Büsche bis niedrige kompakte Kissen, langsam wachsend, immergrün (Rhododendren) oder sommergrün (Azaleen), mit elliptischen, glänzenden Blättern.
Blüte: Trichter- bis glockenförmig in dichten oder lockeren, kugeligen Dolden, bei Japanischen Azaleen den ganzen Strauch völlig bedeckend, in Rot, Rosa, Violett, Weiß, Gelb.
Standort: Humose, lockere, gleichmäßig feuchte, saure Böden.
Pflege: Bei Bedarf wässern, Verblühtes ausbrechen, nicht im Wurzelbereich graben (Flachwurzler!), nicht schneiden.
Tipps: Kalkverträglicher sind die Inkarho®- und die *R.*-Yakushimanum-Hybriden.

Sorten: Das Sortiment ist riesig und unüberschaubar. Lassen Sie sich im Handel beraten.

Robinie, Scheinakazie
(Robinia pseudoacacia)

⬆ 3–29 m   ✿ 5–6   ○

Hausbaum mit schönem Blütenschmuck.
Wuchs: Großer Baum mit rundlicher bis kuppelförmiger Krone und bedornten Trieben mit aus elliptischen Blättchen zusammengesetzten Fiederblättern. Die Sorten bleiben deutlich kleiner als die Art.
Blüte: Weiße Schmetterlingsblüten in langen, hängenden Trauben, intensiv süß duftend.
Standort: Alle normalen, nicht verdichteten oder zu schweren Böden.
Pflege: Auch stärkerer Rückschnitt wird gut vertragen.
Tipps: Die klein bleibende Kugel-Robinie eignet sich hervorragend für kleine Flächen und setzt in formalen Gärten klare Akzente.

Sorten: 'Frisia', Gold-Robinie, relativ schmale Krone, 5–8 m, gelbes, im Herbst goldgelbes Laub; 'Umbraculifera', Kugel-Robinie, (siehe Foto), mit breit kugelförmiger Krone, nur 3–5 m, nicht blühend.

Flieder
(Syringa vulgaris)

⬆ 2–3 m   ✿ 5–6   ○

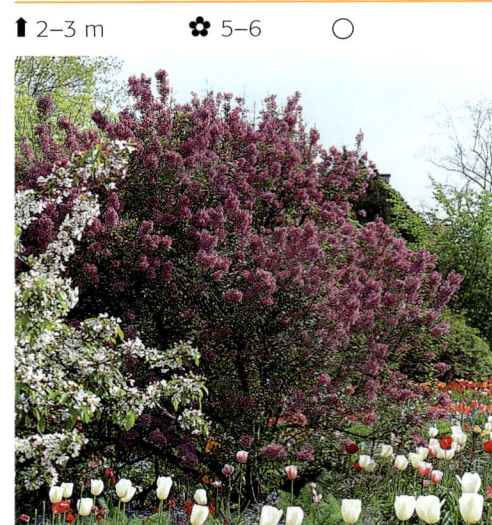

Der herrlich duftende Blütenschmuck ist im Bauerngarten unverzichtbar.
Wuchs: Aufrechter Strauch mit steifen, teils überhängenden Trieben, Ausläufer bildend, gegenständige, herzförmige Blätter.
Blüte: Kleine, radförmige Blüten aus 4 Blütenblättern, in sehr dichten, länglichen Rispen, violett, rosa, rot, weiß, selten gelb, auch gefüllt, stark duftend.
Standort: Mäßig trockene bis frische, lockere, kalkhaltige Böden.
Pflege: Ausläufer am Ansatz abschneiden.
Tipps: In der Vase halten die Blüten länger, wenn man die holzigen Triebe etwas weich klopft.

Sorten: 'Andenken an Ludwig Späth', purpurrosa; 'Mme Lemoine', weiß, gefüllt.
Weitere Art: *S. microphylla*, kleinblättrig, insgesamt zarter, 1–1,5 m hoch, blüht rosa 5–6 mit Nachblüte –10, stark duftend.

Duft-Schneeball
(Viburnum × bodnantense)

↕ 1,5–2,5 m   ✿ 11/2–3   ◐–◑

Erfreut in der blütenarmen Zeit mit aparten duftenden Blüten.
Wuchs: Kleiner breitbuschiger Strauch mit sparrigen Trieben und eiförmigen Blättern, rote Herbstfärbung.
Blüte: Trichterförmige tief- bis weißrosa Blüten in dichten kleinen Büscheln an den noch kahlen Trieben, intensiv duftend.
Standort: Normale, frische bis mäßig trockene Gartenböden.
Pflege: Nicht schneiden, entwickelt sich ungeschnitten am besten.
Tipps: Lässt sich gut mit frühjahrsblühenden Zwiebelblumen unterpflanzen, etwa Blausternen, Wildtulpen oder Schneeglöckchen.

Sorten: 'Dawn', häufigste Sorte, wie die Art.
Weitere Art: *V. opulus* 'Roseum' (= 'Sterile'), <u>Gefüllter Schneeball</u>, 1,5–2,5 m hoher Strauch mit weißen, dicht gefüllten Blütenkugeln und kleinen ahornähnlichen Blättern, blüht 5–6.

Weigelie
(Weigela-Hybriden)

↕ 2–3 m   ✿ 5–6   ◐–◑

Blütenreich und pflegearm, gehört die Weigelie zum Standard-Repertoire der Blütensträucher für den Garten.
Wuchs: Aufrechter, buschiger Strauch mit langen, überhängenden Trieben und elliptischem, zugespitztem Laub.
Blüte: Trichter- bis glockenförmig, dicht an dicht über den Blättern, in Rot, Rosa oder Weiß.
Standort: Jeder normale Gartenboden.
Pflege: Braucht außer einem Auslichten älterer Triebe etwa alle 3–4 Jahre keine Pflege.
Tipps: Schön sowohl als Einzelstrauch als auch in einer Blütenhecke.

Sorten: 'Bristol Ruby', leuchtend rubinrot; 'Eva Rathke', dunkelrot.
Weitere Art: *W. florida,* ähnlich, aber etwas größer, 2,5–3,5 m, mit rosaweißen Blüten, blüht ebenfalls 5–6; 'Purpurea', Blüten dunkelrosa, Blätter braunrot, nur bis 1,5 m hoch.

Kletterpflanzen – hinauf ins Land der ungeahnten Möglichkeiten

Ihr größter Vorteil: Sie wachsen in die Höhe! Selbst der kleinste Garten lässt sich durch Kletterpflanzen in einen grünen, blühenden Dschungel verwandeln. Und je kleiner der Garten, desto wichtiger ist es, dass wir hoch hinauswollen. Ein kleiner Stadtgarten hat oft mehr Wand- und Zaun- als Grundfläche. Ein Jammer, sie ungenutzt zu lassen. Der Luftraum ist zwar nicht unbegrenzt, aber flexibler als Länge und Breite des Gartens. Bleibt die Tiefe. Aber was nützen 20 m Boden unter uns? Ungeachtet dessen sorgen Kletterpflanzen für eine natürliche Verbindung von Haus und Garten.

Oft hat man Bäume mitgekauft oder -geerbt. Ob sie immer schön sind, bleibt dahingestellt. Dennoch darf (wegen einer Baumschutzsatzung) oder möchte man sie (aus Respekt vor dem Gewachsenen) häufig nicht entfernen. Also lebe ich mit den »Alten«. Und zwar ganz hervorragend mit Kletterpflanzen. Sie glauben gar nicht, wie zauberhaft es aussieht, wenn eine Ramblerrose (siehe »Rosen«) einen alten Obstbaum zum zweiten Mal erblühen lässt

☀ Eine Pergola, berankt mit einer Anemonen-Waldrebe *(Clematis montana),* wirkt luftig und transparent.

oder ein Geißblatt sich durch eine knorrige Krone schlingt, gefolgt von den Blütenmassen einer Clematis. Stimmen Sie die Blütezeit der Kletterpflanzen mit der ihres »Gastgebers« ab. Das gibt doppelten Genuss.

Das größte Blütenspektakel veranstaltet in unserem Garten der Blauregen *(Wisteria floribunda)*. Ihre 60 cm langen Blütentrauben (das ist kein Witz) sind eine Wonne im Mai – und erst der Vanilleduft!

Hat man einmal »Blut geleckt« und schaut sich seinen Garten mit dem »Kletterpflanzenblick« an, wird man noch viele Möglichkeiten entdecken. In einem sehr kleinen Garten z. B. lässt sich eine »Pseudo-Hecke« errichten: Beranken Sie einen Zaun mit Efeu. Eine schmalere Hecke gibt es nicht. Ein Schnitt unterstützt diesen Effekt noch.

Um Schäden durch Kletterpflanzen zu vermeiden, muss man sie unter Kontrolle behalten. Nicht in Dachrinnen und um Regenrohre wachsen lassen! Auch nicht Efeu in eine Baumkrone. Eine Clematis würde ihr nichts ausmachen. Eine verholzende Kletterpflanze aber wird immer ihre Stütze besiegen.

Kletterpflanzen klettern, weil sie zum Licht wollen. Die meisten sind Waldpflanzen, die Bäume und Sträucher als »Leiter« für ihren Weg nach oben benutzen. Ihre Wurzeln sind an Kühle und Schatten gewöhnt. Das hätten sie natürlich auch gern im Garten. Eine Wand dagegen gibt selten Schatten, dafür extreme Trockenheit. Keinen natürlichen Humus durch Laub im Boden,

☀ Weinreben bieten mit leckeren Früchten Genuss für Auge und Gaumen.

dafür Staub, eventuell auch Bauschutt. Und an einer Südwand – der Traum aller Gartenbesitzer – wird die Pflanze im Sommer »gegrillt«.

Manche klettern aus eigener Kraft. Andere brauchen eine Stütze. Efeu mit seinen Luftwurzeln und Wilder Wein mit kleinen Haftscheiben haben sich Baumstämme als natürliche Stützen ausgesucht. Wände sind gar nicht so unähnlich, wenn sie rau sind. Die gebräuchlichste Art, sich in die Höhe zu begeben, ist schlingend. Geißblatt, Glyzine und Hopfen gehören dazu. Sie brauchen eine Kletterhilfe. Für Rosen reicht eine Kletterhilfe allein nicht aus. Sie müssen zusätzlich aufgebunden werden. Das ist nicht schwer, macht aber Arbeit. Für eine starkwüchsige Pflanze wie eine Glyzine ist unbedingt ein stabiles Gerüst wichtig. Es ist kein Vergnügen, wenn es nach einiger Zeit durch das enorme Gewicht der Pflanze aus der Wand bricht. Ich weiß, wovon ich rede. Und möchte Ihnen diesen Schock ersparen. Die Glyzine wiederum kann einem zarteren Kletterer Halt geben. Wie einer Clematis mit ihren Ranken.

So vielseitig zu verwenden wie Kletterpflanzen ist kaum eine andere Gruppe. Allein mit **Clematis** kann man sich fast das ganze Jahr an Blüten erfreuen. Mit unterschiedlichen Arten, nicht mit einer! In schönster Harmonie mit Rosen wohl die gebräuchlichste Klettergemeinschaft. Wunderschön ist die Wirkung der **Glyzinen**-Blüten, wenn sie sich in Wasser spiegeln. Nur, wer hat schon ein Brückengeländer im Garten! Aber an einem Zaun entlang gezogen, ist auch nicht zu verachten. Zumal sie, so gezogen, schon in jungen Jahren blühen wird. Ob an einer Hauswand, einer Pergola oder einem starken Pfosten – erlauben Sie der Glyzine nicht, unkontrolliert in die Höhe zu wachsen. Sie braucht ihre Grenze, damit sie blüht.

Zudecken möchte man nur etwas Unschönes. **Knöterich** löst das Problem, schnell und dicht. In einem kleinen Garten entsteht dadurch aber ein neues: Er ist nicht zu bändigen.

Eine der starkwüchsigsten Kletterpflanzen überhaupt ist der **Wilde Wein**. Er kann im Laufe der Jahre mühelos eine ganze Hauswand bekleiden, den Zaun zum Nachbarn dazu, und auch noch das Haus des Nachbarn, wenn es diesem gefällt. Ohne jegliche Pflege: kein Wässern, kein Düngen, kein Schneiden, kein Spritzen. Aber Vorsicht! Seine Wurzeln erdrosseln regelrecht die Wurzeln anderer Pflanzen in seiner Nähe. Eine stabile Wurzelsperre gebietet ihm Einhalt. Überlegen Sie sich gut, ob Sie wirklich zwei Pflanzen brauchen.

🔸 Blauregen öffnet oft schon im Mai seine Knospen und hüllt die Fassade in ein Blütenmeer.

Pfeifenwinde
(Aristolochia macrophylla)

↕ 3–12 m ✿ 6–8 ◐–●

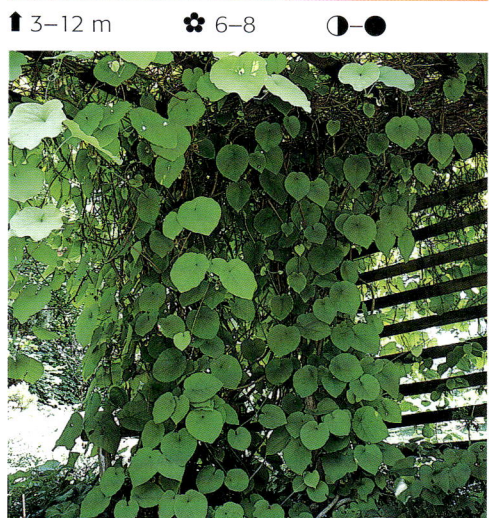

Sehr starkwüchsige Schlingpflanze, die tropisches Flair in den Garten zaubert.
Wuchs: Rasch wachsende Schlingtriebe mit sehr großen, herzförmigen, frischgrünen Blättern.
Blüte: Gelbgrüne bis bräunliche, pfeifenähnlich gebogene Blüten, die im Laub versteckt bleiben.
Standort: Nährstoffreiche, frische bis feuchte Böden.
Pflege: An einem stabilen Rankgerüst ziehen. Bei Trockenheit wässern. Kann bei Bedarf auch scharf zurückgestutzt werden.
Tipps: Ideal zur schnellen Begrünung von Pergolen, Lauben und überdachten Eingängen.

Italienische Waldrebe
(Clematis-Viticella-Hybriden)

↕ 2–4 m ✿ 6–9 ○–◐

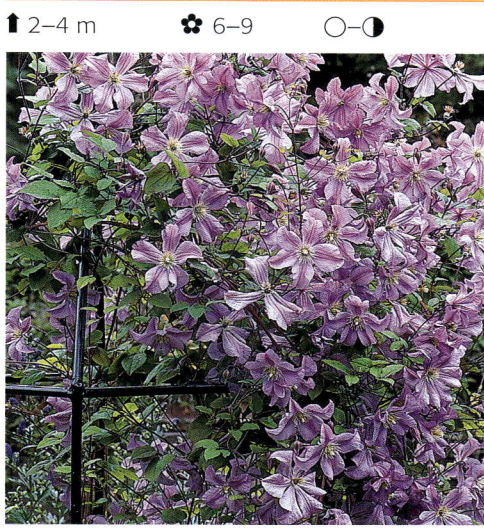

Üppiger Blütenschmuck, robust, pflegeleicht.
Wuchs: Rankpflanze mit mittelstark wachsenden Trieben und gefiederten Blättern.
Blüte: Radförmig mit breiten Blütenblättern oder glockig, in Weiß, Rosa, Rot, Violett, auch zweifarbig und gefüllt.
Standort: Nährstoffreiche, gleichbleibend frische bis mäßig feuchte Böden.
Pflege: Am Rankgerüst ziehen, im Herbst zurückschneiden.
Tipps: Wegen der gleichzeitigen Blüte sind sie ebenso wie die Großblütigen Waldreben wunderbare Partner zu Kletterrosen.
Sorten: 'Alba Luxurians', weiß; 'Étoile Violette', leuchtend violett; 'Prince Charles', hellblau.
Weitere Arten: Anemonen-Waldrebe *(C. montana)*, reich und frühblühend, zartrosa, 4–5, 3–10 m. Großblütige Waldreben (C.-Hybriden), großblütig in Weiß, Rosa, Rot, Braun oder Violett, auch gefüllt, 2–5 m, etwas empfindlicher, 6–9; z.B. 'Jackmanii', violett; 'Nelly Moser', rosa mit roten Streifen; 'Niobe', weinrot.

↕ Wuchshöhe in cm ✿ Blütezeit in Monaten Standort: ○ sonnig ◐ halbschattig ● schattig

Kletter-Spindelstrauch
(Euonymus fortunei)

⬆ 40–300 cm ✿ 6–7 ○–◐–●

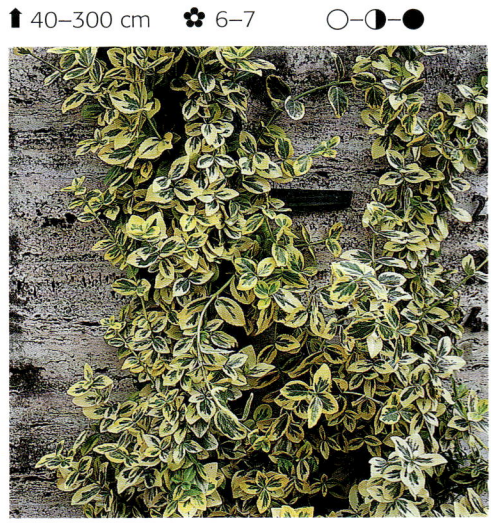

Langsam wachsender robuster Kletterer mit buntem immergrünem Laub.
Wuchs: Kriechend und mit Haftwurzeln selbst kletternd, immergrün mit elliptischen Blättern in je nach Sorte unterschiedlicher Färbung.
Blüte: Sehr kleine, unscheinbar gelbgrüne Blüten. Falls Früchte gebildet werden: Die Samen sind sehr giftig!
Standort: Alle nährstoffreichen, nicht zu trockenen Gartenböden.
Pflege: Keine Pflege nötig. An Spanndrähten klettert der Spindelstrauch schneller empor. In rauen Lagen etwas Winterschutz geben.
Tipps: Gut zum Klettern an Hauswänden mit rauem Putz oder zum Verdecken unschöner Flächen.

Sorten: 'Coloratus', großblättrig, raschwüchsig; 'Emerald Gaiety', Blätter weiß berandet; 'Emerald 'n' Gold', Laub mit breitem goldgelbem Rand.

Efeu
(Hedera helix)

⬆ 2– über 5 m ✿ 7–10 ◐–●

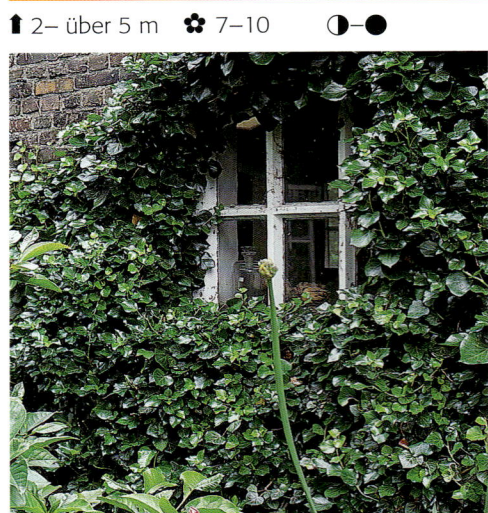

Robust und natürlich wirkend, sorgt der Efeu ganz von allein für ein grünes Kleid.
Wuchs: Selbstkletterer (klettert mit Haftwurzeln) mit stark verholzenden Trieben und 3- bis 5-lappigen, im Alter rautenförmigen, immergrünen Blättern.
Blüte: Kleine, grüngelbe, duftende Blüten in rundlichen Dolden, schwarze Beerenfrüchte. Erst die Altersform blüht.
Standort: Jeder nicht zu trockene Gartenboden.
Pflege: Keine Pflege nötig.
Tipps: Nicht in Risse an der Hauswand klettern lassen!

Sorten: Es gibt zahlreiche Sorten im Handel, wobei die weiß oder gelb gefleckten Formen weniger frosthart sind (im Winter abdecken bzw. absonnig pflanzen), u.a. 'Goldheart', Blätter in der Mitte mit großem weißgelbem Fleck.

Hopfen
(Humulus lupulus)

↕ 3–8 m ❀ 7–8 ○–◐

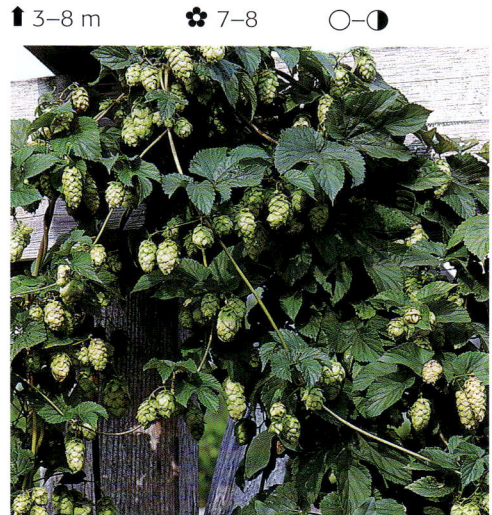

Schlingende Staude mit sehr dekorativem, stets sauber wirkendem Laub.
Wuchs: Stark wachsender Schlinger, dessen Triebe im Herbst absterben und im Frühjahr aus dem Wurzelstock neu austreiben. Charakteristische, handförmig gelappte Blätter.
Blüte: Männliche Pflanzen blühen unscheinbar, weibliche in rundlichen Trauben, die später kleine, zapfenartige, attraktive Früchte bilden.
Standort: Nährstoffreicher, lockerer Gartenboden.
Pflege: Die Triebe im Herbst oder Frühjahr bodennah zurückschneiden. Ausreichend wässern und düngen.
Tipps: Als Kletterhilfe sind gespannte Drähte, ein Rosenbogen oder Obelisk geeignet.

Sorten: 'Aureus' hat goldgelbe Blätter.

Kletter-Hortensie
(Hydrangea anomala subsp. *petiolaris)*

↕ 3–12 m ❀ 6–7 ◐–●

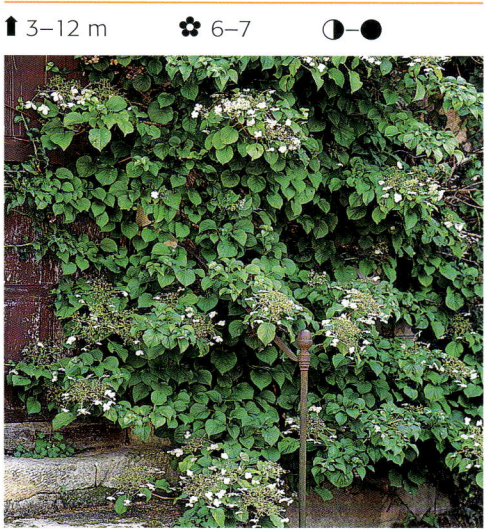

Pflegeleichter Kletterer mit malerischen Blütenschirmen.
Wuchs: Selbstkletterer mit Haftwurzeln, wächst auch schlingend oder (ohne Stütze) am Boden kriechend, am Anfang nur langsam, mit herz- bis eiförmigen, ledrigen Blättern.
Blüte: Sehr kleine Einzelblüten und ein Kranz steriler vergrößerter Randblüten bilden große, schirmförmige, weiße Dolden mit angenehmem Duft.
Standort: Nährstoffreiche, durchlässige, frische bis mäßig feuchte Böden in kühler, nicht direkt besonnter Lage.
Pflege: Braucht keine Pflege.
Tipps: Kann sowohl zur Begrünung älterer Bäume wie zur Verkleidung unschöner Wände verwendet werden, sogar als Bodendecker.

Wald-Geißblatt
(Lonicera periclymenum)

↑ 3–5 m　　✿ 5–7　　◯–◐

Wunderhübscher Schlinger mit betörendem abendlichem Blütenduft.
Wuchs: Wuchskräftige Schlingpflanze mit gegenständigen, elliptischen, tiefgrünen Blättern.
Blüte: Lippenblüten mit längerer Röhre, zweifarbig mit gelblicher oder rötlicher Krone und roter Röhre in Quirlen an den Triebenden. Duftet abends intensiv.
Standort: Jeder normale nährstoffreiche Gartenboden.
Pflege: Benötigt als Kletterhilfe ein Rankgerüst oder Drähte. Kann auch zurückgeschnitten werden.
Tipps: Am Sitzplatz sehr zu empfehlen.

Sorten: 'Serotina', reichblütiger und wuchsstärker als die Art.
Weitere Art: *L.* × *heckrottii*, Feuer-Geißblatt, wuchsstärker, mit zahlreichen karminroten, innen gelblichen, duftenden Blüten und breit elliptischen Blättern, 2–5 m, blüht 6–10.

Wilder Wein, Jungfernrebe
(Parthenocissus tricuspidata)

↑ 10–15 m　　✿ 6–7　　◯–◐

Weitverbreitete Hauswandbekleidung, die im Herbst mit äußerst attraktivem Farbspiel aufwartet.
Wuchs: Sehr wuchskräftiger Selbstkletterer mit Haftscheiben an Ranken und tief dreifach gelapptem Laub, frischgrün, mit orange- bis feuerroter Herbstfärbung.
Blüte: Unauffällige gelbgrüne Blütchen in doldenartigen Blütenständen.
Standort: Jeder normale Gartenboden.
Pflege: Braucht keine Pflege und kann jederzeit zurückgeschnitten werden. Regenrinnen und Fallrohre frei halten.
Tipps: Vor der Pflanzung Putz auf Risse überprüfen, bei Bedarf ausbessern.

Sorten: Im Handel ist fast ausschließlich die Sorte 'Veitchii' erhältlich.
Weitere Art: *P. quinquefolia*, mit 5-fach gefingerten Blättern, tiefrote Herbstfarbe, 10–15 m, blüht 7–8, danach blauschwarze Beeren.

Weinrebe
(Vitis vinifera)

↕ 3–0 m ✿ 6–7 ○

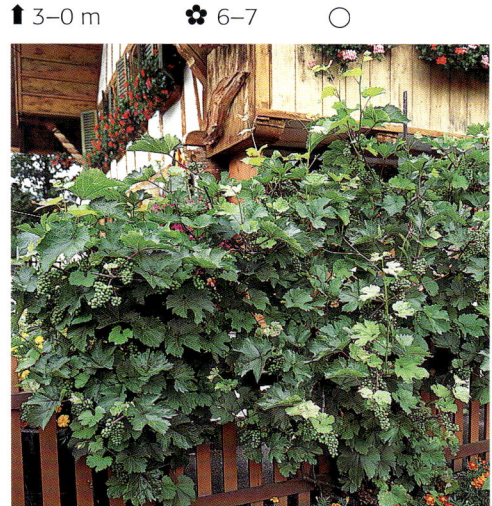

Wer kann der Verlockung eigener Trauben aus dem Garten widerstehen?
Wuchs: Mit Ranken stark kletterndes Gehölz mit handförmig gelapptem Laub und gelber bis roter Herbstfärbung.
Blüte: Unscheinbare, winzige, gelbliche Blüten in aufrechten Trauben, danach Beerenfrüchte.
Standort: Tiefgründiger, nährstoffreicher, lockerer Gartenboden an warmen, geschützten Plätzen.
Pflege: Boden vor dem Pflanzen tiefgründig lockern und verbessern. Braucht zum Klettern ein Spalier oder Rankgerüst. Seitentriebe sollen waagerecht gezogen werden, Früchte tragende Triebe im Folgewinter zurückschneiden.
Tipps: Besonders für Sitzplatz und Laube am Haus zu empfehlen.

Sorten: Im Handel sind verschiedenste Sorten erhältlich. Fragen Sie nach Lokalsorten, die in Ihrem Klima gut gedeihen und fruchten.

Glyzine, Japanischer Blauregen
(Wisteria floribunda)

↕ 3–8 m ✿ 5–6 ○–◐

Eine der attraktivsten Klettergehölze mit zauberhaften duftenden Blütenkaskaden.
Wuchs: Sehr wuchsstarker Schlinger mit im Alter dicken Trieben und gefiedertem Laub.
Blüte: Violett oder weiß, in langen (bis über 50 cm!) schlanken Trauben, erscheinen noch vor dem Laub.
Standort: Nährstoffreiche, durchlässige, frische bis mäßig feuchte Böden.
Pflege: Starke Drahtseile oder Stangen als Kletterhilfe. Im Sommer Seitentriebe auf 5 Augen, im Winter nochmals zurückschneiden.
Tipps: Keine Sämlingspflanzen kaufen, da diese deutlich später blühen. Unbedingt Regenrinnen und Fallrohre von den Schlingtrieben frei halten.

Sorten: 'Alba' blüht weiß.
Weitere Art: *W. sinensis*, ähnlich, aber mit kürzeren, breiteren Blütentrauben, noch wüchsiger, 3–10 m, blüht ebenfalls 5–6.

Rosen – Symbol der Liebe, die auch selbst geliebt werden wollen

Rosen und Menschen haben eines gemeinsam: nur mit Liebe können sie sich vollkommen entfalten. Beide haben auch eine lange Geschichte. Keine Angst, ich fange nicht bei Adam und Eva an, aber das eine oder andere hilft, Verhalten, Bedürfnisse und Pflege besser zu verstehen.

Seit den Griechen, Römern und Persern blühten Rosen nur **einmal im Jahr,** in zarten Tönen und mit herrlichem Duft. Sie waren völlig gesund. Ende des 18. Jahrhunderts gab es einen Wendepunkt in der Geschichte der Rosen: China-Rosen kamen in den Westen. Das Besondere an ihnen war: Sie blühten mehrmals im Jahr. Auch sie waren verhältnismäßig frei von Krankheiten. Erst durch das Kreuzen der alten europäischen Rosen mit den China-Rosen wurden die Rosen anfällig. Seit Mitte des 19. Jahrhunderts konzentrierte man sich auf die Entwicklung öfterblühender Sorten, mit kräftigeren Farben, größeren Blüten und Haltbarkeit als Schnittblumen. Für die alten Sorten bestand Gefahr, verdrängt zu werden. Heute wiederum gibt es eine Renaissance der Alten Rosen.

Die wichtigste Unterscheidung für den Gärtner ist, ob es sich um öfterblühende Rosen handelt oder um einmalblühende. In einem kleinen Garten ist man geneigt, sich möglichst viele öfterblühende Rosen zuzulegen. Warum eigentlich? Auch ein Flieder blüht nur einmal, ebenso Schneeglöckchen, Tulpen, Pfingstrosen usw. Nur von einer Rose erwartet man, dass sie ewig blüht. Karl Foerster, der bekannte Staudengärtner, sagte: »Auch ein Konzert dauert nicht ewig.« Durch die angezüchtete Perfektion ging viel vom Charme verloren. Und von der Gesundheit. Einmalblühende Rosen sind winterhärter und weniger anfällig für Krankheiten. Kein Wunder: Sie sind nicht dem Stress des »Ständigblühen-Müssens« ausgesetzt. Rosen sind in Kombination mit anderen Pflanzen, wie Lavendel, Falschem Jasmin, Rittersporn usw., weit weniger anfällig für Pilzkrankheiten als in Rosenbeeten. Sie lieben die Sonne, einen freien, luftigen Standort und nährstoffreichen Boden.

☀ Ein Garten mit solch üppigen Strauchrosen muss kein unerfüllter Traum bleiben.

Rosen sind Gehölze, und eigentlich als solche einfach schön. Verwirrend ist allerdings, dass es so viele Gruppen gibt.

- **Alte Rosen** blühen in der Regel einmal im Jahr, haben dicht gefüllte, nostalgisch wirkende Blüten, zarte Farben und einen unvergleichlichen Duft. Ob Alba-Rosen mit gesundem Laub ('Königin von Dänemark'), Damaszener-Rosen mit herrlichem Duft ('Mme Hardy') oder Gallica-Rosen mit intensiven Farben ('Charles de Mills') – alle harmonieren in ihren Farben miteinander. Sie sind widerstandsfähig gegen Krankheiten und brauchen nicht mehr Schnitt als andere »Nicht-Rosen-Sträucher« (tote Triebe entfernen, lange Triebe nach der Blüte um ein Drittel kürzen). Alte Rosen sind auch ohne Blüten als Strauch schön.

- **Englische Rosen** verdanken wir dem englischen Züchter David Austin. Ihm ist es gelungen, den Charme und Duft der Alten Rosen mit dem Öfterblühen der modernen Rosen zu vereinen.

- Als **Strauchrosen** bezeichnet man alle hoch und buschig wachsenden Rosen, ob einmal- oder öfterblühend. **Öfterblühende Strauchrosen** blühen wiederholt bis in den Spätherbst hinein. Ihr Wuchs ist unterschiedlich. Bei den Farben bleibt kaum ein Wunsch offen. Eine der bekanntesten ist 'Schneewittchen'. Ob einzeln, in Rabatten oder auf Hochstamm als Kaskadenrose sind sie sehr vielseitig. Niedrige Strauchrosen, die eher breit als hoch wachsen, z. B. 80 cm hoch und 2 m breit, werden als **Bodendeckerrosen** bezeichnet. Sie blühen ebenfalls öfter, lassen an Böschungen kein Unkraut hochkommen ('Larissa'). Die Bezeichnung »Bodendeckerrosen« war von Anfang an umstritten, da keine Rose wirklich als Bodendecker bezeichnet werden kann. In der Gruppe der **Kleinstrauchrosen** werden die Bodendeckerrosen und andere niedrig bleibende Strauchrosen zusammengefasst.

- **Beetrosen** sind buschig wachsende Rosen, die in größeren Gruppen gepflanzt werden und öfter blühen. **Edelrosen** haben elegante Knospen und große, perfekte, meist einzelne Blüten an langen Stielen. Sie wirken am besten aus der Nähe ('Charisma'). **Floribunda-Rosen** blühen in Büscheln. Sie haben meist locker gefüllte Blüten ('Black Forest Rose') und wirken gut aus der Ferne.

- **Kletterrosen** schicken lange Triebe in die Höhe. Ihre Stacheln helfen, sich festzuhalten. Kletterrosen haben wenige starke, straffe Triebe. Je nach Sorte blühen sie einmal oder öfter, die Blüten stehen einzeln oder in Büscheln in vielen Farben, oft Rot ('Florentina'). Sie bevorzugen Südwest-Wände und Mauern mit Kletterhilfen sowie Spaliere, Obelisken und Bögen.

- **Ramblerrosen** sind auch Kletterrosen, haben aber weiche, lange Triebe und brauchen nur eine Starthilfe, um in Bäume zu klettern. Sie haben kleinere Blüten in üppigen Büscheln, oft weiß und duftend. Sie blühen in der Regel nur einmal – aber verschwenderisch. Sie eignen sich auch für Mauern und Böschungen und auf Stamm als Trauerrose.

Beetrosen und Edelrosen

Edel- und Beetrosen haben in den letzten hundert Jahren fast ausschließlich das Bild von Rosen in unseren Gärten geprägt. Sie werden je nach Sorte und Standort etwa 50 bis 80 cm hoch und blühen öfter im Jahr – viele Sorten vom Frühsommer bis zum ersten Frost. Für formale, flächige Pflanzungen (klassische Rosenbeete) sind sie prädestiniert.

Edelrosen zeichnen sich durch einen eher aufrechten Wuchs aus, die Blüten sitzen einzeln oder zu wenigen an langen, eleganten Stielen und halten sich auch in der Vase gut.

Beetrosen umfassen sowohl Floribunda- wie auch die Polyantha-Rosen. Ihre Blüten stehen in Dolden oder Büscheln und sind kurz gestielt. Der Wuchs ist meist etwas buschiger als bei Edelrosen. Die Übergänge sind jedoch fließend. Edel- und Beetrosen werden im Frühjahr kräftig zurückgeschnitten und brauchen regelmäßig Dünger, damit sie genug Kraft für die Bildung der vielen Blüten haben. Moderne Sorten sind kaum anfällig für Sternrußtau und Mehltau. Sie müssen daher nicht gespritzt werden.

Name	'Bonica '82'	'Black Forest Rose'	'Focus'	'Mirato'	'Mary Ann'	'Westzeit'
Züchter	Meilland (1982)	Kordes (2010)	Noack (1997)	Tantau (1990)	Tantau (2012)	Noack (2004)
Gruppe	öfterblühende Beetrose	öfterblühende Beetrose	öfterblühende Edelrose	öfterblühende Beetrose	öfterblühende Edelrose	öfterblühende Beetrose
Höhe	50–80 cm	60–70 cm	60–80 cm	40–60 cm	70–90 cm	60–70 cm
Blüte	Mittelgroß, zart bis kräftig rosa, halb gefüllt bis gefüllt, ohne Duft.	Mittelgroß, rot, halbgefüllt, in reichen Dolden, sich nie ganz öffnend.	Groß, edelrosenartig, lachsrosa, gefüllt, an langen Stielen.	Mittelgroß, leuchtend pinkrosa, halb gefüllt, in reichblütigen Büscheln. Ohne Duft.	Groß, nostalgisch, dunkelorange bis apricot, geviertelt. Fruchtiger Duft nach Pfirsich.	Groß, orange, apricot bis rosa, halbgefüllt, leicht duftend.
Wuchs	Breitbuschig mit gesundem, kräftig grünem, robustem Laub.	Breitbuschig mit gesundem, kräftig grünem, sehr robustem Laub.	Breitbuschig mit für eine Edelrose außergewöhnlich robustem Laub.	Breitbuschig mit dunkelgrünem, ledrigem, sehr robustem Laub.	Kompakt und schön buschig mit dunkelgrünem Laub.	Aufrecht buschig mit sehr gesundem, dunkelgrünem Laub.
Tipps	Sehr gesunde und regenfeste, pflegeleichte Sorte, die sich vielseitig verwenden lässt. Weltrose 2003.	Hervorragend für flächige Pflanzungen, gesunder Dauerblüher. ADR-Rose 2010*.	Sehr gesunde und regenfeste Edelrose mit großen Blüten, für den Vasenschnitt.	Unglaublich zäher Dauerblüher, der bis zum Frost Blüten ansetzt. Auch als Bodendecker verwendbar. ADR-Rose 1993.	Die ungewöhnliche Blütenfarbe und nostalgische Blütenform machen diese Rose zu etwas ganz Besonderem.	Außergewöhnliche Blütenfarbe, gute Regenfestigkeit und lange Nachblüte bis in den Herbst zeichnen diese Sorte aus. ADR-Rose 2007

* ADR-Rose = besonders robuste Sorte, hat die **A**llgemeine **D**eutsche **R**osenneuheitenprüfung im angegebenen Jahr bestanden.

Alte Rosen und Englische Rosen

Die Vorgänger der Beet- und Edelrosen waren einmalblühende Strauchrosen in Weiß, Rosa und Purpur, mit einem unvergleichlichen, nostalgischen Charme und herrlichem Duft. Es sind ideale Solitärpflanzen, die kuppelförmig bis elegant überhängend wachsen und etwa 1,20 bis 1,80 m hoch werden. Ihr schönes, meist sehr gesundes Laub und ihre gute Winterhärte im Vergleich zu manchen öfterblühenden Rosen sind ein weiterer Pluspunkt.

Alle Rosen, die vor 1867 gezüchtet oder eingeführt wurden, werden heute als **Alte** oder **Historische Rosen** bezeichnet. Fast vergessen und erst in den letzten 50 Jahren wiederentdeckt, erleben sie heute eine Renaissance. Allein des wunderbaren Duftes wegen wäre es schön, wenn in jedem Garten wenigstens eine Historische Rose stehen könnte.

Englische Rosen sind eine Kreation des britischen Rosenzüchters David Austin, der den Charme Historischer Rosen mit dem Öfterblühen moderner Strauchrosen kombinierte. Viele Sorten haben einen betörenden Duft.

Name	'Charles de Mills'	'Jaques Cartier'	'Königin von Dänemark'	'Lady Emma Hamilton'	'Louise Odier'	'Madame Hardy'
Züchter	unbekannt	Moreau-Robert (1868)	Booth (1816)	Austin (2005)	Margottin (1851)	Hardy (1832)
Gruppe	einmalblühende Alte Strauchrose	nachblühende Alte Strauchrose	einmalblühende Alte Strauchrose	öfterblühende Englische Rose	öfterblühende Alte Strauchrose	einmalblühende Alte Strauchrose
Höhe	100–150 cm	100–150 cm	100–150 cm	90–130 cm	150–180 cm	120–180 cm
Blüte	Groß, karminrot bis purpurrot, dicht gefüllt und geviertelt, mit starkem süßlichem Duft	Mittelgroß, leuchtend rosa, stark gefüllt, geviertelt. Sehr starker Duft.	Groß, rosa, zum Rand hin heller, mit rötlichen Knospen, dicht gefüllt, mit fruchtigem Duft.	Groß, innen apricot, nach außen gelblicher werdend, dicht gefüllt. Guter Duft.	Mittelgroß, kräftig lilarosa, dicht gefüllt und geviertelt, mit sehr starkem Duft.	Groß, reinweiß mit grünem Auge in der Mitte, dicht gefüllt, zitronenartig duftend.
Wuchs	Rundlich, wenig bestachelt, leicht überhängend, mit hellgrünem Laub.	Buschig mit überhängenden Trieben und robustem Laub.	Locker buschig, überhängende, stark bestachelte Triebe, graugrünes Laub.	Aufrecht buschig, mit für eine Englische Rose sehr gesundem Laub.	Aufrecht mit leicht überhängenden Trieben, hellgrünes, robustes Laub.	Kräftige, dichte Büsche mit bestachelten Trieben und hellgrünem Laub.
Tipps	Eine Sorte aus der Gruppe der Gallica-Rosen – ein Klassiker unter den Alten Rosen.	Eine der besten Alten Rosen, mit gesundem Laub und Blüte oft bis zum ersten Frost.	Eine pflegeleichte Blütenschönheit aus der Gruppe der Alba-Rosen.	Eine robuste Rose mit fruchtig nach Birne, Traube und Zitrus duftenden Blüten.	Wohl die Alte Rose mit der perfektesten Blütenform. Schön auch als Schnittrose.	Eine der schönsten weißen Rosen – voller Charme und Charakter und dennoch pflegeleicht.

Öfterblühende Strauchrosen und Bodendeckerrosen

Strauchrosen zeigen die ursprüngliche Wuchsform der Wildrosen. Sie lassen sich als Solitärpflanzen und in gemischten Rabatten zusammen mit Stauden, Gräsern und anderen Ziersträuchern verwenden. Sie werden 1 bis 1,80 m hoch, ihre Farbpalette ist sehr groß. Die Pflege ist einfach, im Frühjahr werden die Triebe leicht eingekürzt und alle paar Jahre vergreiste Triebe ganz entfernt.

Flach wachsende Strauchrosen werden als **Bodendeckerrosen** oder **Kleinstrauchrosen** bezeichnet. Sie bieten eine unglaubliche Vielfalt an Wuchsformen und Farben, sind pflegeleicht, meist öfterblühend und werden ca. 50 bis 90 cm hoch, selten weniger. Fast alle Sorten sind wenig bis kaum anfällig für den gefürchteten Sternrußtau. Das macht sie zu unkomplizierten Dauerblühern im Garten, die vom Frühsommer bis zum ersten Frost mit ihren Blüten erfreuen. Sie werden wie Strauchrosen geschnitten oder alle paar Jahre mit der Heckenschere auf 20 bis 30 cm Höhe eingekürzt.

Name	'Angela'	'Gärtnerfreude'	'Goldspatz'	'Heidetraum'	'Sirius'	'The Fairy'
Züchter	Kordes (1984)	Kordes (1999)	Kordes (2011)	Noack (1988)	Tantau (2013)	Bentall (1932)
Gruppe	öfterblühende Strauchrose	öfterblühende Bodendeckerrose	öfterblühende Strauchrose	öfterblühende Bodendeckerrose	öfterblühende Beetrose	öfterblühende Bodendeckerrose
Höhe	100–150 cm	40–50 cm	100–150 cm	60–80 cm	50–80 cm	40–60 cm
Blüte	Mittelgroß, kräftig rosa, halbgefüllt, in dichten Büscheln, schwach duftend.	Klein, in dichten Dolden, stark gefüllt, himbeerrot, etwas später blühend.	Groß, halbgefüllt, hellgelb mit auffälligen Staubgefäßen.	Kleine, leuchtend karminrosa, halbgefüllte Blüten mit leichtem Duft, in dichten Büscheln.	Mittelgroß, cremeweiß bis zartapricotfarben, halbgefüllt, in dichten Büscheln.	Klein, zartrosa, dicht gefüllt, in reich blühenden Büscheln, ohne Duft.
Wuchs	Aufrechte, breiter als hohe Büsche mit gesundem Laub.	Breit buschig mit sehr gesundem Laub.	Buschig mit bogig überhängenden Trieben und sehr robustem Laub.	Niedrige, aufrechte, reich verzweigte Büsche, glänzend dunkelgrünes Laub.	Kompakt buschig wachsende, niedrige Strauchrose mit sehr gesundem Laub.	Breite Büsche mit teils überhängenden Trieben, glänzend dunkelgrünes Laub.
Tipps	Diese relativ niedrige, lange blühende Sorte lässt sich gut in Staudenbeete integrieren.	Überaus robuster und blühwilliger Bodendecker mit sehr regenfesten Blüten. ADR-Rose 2001	Wenn die Blüten nicht entfernt werden, bilden sich schöne orangerote Hagebutten.	Überaus robuster und blühwilliger Bodendecker, der auch als Stammrose und im Kübel begeistert. ADR-Rose 1990.	Reichblühende Strauchrose, ideal für Flächenpflanzungen. ADR-Rose 2013.	Dieser Klassiker blüht fast pausenlos den ganzen Sommer lang. Schön auch als Stamm- und Kübelrose.

Kletterrosen und Ramblerrosen

Kletterrosen oder **Climber** sind erst in den letzten hundert Jahren entstanden und eine echte Bereicherung des Rosensortiments. Sie werden in der Regel 2 bis 3 m hoch und blühen, wenn sie richtig geschnitten werden, ausgesprochen üppig und vor allem mehrmals im Jahr. Viele Kletterrosen lassen sich auch wie hohe Strauchrosen ziehen, müssen dann aber durch entsprechenden Schnitt in Zaum gehalten werden. Achten Sie bei der Auswahl auf moderne Sorten mit guter Blattgesundheit, denn viele ältere Formen sind anfällig für Sternrußtau und haben oft schon im Sommer kahle Triebe, was nicht besonders attraktiv ist.

Ramblerrosen klettern auch, haben aber einen ganz anderen Wuchs. Der Name kommt vom englischen »ramble« – »wuchern«, was ihre Wuchskraft treffend beschreibt. Sie haben biegsame Triebe, wachsen oft 5 m oder höher und erklimmen mit Leichtigkeit Bäume, Fassaden oder ganze Gebäude. Sie sind faszinierend und sehr pflegeleicht. Diese Gruppe braucht wenig Platz am Boden und nur eine Kletterhilfe.

Name	'Aloha'	'Bobbie James'	'Golden Gate'	'Florentina'	'Guirlande d'Amour'	'Laguna'
Züchter	Kordes (2003)	Sunningdale Nurseries (1961)	Kordes (2005)	Kordes (2011)	Lens (1993)	Kordes (2004)
Gruppe	öfterblühende Kletterrose	einmalblühende Ramblerrose	öfterblühende Kletterrose	öfterblühende Kletterrose	öfterblühende Ramblerrose	öfterblühende Kletterrose
Höhe	2–3 m	3–5 m	2–4 m	2–2,5 m	2–4 m	2–3 m
Blüte	Groß mit rosaroten Knospen, Apricot im Aufblühen, stark gefüllt, fruchtig duftend.	Klein, cremeweiß, ungefüllt, in sehr dichten, reich blühenden Büscheln, stark duftend.	Groß, goldgelb, halbgefüllt, duftend, in üppigen Büscheln.	Groß, mittelrot, stark gefüllt, nostalgische Form, in lockeren Büscheln.	Klein, reinweiß, gefüllt, in Büscheln, mit gutem Duft.	Groß, kräftig rosa bis pink, stark gefüllt, in Dolden. Intensiver Duft.
Wuchs	Starkwüchsig mit langen Trieben und glänzend grünem, gesundem Laub.	Wuchsstark mit langen, kletternden Trieben und glänzend dunkelgrünem Laub.	Wuchsstark mit langen, kräftigen Trieben und mittelgrünem, robustem Laub	Aufrecht kletternd mit guter Verzweigung, Laub gesund und wenig anfällig.	Buschiger Rambler mit bogigen Trieben und sehr gesundem Laub.	Aufrecht und sehr wüchsig mit sehr gesunder Belaubung.
Tipps	Gesunde und wüchsige Kletterrose mit nostalgischen Blüten und ungewöhnlicher Blütenfarbe.	Herrlicher, üppig blühender Kletterer zur Verschönerung von Hausfassaden, Pergolen, Lauben oder alten Bäumen.	Sehr wüchsige, gesunde und winterharte Kletterrose mit exotisch wirkenden, gelben Blüten. ADR-Rose 2006	Nicht zu wüchsige Kletterrose mit nostalgischen Blüten, die auch für kleine Gärten geeignet ist. Blüten sehr regenfest.	Vielfach ausgezeichneter Rambler, der auch als Strauchrose gezogen werden kann. Attraktiver Hagebuttenschmuck.	Vielseitige Kletttrose mit stark duftenden, nostalgisch wirkenden Blüten. ADR-Rose 2007

Stauden sind wie Stehaufmännchen – jedes Jahr erneut zur Stelle

Stauden sind Pflanzen, die mindestens drei Jahre leben – aber nicht jede Pflanze, die älter als drei Jahre wird, ist eine Staude. Sie verholzen nicht, sondern bleiben krautig, also weich. Die typische Staude stirbt jeden Winter bis zum Boden ab. Ihre Wurzeln überleben kalte Winter. Die Knospen, die eine Staude schon für das nächste Jahr gebildet hat (Überwinterungsknospen), liegen nur knapp unter der Erdoberfläche, oft sogar sichtbar. Deshalb dürfen z. B. Pfingstrosen, Rittersporn oder Phlox nicht zu tief gepflanzt werden. Sie würden nicht blühen. Da Sie die Stauden fast ausschließlich in Töpfen kaufen werden, pflanzen Sie sie in der gleichen Höhe, wie sie im Topf stehen.

Sommerblumen haben ein sehr begrenztes Lebensalter, höchstens zwei Jahre. Stauden dagegen kommen und gehen und kommen und gehen … Dabei werden sie größer und schöner. Das möchten sie jedenfalls. Oft hängt es vom

☀ Eine sommerliche Staudenrabatte – harmonisch in den Farben, abwechslungsreich in Höhe, Laub und Wuchsform.

jeweiligen Klima ab, ob eine krautige Pflanze mehrjährig ist oder nicht. So kann der Fingerhut in dem einen Garten nur zweijährig sein. Er bildet im ersten Jahr eine Blattrosette, die überwintert, im zweiten Jahr blüht er und stirbt ab. In sehr mildem Klima kann er durchaus älter werden. Indem er sich aber fleißig aussät, ist er immer da. Was Staude ist und was nicht, ist oft schwer abzugrenzen. Der Lavendel z. B. ist so ein »Zwischending«. Halb Staude, halb Strauch – ein Halbstrauch. Seine unteren Teile verholzen, die oberen bleiben weich und sterben im Winter ab.

Vorteil: Stauden sind dankbare Geschöpfe. Sie kehren zuverlässig jedes Jahr wieder und werden von Jahr zu Jahr schöner. Manche können 20–25 Jahre alt werden (Pfingstrosen). Viele sind sehr »beweglich«. Gefällt es ihnen an einer Stelle nicht, lassen sie sich im ersten Jahr ganz leicht versetzen oder auch verschenken.

Nachteil: Außerhalb der Saison ist nichts zu sehen als nackte Erde. Ein reines Staudenbeet ist ein reiner Sommergenuss. Es ist fast eine Kunst, es so zu gestalten, dass es gut wirkt. Um es dann zu erhalten, ist ständiges Stützen, Schneiden, Teilen, Versetzen und Düngen erforderlich. Alles andere als einfach. Mit ein paar Tipps geht es aber auch leichter.

Als Regenbogen – so bunt, so schillernd auf- und absteigend – könnte man sich die Vielfalt

☀ Ein harmonisches Zusammenspiel: Hoher Rittersporn, Glockenblumen und Zier-Lauch werden von den Blütenwolken des Frauenmantels schön eingefasst.

der Stauden vorstellen. Und mit ihnen spielen. Zwischen und unter Bäumen und Sträuchern – mit Zwiebelblumen, die schon blühen, bevor die Stauden sich aufraffen – lassen sich herrliche Bilder »malen«. Solch eine **gemischte Rabatte** löst auch das alte Problem des »Umfallens«. Hohe Stauden, wie Rittersporn, brauchen etwas zum Stützen, Anlehnen oder Hindurchwachsen. Das Wichtigste ist natürlich die Blüte. Doch was kommt danach? Immergrünes Laub (Christrose), dekorative Fruchtstände (Prachtspiere) und schönes Laub (Hosta) – achten Sie auf die Pflanze als Ganzes. Ein Tränendes Herz verschwindet schon im Hochsommer, eine Herbst-Anemone daneben füllt die Lücke. So werden kahle Stellen vermieden, die **Blühsaison** verlängert, und die Arbeit wird erleichtert.

- **Frühling**: Noch ist man nicht so verwöhnt. Von den meisten Stauden ist noch nichts zu sehen. Grün ist die Hauptfarbe. Die ersten Blüten werden freudig begrüßt. **Christrosen,** auf sie möchte ich nicht verzichten. Nicht nur, dass sie die bösen Geister vom Haus fernhalten sollen, sie sind die Vorboten des Frühlings. Mit langer Blütezeit, immergrün und absolut easy. **Tränendes Herz,** es kommt mit rasantem Tempo aus der Erde. Die herzförmigen Blüten in Rosa oder Weiß sind ganz entzückend. Selbst der rötliche Austrieb der **Pfingstrosen** ist faszinierend.
  In dieser Zeit stecke ich Weidenruten bogenförmig darüber. Eine natürliche Stütze, durch die die Pflanzen dann wachsen. Später zu stäben ist mühselig. Die Ruten einige Jahre. Passen Sie nur auf, dass die Weiden nicht zu wachsen anfangen.

- **Hochsommer**: Der Höhepunkt eines Staudenbeets. Selbst die »Späten« haben als Austrieb ihren zugewiesenen Platz eingenommen. So viele Blüten, so viele Farben. Vorsicht. Es wird leicht ein »Zuviel«. Die Farben sollten harmonieren. Orange und Rosa sieht nicht gut zusammen aus. Sie erleichtern sich die Gestaltung, indem Sie weniger Farben nehmen, dafür mehr Blütenformen. Viele ähnliche Formen, wie Sonnenauge, Sonnenbraut und Astern, wirken hingegen nicht abwechslungsreich. Achten Sie aber neben der Blütenfarbe auch auf das Laub. Zu ähnliche Laubformen erscheinen wenig anregend, während unterschiedliche jede Rabatte lebendiger wirken lassen.

- **Spätsommer/Herbst**: Jetzt ändert sich die Stimmung im Garten. Die Farben werden wärmer. Rostrot, Kupfer und Bronze ergänzen die Herbstfärbung des Laubs. **Astern**, **Herbst-Anemonen** und **Sedum** gehören ins Bild. Bei diesen »Späten« ist es schön, wenn die Pflanze auch vor der Blüte attraktiv aussieht.

Wenn die Saison zu Ende geht, stellt sich die Frage, was abgeschnitten wird und was nicht. Weiches Laub überlebt den ersten Frost nicht. Es fällt in sich zusammen. Die Frage hat sich erledigt. Aber alles, was einigermaßen dekorativ aussieht, rotbraun und fest ist, kann bis zum Frühling stehen bleiben. Viele Vögel werden es Ihnen danken, denn die verbliebenen Fruchtstände sorgen für Abwechslung beim Futter. Außerdem überwintern zahlreiche Insekten in den meist hohlen Stängeln, die im nächsten Gartenjahr wieder für ganz natürliche Schädlingsbekämpfung sorgen werden.

Gold-Garbe
(Achillea filipendulina)

↕ 70–120 cm ✿ 6–9 ○

Bekannter und beliebter Langzeitblüher für bunte Staudenrabatten.
Wuchs: Aufrecht, horstartig, mit fein gefiedertem graugrünem Laub.
Blüte: Schirmförmige Teller aus vielen kleinen gelben Körbchenblüten auf aufrechten Stielen.
Standort: Normaler Boden in sonniger Lage, eher trockener als zu feucht.
Pflege: Verblühte Blütenstände abschneiden, das verlängert die Blütezeit. Rückschnitt bis zum Boden erst im Winter. Mäßig düngen.
Tipps: Haltbare Schnittblume, lässt sich gut mit blau blühenden Arten wie Kugeldistel, Rittersporn oder Sommer-Salbei sowie Gräsern kombinieren.

Sorten: 'Coronation Gold', gelb, graulaubig; 80 cm; 'Parker's Variety', gelb, 100–120 cm.
Weitere Art: Schaf-Garbe *(A. millefolium)*, 50–80 cm, blüht 6–8, zarter, duftiger, in Rosa- und Rottönen.

Frauenmantel
(Alchemilla mollis)

↕ 30–40 cm ✿ 6–7 ○–◐

Robuste Staude mit attraktivem Laub und duftigem Blütenschleier.
Wuchs: Horstartig, insgesamt wie eine Halbkugel, mit großen, rundlichen, gelappten Blättern in stumpfem Grün, wunderschön am Morgen mit perlenartigen Tropfen aus Drüsen an den Rändern.
Blüte: Dichte grüngelbe Schleier aus sehr kleinen Blütchen in kugeligen Rispen.
Standort: Frische bis feuchte, nährstoffreiche Böden.
Pflege: Schneidet man die Blütenstände nach dem Verblühen zurück, treiben neue Blätter und die Horste bleiben schön kompakt.
Tipps: Sehr vielseitig verwend- und kombinierbar, eignet sich sowohl für das Staudenbeet als ruhiger Blattschmuck als auch für den Teichrand.

↕ Wuchshöhe in cm ✿ Blütezeit in Monaten Standort: ○ sonnig ◐ halbschattig ● schattig

Herbst-Anemone
(*Anemone-Japonica*-Hybriden)

↕ 60–120 cm ✿ 8–10 ◐

Wunderschöner langlebiger Herbstblüher für Staudenbeet und Gehölzrand.
Wuchs: Aufrecht mit stark verzweigten Stängeln, wächst durch Ausläufer in die Breite, große, dreilappige Blätter.
Blüte: Etwa 6 cm große Blütenschalen in Rosa oder Weiß.
Standort: Nährstoffreiche, humose, nicht zu trockene Böden.
Pflege: In Trockenperioden wässern, organisch düngen, in rauen Lagen vor allem Jungpflanzen im Winter mit Laubdecke schützen.
Tipps: Wirkt sehr schön zusammen mit hohen Gräsern.

Sorten: 'Honorine Jobert', weiß, 80 cm; 'Rosenschale', dunkelrosa, großblütig, 80 cm. Die Sorten werden im Handel teils als *A. japonica,* teils als *A.*-Hybriden geführt.

Akelei
(*Aquilegia vulgaris, A.*-Hybriden)

↕ 40–80 cm ✿ 5–6 ◐

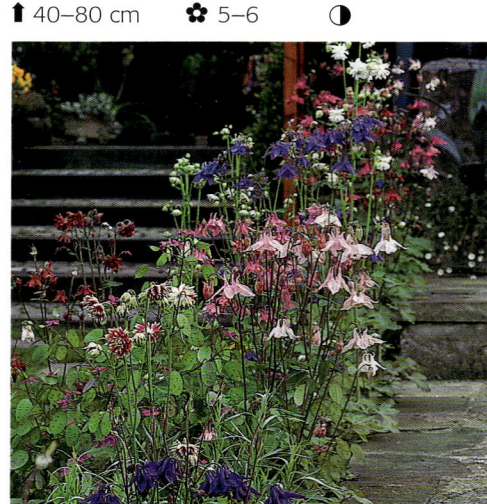

Hübsche, anspruchslose Pflanzen mit duftigen Blüten, die sich leicht versamen.
Wuchs: Aufrecht, in lockeren Horsten, mit dreiteiligen, rundlichen Blättern.
Blüte: Auffällige Blüten mit langem Sporn in reichblütigen Trauben über dem Laub. Bei der Art Blauviolett, Rosa oder Weiß, bei den Hybriden auch zweifarbig.
Standort: Am halbschattigen Gehölzrand oder im Beet, auf normalem bis leicht feuchtem Gartenboden.
Pflege: Die Pflanzen sind kurzlebig, verbreiten sich aber durch Selbstaussaat. Vorsicht, giftig!
Tipps: Passt wunderbar im Naturgarten zum Verwildern. Im Beet wegen des frühen Einziehens eher in den Hintergrund pflanzen.

Sorten: 'McKana-Hybriden', eine Mischung großblütiger Sorten mit langem Sporn in bunten Farben.

Kissen-Aster
(Aster-Dumosus-Hybriden)

⬆ 20–40 cm   ✿ 9–10   ○

Üppige herbstliche Blütenkissen in satten bunten Farben, am besten im Beetvordergrund.
Wuchs: Kompakt und kissen- bis teppichförmig mit kleinen lanzettlichen Blättern, breitet sich kriechend aus.
Blüte: Sternförmige Körbchenblüten mit gelbbrauner Mitte und zarten Blütenstrahlen in Violett, Rot, Rosa oder Weiß.
Standort: Nährstoffreiche, frische bis feuchte Böden in sonniger Lage.
Pflege: Wie viele Astern sind bei Trockenheit etwas anfällig gegen Mehltau, daher ausreichend wässern. Organisch düngen, nach der Blüte zurückschneiden.
Tipps: Schön mit Herbst-Astern und Gräsern.

Sorten: Große Sortenpalette; zu empfehlen sind u. a. 'Prof. Anton Kippenberg', blauviolett, 40 cm; 'Kassel', karminrot, 40 cm; 'Heinz Richard', rosa, 30 cm; 'Kristina', weiß, 30 cm.

Herbst-Aster, Glattblatt-Aster
(Aster novi-belgii)

⬆ 80–140 cm   ✿ 9–10   ○

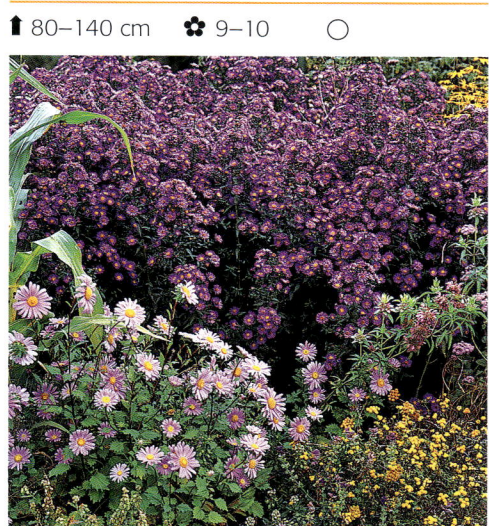

Dieser reiche Herbstblüher bringt Staudenbeete zum Aufleuchten.
Wuchs: Aufrechte Horste, kriecht durch kurze Ausläufer, lanzettliches Laub.
Blüte: Körbchenblüten in dichten kuppelförmigen Rispen, ihre Farben reichen von Violett über Rot und Rosa bis Weiß.
Standort: Humose, nährstoffreiche, frische bis feuchte Gartenböden. Trockene, sandige Böden meiden!
Pflege: Bei Trockenheit wässern (Vorbeugung gegen Mehltau), ausgewogen düngen. Bei Standschwäche (abhängig vom Boden) die Pflanzen stäben.
Tipps: Gute Schnittstaude. Gute Partner sind Sonnenaugen und Sonnenblumen, Kissen-Astern, hohe Gräser.

Sorten: Viele Sorten, darunter 'Dauerblau', blau, 120 cm; 'Schöne von Dietlikon', violettblau, 120 cm.

Astilbe, Prachtspiere
(*Astilbe*-Hybriden)

↕ 40–120 cm ✿ 6–9 ◐

Astilben sind unentbehrliche Blüher im Halbschatten vor Gehölzen, den sie mit ihren duftigen Blüten beleben.
Wuchs: Aufrechte, horstartige Büsche mit gefiedertem, gezähntem Laub.
Blüte: Fedrige aufrechte bis überhängende Rispen aus winzigen Blüten, in Weiß, Rosa, Rot oder Violett.
Standort: Nährstoffreiche, humose, frische bis feuchte Böden.
Pflege: Ausreichend wässern und organisch düngen. Triebe im Frühjahr zurückschneiden.
Tipps: Die Sorten unterscheiden sich in Blütezeit und Wuchs. Schön mit Farnen und Gräsern.

Sorten: *A.*-Japonica-Hybriden: früh blühend, 40–60 cm; *A.*-Arendsii-Hybriden: wichtigste Gruppe (»Garten-Astilben«), 60–120 cm, blüht 7–9;
Weitere Art: *A. chinensis* var. *pumila*, beliebter Bodendecker, rosa, nur 20–30 cm.

Riesen-Glockenblume
(*Campanula lactiflora*)

↕ 80–120 cm ✿ 6–8 ○–◐

Imposante, reich blühende Erscheinung auf Staudenrabatten und am Gehölzrand.
Wuchs: Große Horste mit übergeneigten Trieben, Blätter eiförmig zugespitzt.
Blüte: Unzählige sternförmige breitglockige Blüten in dichten Rispen, in Zartviolett, Rosa oder Weiß.
Standort: Frische bis feuchte, nährstoffreiche, humose Böden.
Pflege: Bei Bedarf stützen. Nach der Blüte im Herbst zurückschneiden.
Tipps: Wirkt sehr schön mit Astilben, Storchschnabel, Hosta und Gräsern.

Weitere Arten: *C. persicifolia,* die Pfirsichblättrige Glockenblume, große Glockenblüten in Violett oder Weiß ('Grandiflora Alba'), blüht 6–7, 60–80 cm, sonnig bis halbschattig. Hängepolster-Glockenblume, (*C. poscharskyana*) reich und sommerlang blühend, pflegeleicht, wächst kriechend mit langen Trieben, für sonnige bis halbschattige Mauerritzen, Beetränder und Fugen, blüht 6–9, 10–20 cm.

Rittersporn
(*Delphinium*-Hybriden)

↕ 80–200 cm   ✿ 6–8/9–10   ○

Die eindrucksvollen Blautöne dürfen in keiner Rabatte fehlen.
Wuchs: Straff aufrechte, große Horste mit handförmig zerteilten Blättern.
Blüte: Sehr dichte, aufrechte Blütenkerzen über dem Laub, in Blau, Violett, auch Rosa und Weiß, oft mit »Auge«.
Standort: Nährstoffreicher, guter Gartenboden.
Pflege: Den Austrieb vor Schneckenfraß schützen! Gut wässern und düngen. Nach der Blüte bis fast zum Boden zurückschneiden, dann erhält man eine Zweitblüte. Hohe Sorten stützen.
Tipps: Klassischer Rosen-Begleiter, außerdem schön mit gelb oder weiß blühenden Stauden.

Sorten: Belladonna-Hybriden: 80–120 cm, grazil und weniger dichtblütig, z. B. 'Piccolo', azurblau, 80 cm. Elatum-Hybriden: 120–200 cm, dichtblütg, z. B. 'Lanzenträger', enzianblau mit weißem Auge, 200 cm. Pacific-Hybriden: groß- und dichtblütig, 150–180 cm, etwas kurzlebig.

Tränendes Herz
(*Dicentra spectabilis*)

↕ 60–80 cm   ✿ 5–6   ◐–○

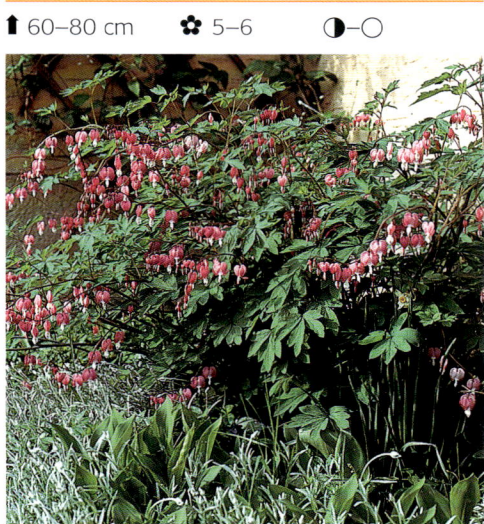

Diese reizende Staude begeistert jedes Frühjahr aufs Neue.
Wuchs: Lockere, breite Horste mit bogigen Trieben, gefiederte, rundliche Blätter.
Blüte: Herzförmig mit weißem Tränentropfen in der Mitte, rosa oder weiß.
Standort: Im lichten Schatten in humoser, frischer bis feuchter Erde, bei ausreichender Bodenfeuchte auch in der Sonne.
Pflege: Braucht außer gelegentlich etwas Dünger kaum Pflege. Wird mit der Zeit immer schöner, daher möglichst nicht verpflanzen.
Tipps: Schön im Bauerngarten. Zieht nach der Blüte ein, daher nicht nach vorne, sondern in die Mitte einer Rabatte pflanzen.

Sorten: 'Alba', blüht weiß.

Fingerhut
(Digitalis purpurea)

↕ 100–150 cm ✿ 6–7 ◐–●

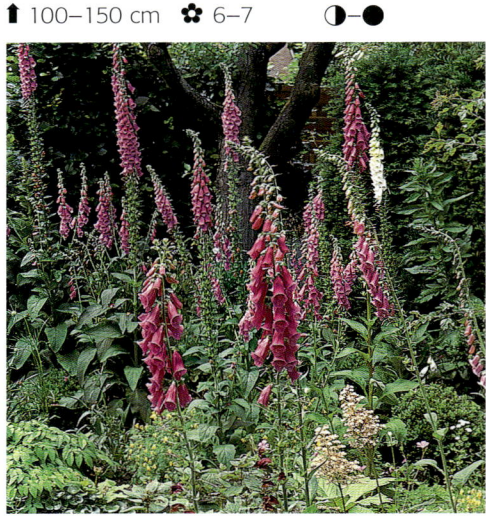

Der Fingerhut ist meist zweijährig, stirbt also nach der Blüte ab, doch erhält er sich durch Selbstaussaat.
Wuchs: Grundständige Blattrosette und straff aufrechte, beblätterte Triebe mit eiförmigem, behaartem Laub.
Blüte: Große, rosafarbene oder weiße hängende Blütenglocken stehen dicht an dicht in einer hohen Traube.
Standort: Humose, lockere Böden im Halbschatten.
Pflege: Robuste Wildstaude, die keine Pflege benötigt. Durch Rückschnitt nach der Blüte lässt sich die Lebensdauer verlängern.
Tipps: Vorsicht, stark giftig!

Sorten: 'Gloxiniaeflora', großblütige Farbmischung.

Kugeldistel
(Echinops ritro)

↕ 80–100 cm ✿ 7–9 ○

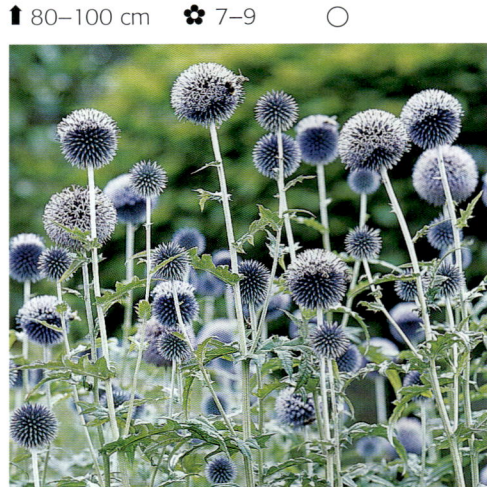

Das intensive Blau und die eigentümliche Blütenform wirken auf jedem Beet faszinierend.
Wuchs: Aufrecht mit stark zerteilten, bestachelten Blättern.
Blüte: Kugelrunde, knapp 4 cm große Blütenbälle aus zahlreichen Einzelblüten.
Standort: Lockere, eher trockene bis frische Böden. Auf schweren oder feuchten Böden nicht standfest.
Pflege: Keine Pflege nötig, bei Bedarf stützen. Erst im Frühjahr zurückschneiden.
Tipps: Schön im Staudenbeet zusammen mit Schaf- oder Edelgarbe, Garten-Margerite, Rosen und Gräsern.

Sorten: 'Veitch's Blue', stahlblaue Blüten, 80 cm.

Feinstrahlaster
(Erigeron-Hybriden)

↕ 50–80 cm   ✿ 6–7/9   ○

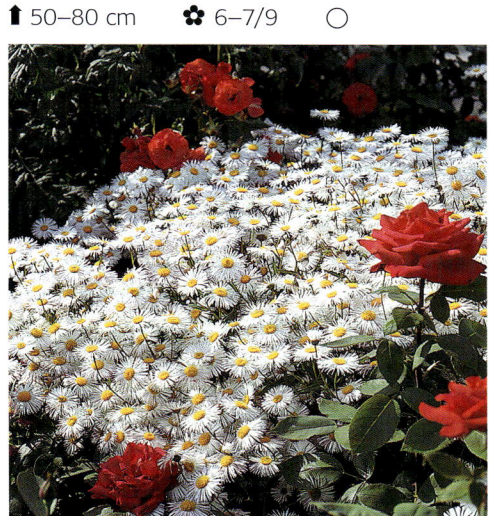

Wie zarte mittelhohe Astern wirken diese reichblütigen Beetstauden.
Wuchs: Aufrechte Horste mit straffen Blütenstielen, längliche Blätter.
Blüte: Sternförmige Körbchenblüten mit langen, feinen Strahlen am Rand und gelber Mitte, in Violett, Blau, Rot, Rosa und Weiß.
Standort: Lockere, nährstoffreiche Gartenböden in sonniger Lage.
Pflege: Rückschnitt nach der Blüte bis auf den Boden sorgt für Neuaustrieb und eine zweite Blüte. Gelegentliche Teilung erhält die Blühfreudigkeit.
Tipps: Wunderbarer Begleiter von Rosen und Rittersporn, zusammen mit Gräsern.

Sorten: 'Dunkelste Aller', tief blauviolett, 60 cm; 'Rosa Triumph', rosa, 70 cm; 'Sommerneuschnee', weiß, rosa überhaucht, 60 cm.

Pracht-Storchschnabel
(Geranium × magnificum)

↕ 40–60 cm   ✿ 6–7   ○–◐

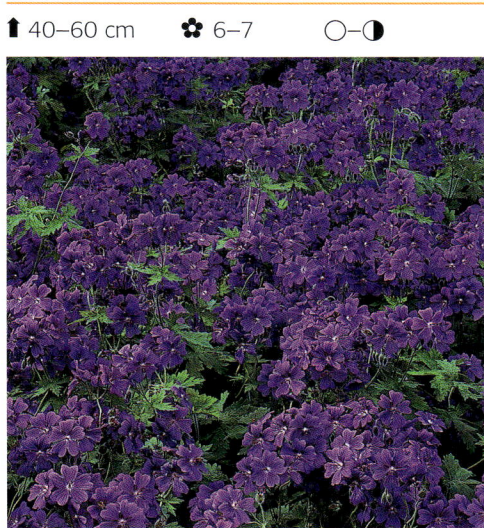

Pflegeleicht und zuverlässig blühend – ein Selbstläufer im Staudenbeet.
Wuchs: Bildet hohe Horste mit aufrechten Trieben und großen, handförmig zerteilten Blättern.
Blüte: Große, leuchtend blauviolette Schalenblüten über dem Laub.
Standort: Jeder normale nährstoffreiche Gartenboden.
Pflege: Nach der Blüte zurückschneiden. Sonst kaum Pflege nötig.
Tipps: Robuster Lückenfüller im Beet und am Gehölzrand, schön mit Frauenmantel, Garten-Margeriten und Rosen.

Weitere Arten: *G. psilostemon*, der Armenische Storchschnabel, 60–120 cm, blüht 6–7 mit leuchtend magentaroten Blüten mit schwarzem Auge, ein Blickfang im Beet, nicht immer standfest (stützen), braucht in rauen Lagen Winterschutz; *G. sanguineum*, Blut-Storchschnabel, Bodendecker für sonnige bis halbschattige Stellen auf eher trockenen Böden, blüht karminrot 5–8, 10–30 cm.

Riesen-Schleierkraut
(Gypsophila paniculata)

↕ 80–120 cm ✿ 6–9 ○

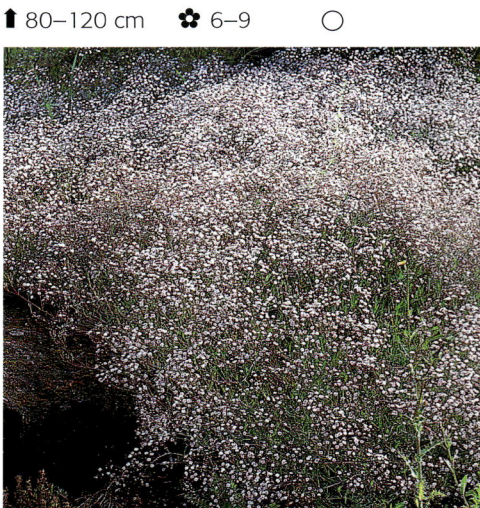

Die duftigen Blütenschleier überziehen die Blütenteppiche der Staudenrabatte und verbinden die Pflanzung.
Wuchs: Rundlich, mit sehr stark verzweigten, brüchigen Trieben.
Blüte: Kleine weiße oder zartrosa Blütchen an den Enden der Stiele, wirken insgesamt schleierartig.
Standort: Lockere, durchlässige, eher trockene Böden in sonniger Lage.
Pflege: Pflegeleicht, kann nach der Blüte zurückgeschnitten werden. Ein Verpflanzen ist wegen der Pfahlwurzel schwierig.
Tipps: Eignet sich gut als Schnittblume. Wunderschön in einer Rosenpflanzung, aber auch mit verschiedensten Stauden für trockenere Lagen.

Sorten: 'Bristol Fairy', größere, gefüllte Blüten, 100 cm.

Sonnenbraut
(Helenium-Hybriden)

↕ 80–150 cm ✿ 6–9 ○

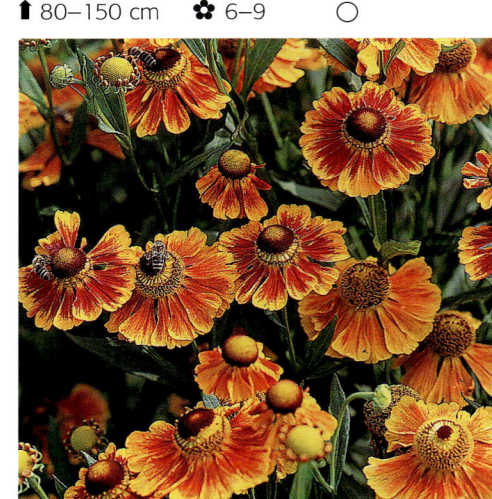

Robuster und pflegeleichter Sommerblüher in warmen Farbtönen.
Wuchs: Bildet große aufrechte Horste aus dicht beblätterten Trieben.
Blüte: Tellerförmige Körbchenblüte, erscheinen reichlich an verzweigten Stängeln, in Gelb-, Orange- und braunroten Tönen.
Standort: Nährstoffreiche, frische bis feuchte Böden in sonniger Lage, keine zu trockenen Böden wählen.
Pflege: Bei Trockenheit wässern und bei Bedarf stützen. Rückschnitt nach dem Abblühen verlängert die Blütezeit.
Tipps: Wunderschön im Staudenbeet zusammen mit Sonnenaugen, Herbst-Astern, Gräsern. Gute Schnittblume.

Sorten: 'Baudirektor Linne', rotbraun, 120 cm; 'Goldrausch', goldgelb mit brauner Mitte, 120–150 cm; 'Waltraud', braunorange, 80–100 cm.

Stauden-Sonnenblume
(Helianthus decapetalus)

↕ 120–150 cm ✿ 8–9 ○

Robust und blühfreudig, lassen sie sich auf Rabatten, am Teichrand und als Sichtschutz pflanzen.
Wuchs: Üppige Horste mit aufrechten Trieben, die mit großen, eiförmigen Blättern besetzt sind.
Blüte: Große, gelbe »Sonnenblumen« an verzweigten Stielen, ungefüllt oder gefüllt, deutlich kleiner als bei den einjährigen Verwandten.
Standort: Nährstoffreiche, frische bis feuchte Gartenböden an vollsonnigen Plätzen.
Pflege: Ausreichend wässern und düngen. Verblühtes regelmäßig ausschneiden, um die Blütezeit auszudehnen.
Tipps: Wirken sehr schön mit Herbst-Astern, Sonnenbraut, Rittersporn, Gräsern.

Sorten: 'Capenoch Star', hellgelb, ungefüllt, 120 cm; 'Soleil d'Or', goldgelb, gefüllt, 140 cm.

Sonnenauge
(Heliopsis helianthoides)

↕ 80–150 cm ✿ 7–9 ○

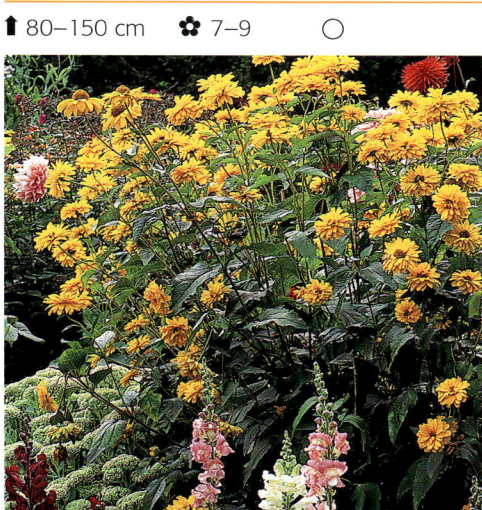

Gelber Klassiker für das Sommerbeet.
Wuchs: Breite, buschige Horste mit hohen Stielen und breit lanzettlichem Laub.
Blüte: Große, gelbe Körbchenblüten mit breiten Blütenstrahlen und erhöhter Mitte.
Standort: Nährstoffreiche, nicht leicht austrocknende Böden in sonniger Lage.
Pflege: Pflegeleicht, durch Ausschneiden verblühter Triebe verlängert sich die Blütezeit. Nach der Blüte zurückschneiden.
Tipps: Schöne Kombinationen ergeben sich mit Herbst-Astern, Sonnenbraut und Rittersporn. Haltbare Schnittblume.

Sorten: 'Goldgefieder', goldgelb, gefüllt, 130 cm; 'Hohlspiegel', goldgelb, halbgefüllt und großblütig, 130 cm; 'Venus', orangegelb, ungefüllt, 150 cm, gute Schnittsorte. Häufig laufen die Sorten im Handel unter *H. helianthoides* var. *scabra*.

Nieswurz, Lenzrose
(*Helleborus*-Hybriden)

↕ 30–40 cm ✿ 2–4 ◐

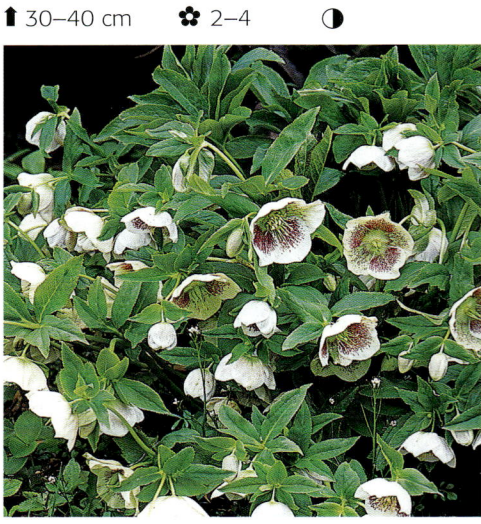

Zarte Frühjahrsblüher mit aparten Blüten.
Wuchs: Langlebige, kompakte Horste mit unterirdisch kriechenden Rhizomen (Wurzelstöcken) und fächerförmigen, ledrigen, wintergrünen Blättern.
Blüte: Große, nickende Schalenblüten in dunklen Rottönen, Rosa, Weiß, auch Gelb, häufig im Innern gepunktet, teilweise gefüllt.
Standort: Humose, lockere, kalkhaltige Böden, bevorzugt unter Gehölzen im lichten Schatten.
Pflege: Die Blätter im Frühjahr erst zurückschneiden. Sonst keine Pflege nötig.
Tipps: Vorsicht, die Pflanzen sind giftig.

Sorten: Die im Handel erhältlichen Sorten sind meist *H.*-Orientalis-Hybriden und werden häufig ohne Namen verkauft.
Weitere Art: *H. niger*, die Christrose, blüht 12–3 mit großen, reinweißen Blüten, 20–30 cm, braucht lockeren, kalkhaltigen Boden.

Taglilie
(*Hemerocallis*-Hybriden)

↕ 50–100 cm ✿ 6–9 ○–◐

Sehr pflegeleicht und unermüdlich blühend, bereichern Taglilien jedes Beet.
Wuchs: Breite, grasartige Horste mit langen, linealischen Blättern.
Blüte: Lilienartige, trichterförmige bis glockige Blüten in je nach Sorte unterschiedlicher Größe. Die Farbpalette reicht von Gelb über Orange, Rosa, Apricot, Rot bis Braun sowie Creme. Die Einzelblüte bleibt nur einen Tag geöffnet, doch bilden sich ständig neue.
Standort: Nährstoffreiche, nicht zu trockene Böden. Je schattiger, desto weniger Blüten.
Pflege: Stiele nach dem Verblühen abschneiden, sonst keine Pflege nötig.
Tipps: Taglilien lassen sich sowohl im Beet als auch am Teichrand einsetzen.

Sorten: Es gibt Tausende von Sorten, von Miniatur-Taglilien über klein- bis zu großblütigen Formen (Blüten 5–15 cm Durchmesser).

Hosta, Funkie
(*Hosta*-Arten und -Hybriden)

↕ 20–100 cm ✿ 6–8 ◐–●

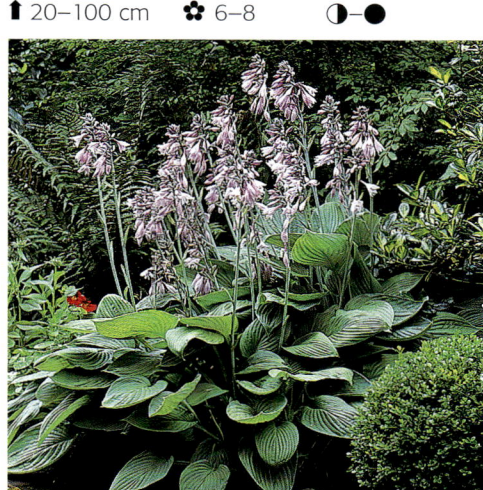

Eine der schönsten und robustesten Blattschmuckstauden.
Wuchs: Horstförmig mit großen, herzförmigen, stark geäderten Blättern.
Blüte: Hängende, längliche Glockenblüten in langen Trauben über dem Laub, in Violett oder Weiß, häufig duftend.
Standort: Humose, nährstoffreiche, nicht zu trockene Böden.
Pflege: Außer ab und zu etwas organischem Dünger keine Pflege nötig. Leider sind sie auch bei Schnecken beliebt.
Tipps: Funkien lassen sich sehr vielseitig verwenden – im Beet, am Gehölzrand, als Bodendecker im Kübel und am Teich – und durch die klare Blattform sehr gut kombinieren.

Sorten: Die Palette ist sehr vielfältig, es gibt Grünblatt-, Gelbblatt- und Blaublattfunkien sowie solche mit weiß gerändertem oder gezeichnetem Laub.

Bart-Iris, Schwertlilie
(*Iris*-Barbata-Hybriden)

↕ 15–120 cm ✿ 4–6 ○

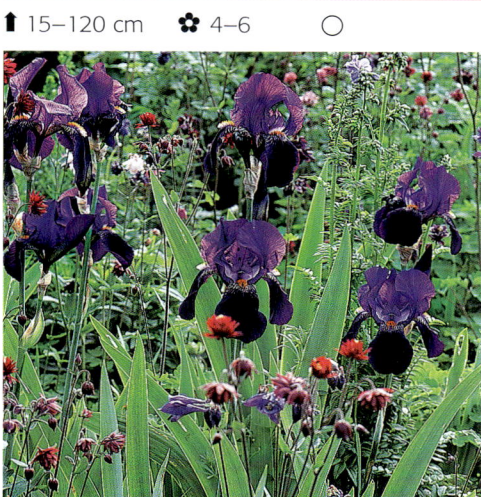

Durch ihre aparte Blütenform und die unglaubliche Farbpalette wirken die Iris äußerst faszinierend.
Wuchs: Horste aus sich verzweigenden, nahe der Oberfläche kriechenden Rhizomen mit Büscheln schwertförmiger graugrüner Blätter.
Blüte: Aus je drei aufrechten und herabgeschlagenen Blütenblättern mit oft kontrastierendem »Bart« zusammengesetzt, an straffen Stielen, in überreichem Farbspektrum, auch zweifarbig.
Standort: Nährstoffreiche, durchlässige, eher trockene Böden.
Pflege: Die Rhizome flach und waagerecht so pflanzen, dass sie gerade mit Erde bedeckt sind. Rückschnitt der Triebe nach der Blüte.

Sorten: Sie werden eingeteilt in Nana-Hybriden, nur 15–30 cm, früh blühend; Media-Hybriden, 40–60 cm; Elatior-Hybriden, 60–120 cm hoch.

Lavendel
(Lavandula angustifolia)

↕ 30–60 cm   ✿ 6–8   ○

Die aromatisch duftenden Polster bringen mediterranes Flair in den Garten.
Wuchs: Buschige Polster aus am Grund verholzenden Trieben mit sehr schmalen, graugrünen Blättern – bildet einen Halbstrauch.
Blüte: Kleine violette, rosa oder weiße Lippenblüten in dichten Ähren auf straffen, kahlen Stielen über dem Laub.
Standort: Durchlässige, kalkhaltige, eher trockene Böden in voller Sonne.
Pflege: Im Frühjahr werden die Triebe scharf zurückgeschnitten, dann bleiben die Polster schön kompakt. Verblühtes ausschneiden.
Tipps: Ob Beeteinfassung, niedrige Hecke oder Rosenbegleiter, ob im Duft- oder im Bauerngarten – Lavendel fügt sich sehr gut ein.

Sorten: 'Alba', weiß; 'Hidcote Blue', tief violett.

Sommer-Margerite, Garten-Chrysantheme
(Leucanthemum × superbum)

↕ 60–90 cm   ✿ 6–7/9   ○

Leuchtkräftige Staude für farbprächtige Beete.
Wuchs: Breite Horste aufrechter Triebe mit lanzettlichem, dunkelgrünem Laub.
Blüte: Große schneeweiße, gefüllte oder ungefüllte Margeritenblüten mit gelblicher Mitte.
Standort: Nährstoffreiche, frische, nicht zu feuchte Gartenböden.
Pflege: Ausreichend wässern und düngen. Durch Rückschnitt nach der Blüte erhält man eine Zweitblüte. Bei Bedarf stützen.
Tipps: Die weiße Blütenfarbe lässt sich sehr gut kombinieren, etwa mit Pracht-Storchschnabel, Rittersporn, Phlox und Kugeldistel. Gute Schnittblume.

Sorten: 'Gruppenstolz', ungefüllt, 60 cm; 'Wirral Supreme', dicht gefüllt, straffe Stiele, 80 cm.

Katzenminze
(Nepeta × faassenii)

↕ 30–60 cm   ✿ 5–9   ○

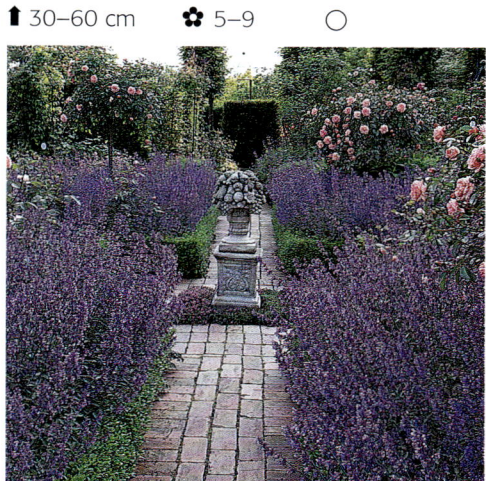

Hervorragender, duftig wirkender Rosenbegleiter, auch für Katzen unwiderstehlich.
Wuchs: Buschig, mit bogigen, aufrechten Trieben und schlanken, graugrünen, aromatisch duftenden Blättern.
Blüte: Blauviolette oder weiße Lippenblüten in Quirlen, die lange Kerzen bilden.
Standort: Durchlässige, eher trockene bis frische Böden in voller Sonne.
Pflege: Triebe nach der Blüte bis unter die Blüten zurückschneiden, dann gibt es eine Zweitblüte. Mäßig düngen.
Tipps: Katzenminze lässt sich wunderbar als Beet- oder Wegeinfassung und in der Rabatte zusammen mit z. B. Rosen, Gräsern oder Gold-Garbe verwenden.

Sorten: 'Six Hills Giant', blauviolett, größer als die Art, 50 cm; 'Snowflake', weiß, nur 30 cm; 'Walker's Low', blau, großblütig, 50–60 cm.

Edel-Pfingstrose, Stauden-Päonie
(Paeonia-Lactiflora-Hybriden)

↕ 60–100 cm   ✿ 5–6   ○

Einmalig schöne Blüten und dekoratives Laub – eine Bereicherung für jeden Garten.
Wuchs: Breite Horste mit großen, gefiederten, dunkelgrünen Blättern.
Blüte: Große, schalen- bis ballförmige Blüten, ungefüllt, bis dicht gefüllt, in Weiß-, Rosa- und Rottönen, oft mit Duft.
Standort: Nährstoffreiche, frische Gartenböden, keine Staunässe.
Pflege: Im Herbst pflanzen und nur ca. 3 cm mit Erde bedecken. Im Frühjahr Mulchdecke entfernen, organisch düngen, bei Bedarf Stütze anbringen. Verblühte Blüten abschneiden. Möglichst nicht verpflanzen.

Sorten: Die Palette ist unüberschaubar groß.
Weitere Arten: *P. officinalis*, Bauern-Pfingstrose, 80 cm, blüht 5, mit großen, dicht gefüllten Blüten; *P. suffruticosa*, die Strauch-Pfingstrose, in vielen Sorten, verholzender Strauch, wunderschöne, sehr große Blüten, 100–200 cm, blüht 5–6.

Stauden-Phlox, Hohe Flammenblume
*(Phlox-Paniculata-*Hybriden)

↕ 70–130 cm   ❀ 7–9   ○–◐

Lang anhaltende, üppige Blüte und betörender Duft machen ihn zum Liebling vieler Gärtner.
Wuchs: Aufrechte Horste aus dicht mit schlanken Blättern besetzten Trieben.
Blüte: Dichte, kuppelförmige Trauben aus tellerförmigen, stark duftenden Blüten in Weiß, Orange, Rosa, Rot, Violett, oft mit dunklerer oder andersfarbiger Mitte.
Standort: Nährstoffreicher, gleichmäßig frischer bis feuchter Boden.
Pflege: Regelmäßig ausreichend wässern und düngen, bei Bedarf stützen. Rückschnitt nach der Blüte.
Tipps: Am besten gruppenweise verschiedene Sorten pflanzen. Schön mit Rittersporn, Sonnenhut und Gräsern.

Sorten: Große Auswahl, u. a. 'Düsterlohe', rotviolett, 90 cm; 'Graf Zeppelin', schneeweiß mit rotem Auge, 80 cm; 'Landhochzeit', rosa mit rotem Auge, 120 cm.

Sonnenhut
(Rudbeckia fulgida)

↕ 50–80 cm   ❀ 7–9   ○

Einer der wichtigsten gelben Sommerblüher für die Rabatte.
Wuchs: Straff aufrechte Horste, Triebe mit breit lanzettlichen Blättern.
Blüte: Große »Margeritenblüten« mit schlanken, leicht hängenden, goldgelben Strahlen und schwarzbrauner halbkugeliger Mitte.
Standort: Nährstoffreiche, frische bis feuchte Böden.
Pflege: Ausreichend wässern und düngen. Verblühte Triebe ausschneiden, um die Blütezeit zu verlängern. Rückschnitt erst im Frühjahr.
Tipps: Am besten in Gruppen pflanzen. Lässt sich vielseitig kombinieren, etwa mit Phlox, Sonnenbraut, Stauden-Sonnenblumen, Herbst-Astern, Gräsern.

Sorten: 'Goldsturm', beste und häufigste Sorte, auch unter *R. fulgida* var. *sullivantii* geführt, goldgelb, 60–80 cm, 7–9.

Stauden **165**

Sommer-Salbei
(Salvia nemorosa)

↕ 40–70 cm ✿ 6–7/9 ○

Wichtiger Leuchtfleck und pflegeleichter Lückenfüller für das Staudenbeet.
Wuchs: Breite, aufrechte Horste, Triebe mit eiförmigen, aromatischen Blättern.
Blüte: Violette, blaue, rosa oder weiße Lippenblüten in dichten Kerzen über dem Laub.
Standort: Durchlässige, eher trockene, kalkhaltige Böden in voller Sonne.
Pflege: Nach der Blüte scharf zurückschneiden, um die zweite Blüte anzuregen, außerdem zugleich düngen.
Tipps: Passt sehr gut zu Rosen und gelb blühenden Stauden wie Gold-Garbe und Sonnenauge sowie zu Gräsern.

Sorten: 'Adrian', weiß, 40 cm; 'Blauhügel', mittelblau, 40 cm; 'Ostfriesland', violettblau, 50 cm.

Herbst-Fetthenne
Blumen-Sedum
(Sedum telephium)

↕ 40–60 cm ✿ 8–10 ○

Ein idealer, äußerst robuster Staudenbegleiter für den Spätsommer und Herbst.
Wuchs: Breite Horste aus Trieben mit fleischigen, ovalen, graugrünen Blättern.
Blüte: Große schirmförmige Dolden aus kleinen Blütensternen in Rosa bis Rot.
Standort: Trockene bis frische, durchlässige Böden.
Pflege: Braucht praktisch keine Pflege. Erst im Frühjahr zurückschneiden.
Tipps: Sorgt zusammen mit Gräsern, Herbst- und Kissen-Astern, Sonnenhut und anderen für sehr schöne Herbststimmung im Beet.

Sorten: 'Herbstfreude', braunrot, 50 cm, 8–10. *S.*-Hybride 'Matrona', rosa Blüten auf roten Stielen, 60 cm, 8–10, Blätter purpurfarben überlaufen.

Gräser sind die schönen Unbekannten – und viel zu selten verwendet

Stiefkinder in der Gartengestaltung waren die Gräser schon immer. Zu Unrecht. Warum führen sie so ein Dasein im Abseits? Gräser werden doch »nur« wegen ihres attraktiven Laubes gepflanzt. Und die Blüten sind uninteressant. Wer so denkt, hat den Reiz der Gräser noch nicht entdeckt.

Ziergräser werden wenig gewürdigt und höchstens nebenbei mitgekauft. Wie schade, wenn man bedenkt, welchen Effekt sie im Garten bieten können. Kaum jemand kennt sie beim Namen. Ihre Schlichtheit, die elegante Linie ihrer schmalen Blätter, die sich parallel vom Boden aus erheben, haben einen besonderen Reiz. Gräser sind zwar Blütenpflanzen. Die Blüten sind aber unscheinbar, da sie keine Insekten anlocken müssen. Sie werden vom Wind bestäubt. Wieder einmal ein typisches Beispiel, dass die

● Gräser wirken nicht nur als Rasen, sondern auch im Staudenbeet – doch werden sie immer noch zu selten gepflanzt.

Natur nichts Überflüssiges macht. Die duftigen Blütenstände jedoch sind sehr interessant, denn sie bringen »Bewegung« in den Garten – ein Aspekt, der viel zu wenig eingesetzt wird.

Gräser haben in der Regel hohle Stängel. Sie sind durch Knoten gegliedert, die sie zugleich standhaft und beweglich machen. Im unteren Teil der Halme sitzen die Blätter. Die Blüten, Rispen, Ähren oder auch Büschel sitzen endständig oben.

Gräser lieben Sonne und einen eher trockenen Standort. Jedenfalls die meisten. Viele vertragen aber auch Halbschatten. Es gibt Zwerge unter ihnen und Riesen, die über 1 m hoch werden. Meiden Sie alle, die unterirdische Ausläufer bilden. Sie kommen an den unmöglichsten Stellen wieder heraus, auch aus den Fugen Ihrer Terrasse. Die hier vorgestellten Gräser gehören nicht zu den aggressiven.

Ziergräser werden nach der großen Palette ihrer **Grüntöne** (von fast Blau bis Goldgelb) ausgesucht – nach ihren **Blütenrispen** – und nicht zuletzt nach ihrer **stattlichen Erscheinung.**

Gräser bringen Höhe in eine Pflanzung oder können als Unterbrechung eine sehr willkommene Abwechslung sein. **Hohe Gräser,** wie das Chinaschilf, wirken am besten einzeln – im Rasen, auch neben einer Einfahrt. Die Riesen-Segge bevorzugt einen feuchten Boden.

☀ Hohe Arten wie das imposante Chinaschilf eignen sich auch als Solitär und bieten viele Monate einen tollen Blickfang.

Sie passt mit ihrem hängenden Wuchs optisch gut in die Nähe von Wasser. Mehr Platz als für **einen** Riesen hat man in einem kleinen Garten sowieso nicht. In einer Rabatte ist der beste Platz für ein hohes Gras entweder am Ende oder im Winkel des Beetes. **Kleinere Ziergräser,** wie die Japan-Segge, können in kleineren Gruppen auch zwischen andere Pflanzen gesetzt werden. Sie sind der ruhende Pol in einer farbintensiven Pflanzung – oder das Gegenteil. Durch ihre wogenden Ähren oder lockeren, tänzelnden Rispen bringen sie Bewegung in eine formale, eher steife Gestaltung.

Sehr dankbar ist das **Garten-Sandrohr.** Es wird nie zur Last fallen, denn es weiß gar nicht, was Wuchern ist. Die Sorte 'Karl Foerster' hat rosabronzefarbene, lockere Rispen. Sie erscheinen im Hochsommer, verblassen im Herbst zu Hellbraun und halten bis in den Winter hinein. Ein ähnliches Sonnenkind ist das **Chinaschilf.** Silbrige, fedrige Rispen und eine schöne Herbstfärbung des überhängenden Laubs sind seine Vorzüge. Nicht nur wegen des hübschen Namens möchte ich das **Lampenputzergras** herausstellen. Die äußerst dekorativen Büschel an den Enden der Halme standen Pate. Das Laub ist hübsch, im Herbst goldgelb, selbst im Winter eine Zierde. Ein Gras mit auflockernder, graziöser Wirkung.

Apropos »Gras«. Damit ist hier nicht der Rasen gemeint. Aber die Einzahl von »Gräser« ist nun einmal »Gras«. Vielleicht mit ein Grund, mehrere dieser anspruchslosen Gesellen in den Garten einziehen zu lassen. Jedenfalls von den kleineren. Von *Festuca,* dem **Schwingel,** gibt es unzählige Arten und Sorten. Meistens wird er wegen seines ungewöhnlichen bläulichen Laubes geschätzt. Es ist aber nicht so einfach, diesen Farbton im Garten zu integrieren. Namen wie 'Blaufuchs' oder 'Blaufink' sagen alles. Der Atlas-Schwingel dagegen ist grün. Seine schlanken Rispen werden schon im Sommer entfernt, wenn sie nicht mehr ansehnlich sind. Niedrige Arten eignen sich als Rasenersatz auf kleinen Flächen. Das sieht sehr hübsch unter Bäumen aus. Und kann sogar gelegentlich betreten werden.

Gräser sind pflegeleicht. Viele gedeihen auf mageren Böden und ohne Dünger am besten. Gepflanzt und geteilt werden sie im Frühjahr. Um diese Zeit schneidet man auch trockene, abgestorbene Teile zurück. Danach sind sie zunächst kein schöner Anblick – ihre Art von »Auszeit«. Dafür haben sie den Garten im Herbst und im Winter interessant gemacht. Das **Chinaschilf** z. B. wirkt sehr schön mit seinen rötlichen oder silberfarbenen Blütenbüscheln. Es lässt sich in verschiedenen Sorten oder mit Herbstblühern als lockere, dekorative Gemeinschaft kombinieren – attraktiv bis in den November hinein.

Der erste Frost ändert das Aussehen eines jeden Gartens. Wenn der Anblick in der kalten Jahreszeit deprimierend ist, liegt es auch an uns. Vielleicht haben wir die Gräser vergessen. Sie kommen besonders gut zur Geltung, wenn ihre Konkurrenten sich längst verabschiedet haben. Dann leuchten sie in rötlichen Tönen wie die **Rutenhirse** 'Rehbraun' oder goldgelb wie das **Lampenputzergras.** Und mit Raureif überzogen, sehen sie einfach zauberhaft aus. Zücken Sie mal Ihren Fotoapparat!

Garten-Reitgras, Garten-Sandrohr
(Calamagrostis × acutiflora)

↕ 40–60/120–150 cm 6–8

Beeindruckendes dichtes Gras mit schöner goldbrauner Herbstfärbung.
Wuchs: Straff aufrechte, kompakte Horste mit dichten Halmen und sehr schmalen Blättern, ohne Ausläufer.
Blüte: Cremefarbene fedrige Rispe, die jedoch nur während der Blüte ausgebreitet ist und sich danach schmal ährenartig zusammenzieht.
Standort: Normale Gartenböden.
Pflege: Außer Rückschnitt im Frühjahr keine Pflege nötig.
Tipps: Sehr vielfältig kombinierbares Gras für das Staudenbeet, das man am besten in Gruppen pflanzt. Schön u. a. mit Herbst-Astern, Stauden-Sonnenblume, Sonnenbraut und Sonnenhut.

Sorten: 'Karl Foerster', häufigste Sorte, 60/150 cm.

Japan-Segge
(Carex morrowii)

↕ 30–40 cm 4–5

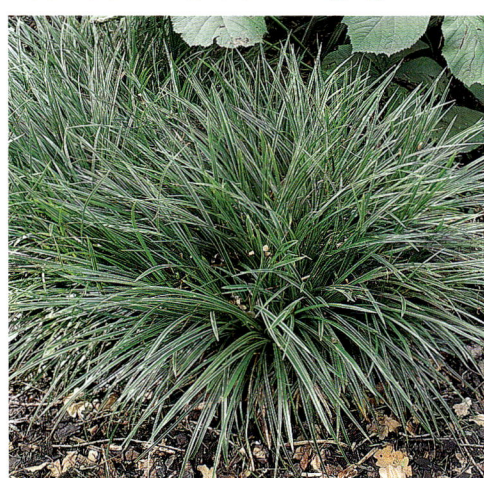

Ob einzeln oder in Gruppen, die Japan-Segge ist eines der schönsten immergrünen Gräser.
Wuchs: Flache breite Horste mit immergrünen, bogigen, feinen dunkelgrünen Blättern.
Blüte: Kleine gelbbraune Ähren.
Standort: Humose, frische bis feuchte Böden an beschatteten Plätzen.
Pflege: Bei Bedarf gießen, sonst keine Pflege notwendig.
Tipps: Diese Art aus der großen Gruppe der Seggen passt besonders gut an den Gehölzrand oder in schattige Beete, wo sie für Abwechslung und Struktur sorgt.

Sorten: 'Variegata', mit am Rand cremeweiß gestreiften Blättern, sonst wie die Art.
Weitere Art: *C. pendula*, Hänge- oder Riesen-Segge, 50–60/80–100 cm, immergrün mit breiteren, frischgrünen Blättern, blüht 6–7 mit langen Ähren an überhängenden Stielen, schön am Gehölz- und Teichrand.

↕ Wuchshöhe in cm Blütezeit in Monaten   Standort: ○ sonnig ◐ halbschattig ● schattig

Atlas-Schwingel
(Festuca mairei)

↕ 40–60/80–100 cm ✿ 4–5 ◐–●

Formschönes Gras für trockenere Beete.
Wuchs: Große, rundliche, kompakte Horste aus langen, graugrünen, linealischen, locker überhängenden Blättern.
Blüte: Sehr schlanke, graugrüne Rispen an dünnen überhängenden Stielen.
Standort: Durchlässige, mäßig trockene bis frische Böden.
Pflege: Leichter Rückschnitt im Frühjahr hält die Horste schön kompakt. Sonst kein Pflegebedarf.
Tipps: Der Atlas-Schwingel lässt sich am besten mit anderen trockenheitsverträglichen Stauden kombinieren, etwa Kugeldistel, Bart-Iris, Salbei oder Sonnenhut.

Weitere Art: *F. glauca* (Syn.: *F. cinerea*), der Blau-Schwingel, bildet rundliche niedrige Horste aus intensiv blaugrauen Blättern, für sonnige trockene Plätze, 20–30/40–50 cm, blüht 6–7, in mehreren Sorten.

Chinaschilf
(Miscanthus sinensis)

↕ 80–200/100–250 cm ✿ 8–10 ○

Eines der eindrucksvollsten Gartengräser.
Wuchs: Große aufrechte Horste mit relativ breiten, locker überhängenden Blättern, oft mit schöner Herbstfärbung.
Blüte: Federartige Blütenbüschel an den Enden der Triebe, silbrig bis rötlich.
Standort: Nährstoffreiche, frische bis feuchte Böden.
Pflege: Ausreichend düngen und erst im Frühjahr zurückschneiden, sonst keine weitere Pflege.
Tipps: Das imposante Chinaschilf wirkt sowohl als Solitär als auch als Blicke abschirmender Hintergrund für eine Pflanzung.

Sorten: Große Palette; zu empfehlen sind u. a. 'Gracillimus', sehr schmale Blätter, blüht kaum, 120/180 cm; 'Kleine Fontäne', früh rosa überhaucht blühend, 90/150 cm; 'Silberfeder', silbrige Blütenrispen, 120/200 cm.

Ruten-Hirse
(Panicum virgatum)

↕ 60–100/80–150 cm ✿ 7–9 ○

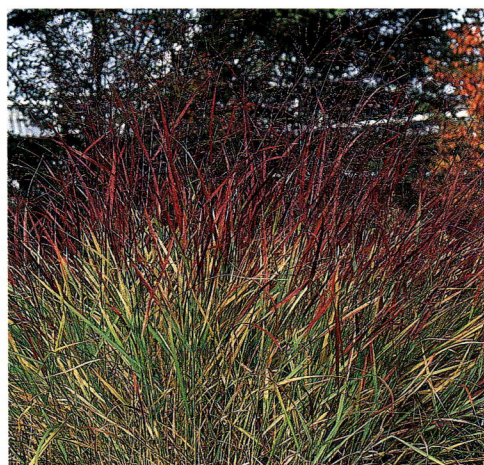

Ein Gras mit herrlicher Herbstfärbung, die ihresgleichen sucht.
Wuchs: Aufrechte kompakte Horste mit linealischen Blättern und goldgelber bis leuchtend roter Herbstfarbe.
Blüte: Sehr feine Rispen mit dünnen Zweigen und winzigen Ähren.
Standort: Jeder mäßig trockene bis feuchte Gartenboden.
Pflege: Bei Bedarf wässern und im Frühjahr zurückschneiden.
Tipps: Wunderbarer Hintergrund im herbstlichen Staudenbeet, zusammen mit Kissen- und Herbst-Astern, Sonnenhut, Sonnenbraut und anderen.

Sorten: 'Hänse Herms' (= 'Rotstrahlbusch'), leuchtend rote Herbstfarbe, 60–80/100 cm; 'Rehbraun', im Herbst kupferfarben, 80/120 cm.

Federborstengras, Lampenputzergras
(Pennisetum alopecuroides)

↕ 40–60/60–100 cm ✿ 8–10 ○

Ein elegant und grazil wirkendes Gras, das sich vielseitig verwenden lässt.
Wuchs: Halbkugelförmige, in die Breite wachsende Horste aus dicht stehenden, langen, bogig überhängenden Blättern, frischgrün, im Herbst gelblich.
Blüte: Zylindrische rotbraune Ähren aus sehr kleinen, lang begrannten Blüten an aufrechten bis überhängenden Halmen.
Standort: Nährstoffreiche, nicht zu trockene bis mäßig feuchte Böden.
Pflege: Ausreichend wässern und gelegentlich düngen. Rückschnitt wegen der schönen Winterwirkung erst im Frühjahr.
Tipps: Ob als Solitär, am Teichrand, in der Staudenrabatte oder mit Rosen – überall macht dieses Gras eine gute Figur.

Sorten: 'Hameln', kompakte, früh und sehr reich blühende Sorte, 30/60 cm.

Bodendecker und Farne – vielseitig und anspruchslos

Für Rasen sind Bodendecker kein Ersatz. Sie bedecken den Boden, mehr oder weniger hoch, mehr oder weniger dicht. Manche sind auch durchaus betretbar, wenn es sein muss. Nur, als Spielwiese eignen sie sich wirklich nicht. Auch nicht als Fußballplatz. Das tut aber ein Rasen auch nicht.

Der Boden ist von Natur aus nackt. In freier Natur wird er auch nicht umgegraben. Bedeckt mit Moos, Gräsern, Wildblumen oder Farnen, wird die Erde gut genährt. Bodendecker geben dem Boden genau das, was er wünscht: eine dichte Schicht. Unter ihr kann der natürliche Kreislauf beginnen. Laub, das hindurchfällt, und Regenwürmer verrichten ihre Arbeit. Ganz ohne Ihr Zutun.

☀ Dunkel- und buntlaubige Formen machen sich im Schatten zum hellen Grün der Farne besonders gut.

Unter den Stauden gibt es besonders viele, die sich durch ihre Wuchsform als Bodendecker eignen (Taubnessel). Aber auch kriechende Halbsträucher (Thymian, Immergrün) oder sogar Sommerblumen (Kapuzinerkresse) eignen sich sehr gut. Nicht zu vergessen die Bodendeckerrosen ('The Fairy'), und last not least die Kletterpflanzen. Fast jede, die ohne Stütze gezogen wird, wächst am Boden entlang. Efeu ist ein Paradebeispiel. Und selbst das Geißblatt (Lonicera japonica) 'Halliana' eignet sich: weiße Blüten bis zum Herbst und frisches Grün bis in den Winter hinein.

Die Arbeit soll immer weniger werden. Das geht nur, wenn keine »freie« Fläche mehr zu sehen ist. Kahle Stellen, die sonst verunkrauten würden, schreien nach einem Bodendecker. Auch einem Hang, der zu steil zum Mähen ist, oder schattigen Plätze, wo kein Rasen wächst, die Stellen zwischen Sträuchern und Bäumen oder vor einer Nordwand verhelfen Bodendecker zu dauerhaftem Grün. Für gelegentliches Betreten eignet sich z. B. Thymian. Er bildet flache Teppiche von 3–5 cm Höhe. Und durch das Betreten wird sein typischer würziger Duft frei.

Ein idealer Bodendecker ist nach Möglichkeit immergrün. Er wächst schnell zu einer dichten Fläche zusammen, hält das Licht fern und gibt dem Unkraut keine Chance. Er ist sozusagen ein lebender Plattenbelag. Genauso mühevoll anzulegen, und je nach Art nicht ganz billig. Aber einmal angelegt, kann man die Arbeit damit fast vergessen.

Eine gute Bodenvorbereitung ist unbedingt nötig. Und alles Unkraut muss entfernt werden. Am besten wäre es, die Erde im Sommer drei Monate lang unbepflanzt zu lassen. Dann würde man sofort sehen, wo noch Unkraut verblieben ist. Nur, wer macht das schon? Aber bevor sich die Bepflanzung geschlossen hat, sollte aufkeimendes Unkraut immer wieder entfernt werden. Ein »Langzeitdenken« zahlt sich hier ganz besonders aus. Viele Pflanzen ergeben schnell ein geschlossenes Bild, sind aber auch sehr teuer. Außerdem wachsen die Pflanzen bald aus Platzmangel übereinander.

Der Hauptaspekt bei Bodendeckern ist das Laub. Die Blüten spielen nur die zweite Geige und geben meist nur ein kurzes Gastspiel. Viele Bodendecker bilden an ihren langen Trieben Wurzeln (Immergrün). Sie lassen sich sehr leicht in die gewünschte Richtung ziehen. Aber auch teilen und an anderer Stelle pflanzen. Über Ausläufer, die über der Erde munter »weiterlaufen«, bewegen sich das Gedenkemein wie auch die Erdbeeren fort.

Durch ihren natürlichen Standort unter Bäumen und Sträuchern gibt es mehr Bodendecker für den Schatten als für die Sonne. Das Immergrün hat hübsches Laub, das ganze Jahr hindurch. Das Laub ist im Schatten schöner, die Blüte in der Sonne üppiger. Zumindest **Halbschatten** möchte die Taubnessel mit ihrem grün-weiß gefleckten Laub. In der Sonne fühlt sich der kriechende Thymian wohl – und der Woll-

Ziest mit seinen grauwolligen Blättern. Farne sind urweltliche Pflanzen aus einer Zeit, als es noch keine Blütenpflanzen gab. Und unsere heutigen Farne sind Reste davon, mit einem ganz besonderen Charme. Ich finde es immer wieder faszinierend, wie sie sich aus der Mitte der Pflanze »entrollen«. Ihre Art, sich zu vermehren, ist etwas sonderbar. Sie produzieren Sporen, milionenfach. Diese sitzen gewöhnlich in Lagern an der Unterseite der Blätter und sind als bräunliche Punkte zu erkennen.

»Farne treten in einem Naturgarten aus ihrer urweltlichen Schweigsamkeit heraus.« Das hat der berühmte Gärtner Karl Foerster sehr schön ausgedrückt. Die schlichte Schönheit ihrer Wedel, wie man die Blätter nennt, und ihr majestätisches Aussehen lassen leicht darüber hinwegsehen, dass sie nicht blühen. Sie strahlen eine Ruhe aus, als wollten sie sagen: Jeglichen Schnickschnack haben wir nicht nötig.

Es gibt Farne für alle Standorte, von trocken bis feucht. Die meisten allerdings mögen es feucht und kühl. Eine waldbodenähnliche Erde, gut durchlässig mit hohem Laubanteil, behagt ihnen sehr. Die beste Pflanzzeit ist der Frühling. Einmal etabliert, sind Farne äußerst pflegeleicht.

Fast jeder ältere Garten hat schattigere Bereiche. Gibt es dunkle Winkel, kahle Flecken und hoffnungslose Stellen in Ihrem Garten? Haben Sie einmal an einen Farn gedacht? Unter Bäumen, zwischen Sträuchern, als ruhiger, anspruchsloser Hintergrund, in der Nähe von Wasser, am Fuß einer Mauer – alles passende Plätze. Farne wirken ein bisschen urig – sie gehören sie zu den älteren Gewächsen unserer Flora.

Immergrüne Elfenblume
(Epimedium pinnatum subsp. *colchicum,* Syn.: *E. p. 'Elegans')*

↕ 20–30 cm   ✿ 4–5

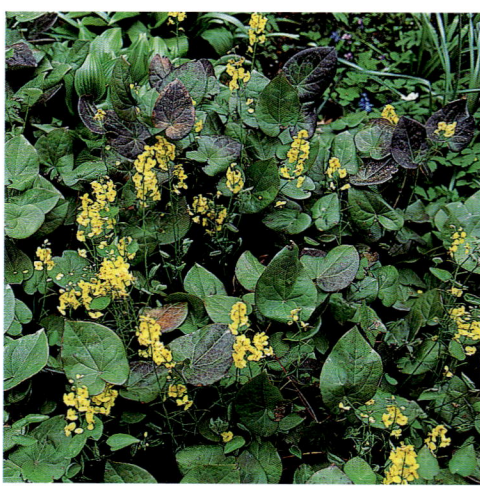

Robuster Flächendecker mit schöner Herbstfärbung.
Wuchs: Durch Ausläufer gebildete dichte Teppiche aus ledrigen, immergrünen, zugespitzt herzförmigen Blättern an drahtigen Stielen, im Herbst mit buntem Farbspiel in Rot- und Grüntönen.
Blüte: Kleine hellgelbe Blüten in lockeren Rispen über dem Laub.
Standort: Nährstoffreiche, humose, mäßig trockene bis feuchte Böden.
Pflege: Braucht keine Pflege. Bei Bedarf unschöne Blätter im Frühjahr abschneiden.
Tipps: Eignet sich gut für Gehölzränder und als Einfassung schattiger Beete, zusammen mit Farnen und Gräsern.

Weitere Art: *E. × rubrum*, sommergrün, 20–30 cm, mit roten, innen gelblichen, größeren Blüten, blüht 4–5.

Gefleckte Taubnessel
(Lamium maculatum)

↕ 15–30 cm   ✿ 5–6

Robust und pflegeleicht mit attraktiver Blattzeichnung.
Wuchs: Flächendeckend durch zahlreiche Ausläufer aus kurzen Trieben mit kreuzförmig gegenüberstehenden, zugespitzt eiförmigen Blättern, dunkelgrün oder gelbgrün, oft mit Zeichnung.
Blüte: Rotviolette oder weiße Lippenblüten in dichten Quirlen über dem Laub.
Standort: Lockere, nährstoffreiche, frische bis feuchte Böden.
Pflege: Braucht keine Pflege.
Tipps: Lässt sich schön mit Gräsern, Farnen, Storchschnabel und Zwiebelblumen kombinieren.

Sorten: 'Album', weiß blühend; 'Chequers', Blätter grün mit silbernem Mittelstreifen, rosaviolett; 'Golden Nuggets', gelbgrünes Laub, blüht rotviolett; alle 20–30 cm hoch.

↕ Wuchshöhe in cm   ✿ Blütezeit in Monaten   Standort: ○ sonnig ◐ halbschattig ● schattig

Gedenkemein
(Omphalodes verna)

↕ 15–20 cm ✿ 3–5 ◐–●

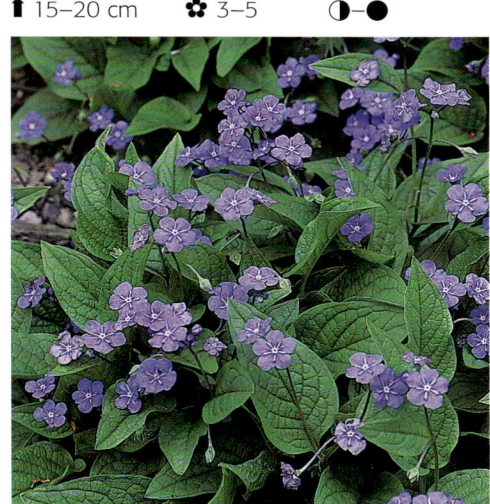

Besticht durch das herrliche Blau der Blüten und das stets sauber wirkende Laub.
Wuchs: Die Ausläufer bilden dichte Teppiche aus mit großen, hellgrünen, eiförmigen Blättern besetzten Trieben.
Blüte: Lilablaue, tellerförmige, an Vergissmeinnicht erinnernde Blüten, die aus den Blattachseln erscheinen.
Standort: Jeder lockere, humose, frische bis mäßig feuchte Gartenboden.
Pflege: Im Frühjahr bei Bedarf organisch düngen oder mit etwas Mulch versorgen, sonst keine Pflege notwendig. Falls es sich zu stark ausbreitet, kann man das Gedenkemein leicht abstechen.
Tipps: Wirkt sehr schön in größeren Gruppen am Gehölzrand, zusammen mit Zwiebelblumen, aber auch mit Astilben, Farnen und Elfenblumen.

Lungenkraut
(Pulmonaria angustifolia)

↕ 20–30 cm ✿ 3–5 ◐–●

Hübscher und robuster Frühlingsblüher mit auffälligen, leuchtend blauen Blüten.
Wuchs: Teppiche aus kriechenden Trieben mit länglich eiförmigen, dunkelgrünen, rau behaarten Blättern.
Blüte: Kleine, im Aufblühen rötliche, danach blaue Blütenglocken in kurz gestielten, dichten Trauben.
Standort: Lockere, humose, frische bis feuchte Böden an kühlen Plätzen.
Pflege: Bei Trockenheit gießen (Vorbeugung gegen Mehltaubefall). Sonst keine Pflege nötig.
Tipps: Lässt sich gut im Halbschatten oder vor Gehölzen mit Elfenblumen, Gedenkemein sowie Gräsern und Farnen kombinieren.

Sorten: 'Azurea' blüht leuchtend enzianblau.
Weitere Art: *P. officinalis*, das Echte Lungenkraut, Blätter weiß gefleckt, 20–30 cm, blüht rosa oder weiß, 4–5; 'Sissinghurst White', großblütig, weiß.

Woll-Ziest
(Stachys byzantina)

↕ 10–30 cm ❀ 7–8 ○

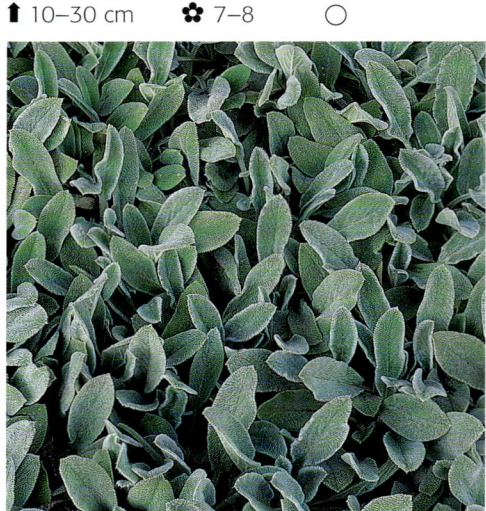

Das dezente Silbergrau vermittelt wunderbar zwischen verschiedensten Blatt- und Blütenfarben einer Rabatte.
Wuchs: Kriechende Teppiche aus Ausläufer bildenden Büscheln silbergrauer, filzig behaarter, eiförmiger Blätter.
Blüte: Sehr kleine, rosa Lippenblüten in filzig behaarten, kerzenförmig angeordneten Quirlen an aufrechten Trieben.
Standort: Nährstoffarme, durchlässige, trockene bis frische Böden an vollsonnigen Plätzen. Auf zu feuchten Böden Fäulnis.
Pflege: Keine Pflege nötig.
Tipps: Passt sehr gut zu anderen trockenheitsverträglichen Stauden wie Gold-Garbe, Kugeldistel, Lavendel, Katzenminze oder Salbei sowie zu Gräsern.

Sorten: 'Silver Carpet', wie die Art, aber kaum Blütentriebe bildend, 10 cm (ohne Blüten).

Immergrün
(Vinca minor)

↕ 5–10 cm ❀ 4–5 ◐–●

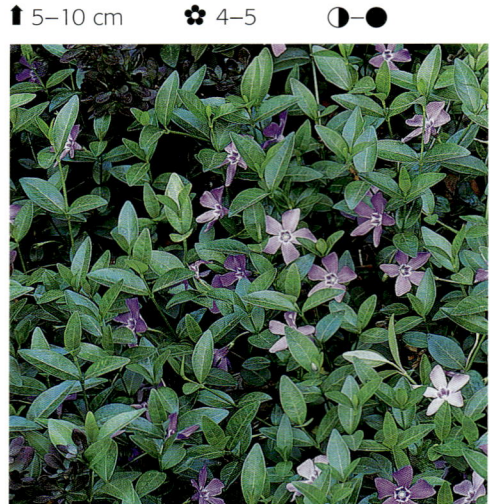

Sogar im tiefsten Schatten blüht und gedeiht dieser problemlose Bodendecker.
Wuchs: Wurzelnde teppichartige Triebe mit immergrünen, glänzenden, breit lanzettlichen, sich abwechselnd gegenüberstehenden dunkelgrünen Blättern.
Blüte: Blau- oder rotviolette, purpurfarbene oder weiße Blütensterne in den Achseln der Blätter.
Standort: Lockere, mäßig trockene bis mäßig feuchte Böden im kühlen Schatten.
Pflege: Braucht keine Pflege. Zu große Teppiche bei Bedarf abstechen.
Tipps: Farne, Schattengräser und Elfenblumen sind gute Partner. Vorsicht, die Pflanze ist giftig!

Sorten: 'Atropurpurea' (= 'Rubra'), rotviolett, 20 cm; 'Gertrude Jekyll', weiß, zierlicher als die Art, 20 cm.

Hirschzungenfarn
(Asplenium scolopendrium, Syn.: *Phyllitis scolopendrium)*

↕ 20–30 cm   ◐–●

Ungewöhnlich in der Blattform, zeigt sich dieser Farn am richtigen Standort langlebig und pflegeleicht.
Wuchs: Kleine Horste aus wintergrünen, ledrigen, zungenförmigen Blättern in frischem Grün, die sich langsam kriechend ausbreiten.
Standort: Nährstoffreiche, feuchte, kalkhaltige Böden, möglichst an luftfeuchten Stellen ohne Wintersonne.
Pflege: Bei Trockenheit wässern. Unschöne Blätter im Frühjahr abschneiden. In rauen Lagen im Winter mit Mulch abdecken.
Tipps: Schön in schattigen Fugen und an Wegrändern, am Gehölzrand zusammen mit anderen Farnen und Bodendeckern.

Sorten: 'Cristatum' und 'Undulatum' haben gewellte Blattränder.

Wurmfarn
(Dryopteris filix-mas)

↕ 60–100 cm   ◐–●

Einer der robustesten Farne für den Garten, ideal für Anfänger.
Wuchs: Trichterförmig angeordnete, breite, doppelt gefiederte Wedel in Dunkelgrün, mit braunen Sporenhäufchen auf den Unterseiten. Zunächst eingerollt wie ein Bischofsstab, entrollen sie sich allmählich beim Austrieb.
Standort: Jeder nährstoffreiche humose normale Gartenboden.
Pflege: Bei Bedarf wässern, sonst keine Pflege nötig.
Tipps: Passt sehr gut zu Akelei, Astilben, Hosta, Gräsern und vielen anderen Stauden an den Gehölzrand oder in schattige Gartenbereiche.

Zwiebelblumen sind jedes Jahr für eine Überraschung gut

Alle Jahre wieder erscheint diese muntere Gesellschaft aus dem vermeintlichen Nichts. Allerdings nur, wenn man ihr verwelkendes Laub nicht entfernt und Mäuse sie nicht zu ihrer Lieblingsspeise gewählt haben. Kaum ist der Schnee geschmolzen, sind Schneeglöckchen und Winterlinge zur Stelle – so als hätten sie nur auf den Startschuss gewartet.

Ihre Blüten haben etwas Transparentes, die Farben sind zart. Die leisen Töne sind gefragt, nach und nach wird es lauter und bunter. Das Schönste an ihnen ist für mich, dass ich sie jedes Jahr aufs Neue entdecke. An Stellen, die ich vergessen habe, und an Stellen, die sich die Amseln ausgesucht haben (um kleine Zwiebelchen zu verschleppen). Auf die Überraschung, dass eine Narzisse sich nicht schämt, leuchtend gelb zu erblühen – obwohl es eine weiße Sorte sein sollte –, könnte ich verzichten. Auch haben z.B. weiße *Scilla* die Angewohnheit, nach Jahren mir beweisen zu wollen, dass sie ja eigentlich Blausternchen heißen.

Nicht alle Zwiebelblumen haben auch Zwiebeln. Der Einfachheit halber werden Zwiebel- und Knollenpflanzen unter diesem Begriff zusammengefasst. **Zwiebeln** haben die bereits »fertige« Blütenknospe in ihren Schalen eingebettet. Die Pflanze, z.B. Tulpe oder Narzisse, sitzt unter der Erde in den Startlöchern – bereit, bei genügend Feuchtigkeit und Wärme zu explodieren.

Knollen fehlt die Schale. Ihre »Vorratskammern« haben die unterschiedlichsten Formen, aus denen sich die Pflanze aufbaut (z.B. Anemonen oder Winterlinge). Dazwischen gibt es eine ganze Reihe von Übergangsformen. Alle sind in der Lage, durch diese unterirdischen Organe über längere Zeit zu leben und jedes Jahr neu zu »erwachen«. Zwiebelblumen sind mehrjährig.

Fast von allein werden sie immer mehr. Kleine Brut- oder Tochterzwiebelchen werden fleißig produziert, die man zur vegetativen Vermehrung, also der Vermehrung durch Pflanzenteile, einfach abnehmen und einpflanzen kann. Die Nachkommenschaft, und zwar die sortenechte, ist gesichert. Zu groß gewordene Gruppen lassen sich leicht nach der Blüte teilen: mit der Grabegabel hochheben, an den Blättern festhalten, vorsichtig auseinander ziehen und an anderer Stelle neu pflanzen. So werden sie von Jahr zu Jahr mehr!

Ihre Wünsche sind recht bescheiden für das, was sie zu geben bereit sind. Guter, normaler Gartenboden – keine Staunässe – tief genug pflanzen (siehe Seite 84) – welkes Laub nicht abschneiden (sonst nimmt man ihnen die Nahrung). Sollte es während der Blütezeit sehr trocken sein, freuen sie sich über Wasser. Danach nicht mehr. Verpflanzt wird nach der Blüte. Je früher, desto besser können sich die Zwiebelblumen etablieren. Und wir uns erinnern, was was ist. Man sieht sie und stich nicht mitten hinein.

Der einzige Platz, an den keine Zwiebeln gehören, ist ein Beet, in dem ständig gegraben und gepflanzt wird. Sie möchten ihre Ruhe haben – möglichst an Stellen, die über Jahre ungestört bleiben. Natürlich kann man auch jedes Jahr neu pflanzen, wenn man zu viel Geld hat.

Mit Zwiebelblumen allein ließe sich kein Garten gestalten. Ihm würden Höhe und Struktur fehlen, und im Winter wäre er nicht da. Denn sie ziehen ihr Laub ein und überwintern unter der Erde. Platz für Blumenzwiebeln gibt es überall – vom kleinsten Balkonkasten bis zum größten Park. Klotzen und nicht kleckern ist angesagt.

Wildformen, früh blühende »Kleine« wie Blausternchen, kleinblütige Narzissen und Tulpen sehen in einem naturnahen Garten sehr hübsch aus. Hier können sie sich locker ausbreiten, verwildern, mit der Zeit zu blühenden Teppichen werden. Das macht am allerwenigsten Arbeit. **Gartenformen** von Tulpen, Dahlien usw. wirken gut in Rabatten und Beeten, jedoch nicht in Reih und Glied »eine weiße Tulpe, eine rote, eine weiße, eine rote usw.«. In Tuffs gepflanzt, sind sie viel schöner. Je kleiner die Pflanze, desto größer die Stückzahl. Ein Schneeglöckchen als Solitär wirkt lächerlich.

Frühlingsblüher haben eine kurze Blütezeit. Lassen Sie Stauden das verwelkende Laub verdecken. Oder füllen Sie Lücken mit Sommerblumen. Ihr großer Vorteil ist, dass sie ihren »Auftritt« haben, bevor sich der Garten mit anderem füllt.

Die »großen Drei« – Narzissen, Tulpen und Lilien – füllen den Garten vom Vorfrühling bis zum Spätsommer. **Narzissen** sind am leichtesten zu kultivieren, am winterhärtesten und blühen, je nach Sorte, von März bis Mai. Sie haben die charakteristische Zwiebelform. Besonders reich blühen Zwiebeln mit »Doppelnasen«. Ab April treten **Tulpen** in den Reigen ein. Die Auswahl ist riesig. Frühe einfache, Späte gefüllte, Lilienblütige mit zugespitzten Blütenblättern, von Weiß über Rot bis hin zu mehrfarbigen. Heute ist für uns kaum zu verstehen, dass man für Tulpen einmal ein Vermögen ausgab und sich in Schulden stürzte.

Lilien sind Sommerschönheiten, aber nicht ganz einfach. Durch ihre unterschiedlichen Wünsche an Standort, Pflanztiefe und -zeit sind sie eher etwas für Fortgeschrittene. Anfänger haben es mit **Montbretien** sehr viel leichter.

☀ Zier-Lauch und Steppenkerzen sind nur zwei Beispiele für Sommerblüher unter den Zwiebelblumen.

Zier-Lauch, Iran-Lauch
(Allium aflatunense)

↕ 70–100 cm ✿ 5–6 ○

Die leuchtkräftigen Blütenkugeln sorgen für attraktive Farbtupfer im Frühsommer.
Wuchs: Kräftiger Trieb mit riemenförmigen Blättern aus großer Zwiebel.
Blüte: Kleine, sternförmige, purpurfarbene Blüten in großer kugelförmiger Dolde am Ende der Triebe.
Standort: Nährstoffreiche, gut durchlässige, mäßig trockene bis frische Böden.
Pflege: Zum Austrieb düngen, Stiele nach dem Verblühen abschneiden.
Tipps: Am besten in kleineren Gruppen und in den Mittel- oder Hintergrund pflanzen, wo die Lücke nach dem Einziehen wenig auffällt.

Sorten: 'Purple Sensation', großblütiger, mit tief purpurvioletten Blüten, 80–100 cm.
Weitere Art: *A. christophii*, Sternkugel-Lauch, mit bizarren silbervioletten Blütenkugeln auf kurzen Stielen, 40–60 cm, blüht 6–7.

Strahlen-Anemone, Balkan-Anemone
(Anemone blanda)

↕ 15–25 cm ✿ 3–4 ◐

Teppiche aus zarten Blütensternen, die im Frühling jeden Gartenfreund bezaubern.
Wuchs: Einblütige kurze Triebe mit jeweils zwei dreiteiligen, gelappten Blättern. Wächst aus sich verzweigender Knolle und bildet mit der Zeit große Gruppen.
Blüte: Sternförmig, mit vielen Blütenstrahlen, blau, rosa oder weiß, mit gelber oder weißer Mitte.
Standort: Humoser, mäßig trockener bis frischer Boden an im Frühjahr sonnigen Plätzen.
Pflege: Knollen vor dem Setzen für einige Stunden in Wasser quellen lassen. Braucht keine Pflege.
Tipps: Ideal für Beete oder freie Flächen vor Gehölzen (keine Immergrünen!), zusammen mit anderen Frühlingsblühern.

Sorten: 'Pink Star', rosa; 'White Splendour', weiß, großblütig.

↕ Wuchshöhe in cm   ✿ Blütezeit in Monaten   Standort: ○ sonnig   ◐ halbschattig   ● schattig

Herbstzeitlose
(Colchicum-Hybriden)

↕ 15–20 cm ✿ 9–10 ○–◐

Wie große Krokusse im Frühherbst erscheinen diese leuchtenden Blütentupfer.
Wuchs: Aus zwiebelförmigen Knollen treiben im Frühjahr die großen hellgrünen Blätter und der Fruchtstand der vorjährigen Blüte. Das Laub zieht im Sommer ein, im Herbst treiben (blattlos) die Blüten.
Blüte: Trichterförmig mit langer Röhre, die halb in der Erde steckt. In Rosa, Weiß, auch gefüllt.
Standort: Nährstoffreiche, frische bis mäßig feuchte Böden.
Pflege: Im Spätsommer (August) 15–20 cm tief pflanzen. Sonst keine Pflege.
Tipps: Schön vor Gehölzen oder in Wassernähe. Die ganze Pflanze ist hochgiftig!

Sorten: 'Autumn Queen', dunkelviolett; 'Lilac Wonder', fliederfarben, reichblütig; 'Waterlily', lilarosa, gefüllt, sehr großblütig.

Montbretie
(Crocosmia × crocosmiiflora)

↕ 60–100 cm ✿ 7–9 ○

Exotisch wirken die an Gladiolen erinnernden Blüten in leuchtenden Farben.
Wuchs: Zwiebelförmige Knollen mit vielen Tochterknollen, wächst horstartig mit schwertförmigen, schlanken Blättern.
Blüte: Trichterförmige Blüten in langen Ähren über dem Laub, in Orange, Rot, Gelb.
Standort: Durchlässiger, frischer Boden in warmer, sonniger Lage.
Pflege: Im frühen Frühjahr pflanzen. In rauen Lagen abdecken, vor Winternässe schützen.
Tipps: In Gruppen in sonnigen Staudenbeeten oder -rabatten verwenden. Passt gut zu weißen oder blauen Farben.

Sorten: 'Emily McKenzie', orange mit dunkler Mitte, 60–80 cm.
Weitere Art: *C. masoniorum*, ähnlich, aber höher und großblütiger; z.B. 'Lucifer', feuerrot, 100–120 cm. Teilweise werden die Sorten im Handel auch als *C.*-Hybriden bezeichnet.

Elfen-Krokus
(Crocus tommasinianus)

↕ 5–10 cm ❀ 2–4 ○–◐

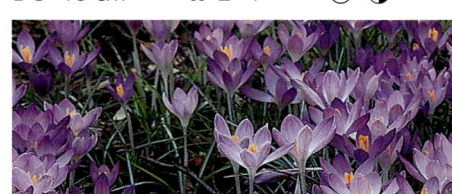

Der ideale Krokus zum Verwildern.
Wuchs: Eintriebige Knollenblume, die reichlich Tochterknollen bildet, mit schmalem grasartigem Laub, dunkelgrün mit hellem Mittelstreifen.
Blüte: Schlanke Trichterblüten in hellem Violett mit langer Kronröhre.
Standort: Jeder frische bis mäßig trockene Gartenboden auf im Frühjahr sonnigen Plätzen.
Pflege: Keine Pflege notwendig.
Tipps: Am besten in Gruppen oder flächenweise pflanzen, vor und unter Laub abwerfenden Gehölzen oder im lückigen Rasen. Dazu passen Winterlinge, Schneeglöckchen und andere Krokusse.

Weitere Art: *C.*-Hybriden, die Garten-Krokusse, sind großblütiger und weniger zierlich, 10–15 cm hoch, sie blühen etwas später (3–4) in bunten Farben, von Weiß über Gelb und Violett bis zweifarbig.

Dahlie
(Dahlia-Hybriden)

↕ 30–150 cm ❀ 7–10 ○

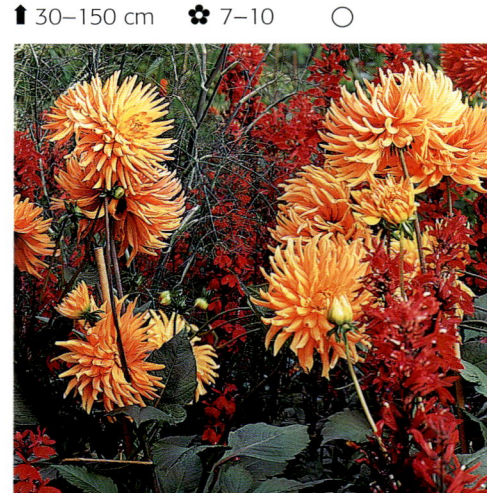

Aus dem Blütenherbst nicht wegzudenken.
Wuchs: Aufrechte, meist straffe Triebe aus großer Knolle, mit großen, dunkelgrünen, elliptischen Blättern.
Blüte: Große Körbchenblüten in umfassender Farbpalette (außer Blau), je nach Sorte ungefüllt bis stark gefüllt.
Standort: Nährstoffreiche lockere Gartenböden ohne Staunässe.
Pflege: Die nicht winterharten Knollen Ende April pflanzen, mäßig düngen, bei Bedarf stäben. Triebe nach der Blüte abschneiden, Knollen in Sandkisten frostfrei überwintern.
Tipps: Gruppenweise pflanzen.

Sorten: Die Palette ist unüberschaubar: Ungefüllte Blüten haben u. a. Mignon-Dahlien; halbgefüllte die Duplex-Dahlien ('Bishop of Llandaff'); gefüllte die Schmuck-Dahlien (innen gefüllt, außen ein Blütenblätter-Kranz), Pompon-Dahlien (kleine Blütenkugeln) und Kaktus-Dahlien (mit gerollten Blütenblättern).

Winterling
(Eranthis hyemalis)

↑ 5–10 cm   ✿ 2–3   ◐

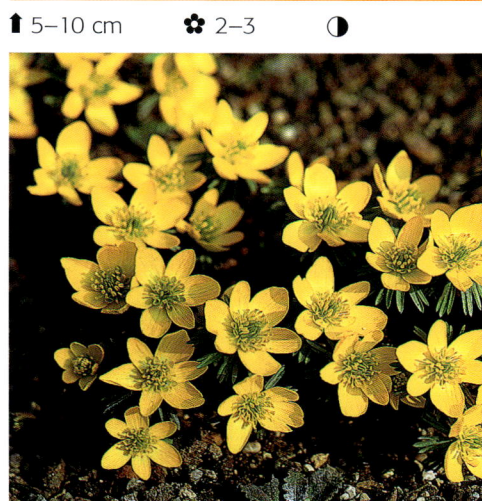

Absolut pflegeleichter heimischer Frühjahrsblüher, gut zum Verwildern.
Wuchs: Ausläufer bildende Knollenpflanze mit handförmig zerteilten Blättern (erscheinen meist nach der Blüte), die in dichten Teppichen wächst.
Blüte: Leuchtend gelbe Schalenblüten auf kurzen Stielen mit einer »Halskrause« aus einem Hochblatt.
Standort: Jeder nicht zu trockene Gartenboden (keine Staunässe!) in im Frühjahr heller Lage.
Pflege: Gleich nach dem Kauf pflanzen und Knollen am besten einige Stunden in Wasser einweichen. Sonst keine Pflege notwendig.
Tipps: Wunderbar unter Laub abwerfenden Gehölzen, zusammen mit Elfen-Krokussen und Schneeglöckchen.

Schneeglöckchen
(Galanthus nivalis)

↑ 10–15 cm   ✿ 2–3   ◐

Neben Winterlingen die ersten Frühjahrsboten im Garten – natürlich schön und unverzichtbar.
Wuchs: Eintriebige Zwiebelblume mit linealischen, blaugrünen Blättern.
Blüte: Schneeweiße Blütenglocken mit grün geflecktem »Krönchen« in der Mitte hängen einzeln an den nickenden Stielen.
Standort: Humose, frische bis feuchte Böden.
Pflege: Keine Pflege nötig. Teilen und Verpflanzen lassen sich Schneeglöckchen gleich nach der Blüte.
Tipps: Am Gehölzrand und im lückigen Rasen, am besten in kleinen Gruppen pflanzen. Ameisen sorgen für die Verbreitung der Samen.

Weitere Art: *G. elwesii*, großblütiger, sonst ähnlich, 15–20 cm, blüht ebenfalls 2–3.

Traubenhyazinthe
(Muscari armeniacum)

↑ 15–25 cm ✿ 4–5 ◯–◐

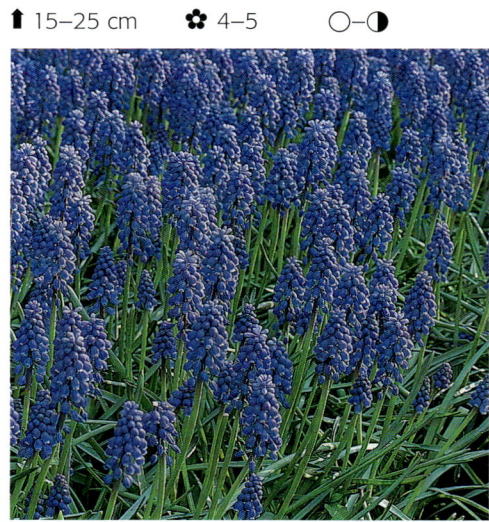

Pflegeleichter Begleiter für sonnige Beete mit Zwiebelblumen.
Wuchs: Mehrtriebige Zwiebelblume mit schmal linealischen, rinnigen Blättern.
Blüte: Kleine, krugförmige, tiefblaue Blüten mit schmalem weißem Rand, in dichten kegelförmigen Trauben auf straffen Stielen.
Standort: Nährstoffreiche, mäßig trockene bis frische Böden.
Pflege: Keine Pflege notwendig. Das Laub zieht nach der Blüte den Sommer über ein und treibt bereits im Herbst wieder aus – nicht abschneiden.
Tipps: Passt wunderbar zu anderen Frühjahrs-Zwiebelblumen, v.a. zu Tulpen und Narzissen. Am besten in Gruppen oder als Beeteinfassung pflanzen.

Narzisse
(Narcissus-Hybriden)

↑ 30–60 cm ✿ 3–5 ◯–◐

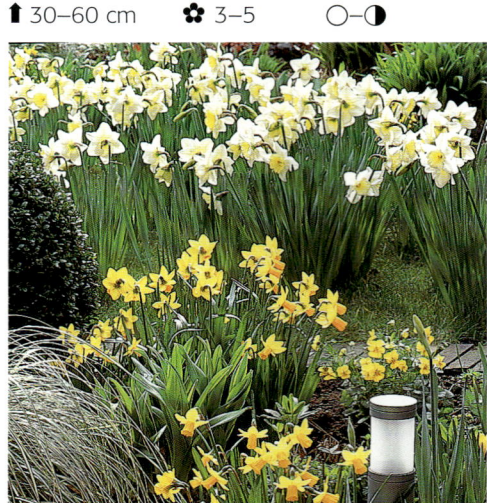

Neben Tulpen der Klassiker im Frühling.
Wuchs: Große Zwiebeln mit riemenförmigem blaugrünem Laub.
Blüte: Typische sternförmige Blüte auf straffen Stielen, mit kurzer oder langer röhrenförmiger »Nebenkrone«, in Gelb, Weiß, Orange, auch zweifarbig und gefüllt.
Standort: Nährstoffreiche, frische bis mäßig feuchte Gartenböden.
Pflege: Fruchtstände abschneiden, Blätter einziehen lassen.
Tipps: Einzelne Sorten am besten gruppenweise setzen. Gut zum Schnitt.

Sorten: Man unterscheidet verschiedene Gruppen, darunter Trompeten-Narzissen (»Osterglocken« mit trompetenfömiger Nebenkrone), Großkronige und Kleinkronige Sorten sowie Gefüllte.
Weitere Art: *N. poeticus*, Dichter-Narzisse, blüht 4–5 in Schneeweiß mit kleiner orangegelber Nebenkrone, stark duftend, 30–50 cm.

Sibirischer Blaustern
(Scilla siberica)

↕ 10–15 cm 3–5

Die niedrigen zarten Blütenteppiche ergeben eine wunderbare Unterpflanzung.
Wuchs: Zwiebelpflanze mit mehreren Trieben und breit linealischem Laub, bildet allmählich dichte Teppiche.
Blüte: Ausgebreitete blauviolette, selten weiße, hängende Blütensterne, in lockeren Trauben an den leicht gebogenen Stängeln.
Standort: Jeder mäßig trockene bis frische, durchlässige Gartenboden.
Pflege: Keine Pflege nötig, breitet sich durch Tochterzwiebeln und Samen allmählich aus.
Tipps: In größeren Gruppen pflanzen, auf Beeten, am Gehölzrand und im Steingarten. Passt sehr gut zu Tulpen.

Sorten: 'Alba', reinweiß; 'Spring Beauty', großblütiger, intensiv blau mit dunkler Mittelrippe.

Tulpe
(Tulipa-Hybriden)

↕ 30–60 cm 4–5

Kein Frühling ohne Tulpen im Garten! Die Vielfalt lässt keine Wünsche offen.
Wuchs: Aufrechte Zwiebelblume mit zungenförmigem graugrünem Laub.
Blüte: Kelchförmig an straffen Stielen, in vielen Farben, auch zweifarbig oder gefüllt.
Standort: Mäßig trockene bis frische Gartenböden, ideal ist sandiger Lehm.
Pflege: Beim Austrieb etwas düngen. Fruchtstände abschneiden, Laub einziehen lassen.
Tipps: In kleinen oder größeren Gruppen, auch gemischt. Schön zusammen mit Blausternchen.

Sorten: Die riesige Sortenpalette umfasst u. a. Frühe und Späte, Lilienblütige (mit zugespitzten Blüten) und Papageien-Tulpen (in gefransten Formen) sowie botanische Arten (siehe unten).
Weitere Art: *T. kaufmanniana*, eine Wild-Tulpe mit bei Sonne breit geöffneten Blüten (»Seerosen-Tulpe«), blüht 3–4 in Rot-, Weiß- und Gelbtönen, oft mehrfarbig, 20–30 cm.

Sommerblumen sind der leichteste Weg zur »Flower-Power«

Und sie tanzten nur einen Sommer. Doch welch fröhlicher, übermütiger Tanz. Wenn sie sich jetzt nicht austoben, eine zweite Gelegenheit bekommen sie nicht. Sie stecken ihre ganze Energie in ihre Blüten – jetzt oder nie!

Bei guten Bedingungen bringen sie mehr Farbe über eine längere Blütezeit in den Garten als alle anderen Pflanzengruppen. Dazu brauchen sie gute Startbedingungen (lockeren, nährstoffreichen Boden). Sie haben nur eine Saison zum Wachsen, Blühen und Samenbilden. Danach sterben sie ab. Zeitraffer nennt man so etwas. Wenn Sie die verwelkten Blütenstände abschneiden, werden fleißig neue produziert. Der Wille zu leben und der Drang, sich durch Samen fortzupflanzen, müssen gewaltig sein.

Es gibt sogar winterharte Einjährige, so paradox das klingt. Sie keimen bei niedrigen Temperaturen und können deshalb schon im März dort ausgesät werden, wo sie auch wachsen sollen. Vergissmeinnicht und Kapuzinerkresse gehören dazu.

☀ Zweijährige wie das Vergissmeinnicht passen besonders gut zu Tulpen und Narzissen.

Sommerblumen sind einfach schön. Unzweifelhaft. In England werden sie sogar »kindergarten plants« genannt, weil sie so pflegeleicht sind, schnell wachsen und blühen. Aber sie machen auch Arbeit. Jedes Jahr aufs Neue. Dafür ist ein Fehlgriff nicht so endgültig. Ein neues Jahr – eine neue Chance.

Und was man mit ihnen nicht alles machen kann: Sie füllen nicht nur die Lücken bei einer Neuanlage, auch die der Zwiebelblumen und frühen Stauden (Tränendes Herz). Einjährige füllen das viel beklagte »Augustloch«, das wirklich keins zu sein braucht. Sie bringen die leuchtendsten Farben in den Garten und ins Haus. Herrliche Sommersträuße lassen sich zusammenstellen.

Bunt kann fröhlich und lustig sein – wie ein heiterer Sommertag. Achten Sie darauf, dass es nicht zu bunt wird. Auch hier ist eine Farbabstimmung wichtig. Alle Gelb-, Orange- und Rottöne harmonieren, genau wie Weiß, Rosa und Violett. Gelb und Violett ist sehr hart, und Gelb und Rosa – na ja. Im Frühling ergänzen sich Zweijährige und kleine Zwiebelblumen. Im Sommer Einjährige und beispielsweise Dahlien. Die meisten mögen Sonne und Wärme. Im Schatten blüht das »Fleißige Lieschen«. Aber auch Lobelien, Stiefmütterchen, Kapuzinerkresse und sogar, nach meiner Erfahrung, Levkojen blühen munter an schattigeren Stellen.

Einjährige überleben ihre erste Wachstumsperiode nicht. Sie säen sich gerne selbst aus. Und neue Pflanzen erscheinen im nächsten Jahr. Oft an völlig unverhoffter Stelle und von anderem Aussehen.

Eine klassische Einjährige ist die Kosmee oder Schmuckkörbchen. Mit zierlichem Laub und hübschen Blüten in Weiß, Rosa oder Hellrot. Hummeln scheinen sie als Landeplatz sehr attraktiv zu finden. Schnell und leicht erreicht die kletternde Kapuzinerkresse eine Höhe von 3 m. Trichterförmige Blüten in Gelb, Orange oder Rot erscheinen in Hülle und Fülle.

Nicht jedermanns Sache sind Studentenblumen *(Tagetes)*. Bei ihren leuchtenden Orangetönen und üppigen Blütenbällen muss man schon ein Freund kräftiger Farben und Formen sein. Harmonischer lassen sich ihre feineren Verwandten in klarem Zitronengelb kombinieren.

Zweijährige entwickeln sich im ersten Jahr. Im nächsten Jahr blühen sie und sterben. Auch sie säen sich fleißig aus und sind immer »da«. Die meisten blühen im Frühling. Sie müssen ja nicht mehr bei null anfangen. Warum schaut das Stiefmütterchen nur so verdrießlich? Bei den vielen hübschen Farben. Jedes Jahr kommen neue Züchtungen mit noch schöneren Farbkombinationen heraus. Das Vergissmeinnicht sieht immer so aus, als sei es mit sich und der Welt zufrieden.

Sommerblumen wirken am besten in Massen. Dazu braucht man Platz. Den Sie vielleicht nicht haben. Mini-»Flower Power« kann sehr reizvoll in Ampeln oder Hängekörben sein. Außer »Fleißigen Lieschen« und Lobelien sind Begonien und kleine Petunien sehr hübsch. Mal etwas Fantasievolleres als Geranien ist der Elfensporn *(Diascia barberae)*. An seinen zartrosa oder auch kräftiger getönten Blüten kann man sich von Mai bis zum Frost erfreuen.

Kosmee, Schmuckkörbchen
(Cosmos bipinnatus)

⬆ 60–140 cm ❀ 7–10 ◐

Eine der schönsten und dankbarsten Sommerblumen, duftiger Langzeitblüher mit apartem Laub.
Wuchs: Aufrechte, breite Büsche aus reich verzweigten Trieben, Blätter nadelfein gefiedert.
Blüte: Große Schalenblüten in Rosa, Karminrot oder Weiß mit gelber Mitte aus kurzen Staubblättern.
Standort: Nährstoffreicher, lockerer Gartenboden an sonnig-warmen Plätzen.
Pflege: Ab Ende April Aussaat direkt ins Beet oder Vorkultur ab März. Sparsam düngen, bei Bedarf stäben. Die Blütezeit verlängert sich, wenn man verblühte Blüten abschneidet.
Tipps: Passt sowohl ins Staudenbeet als auch zu Rosen und Sommerblumen.

Sorten: 'Sonata White', weiß, 'Sonata Pink Blush', rosa mit rotem Auge, beide nur 60 cm, standfest; 'Frühwunder', großblütige Farbmischung, 100 cm.

Goldmohn, Schlafmützchen
(Eschscholzia californica)

⬆ 30–40 cm ❀ 6–9 ○

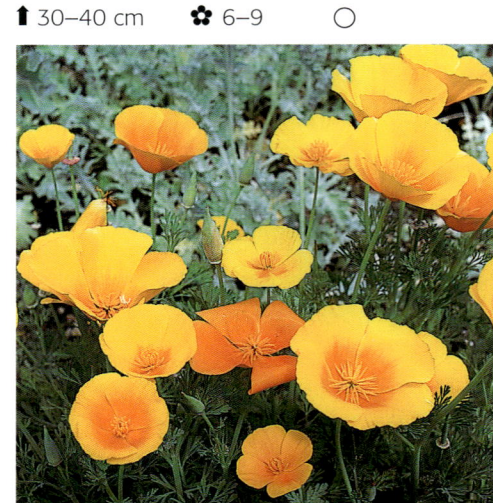

Wunderbar anspuchsloser und lange blühender Lückenfüller.
Wuchs: Locker verzweigt mit fein gefiedertem, graugrünem Laub.
Blüte: Schalenförmige Mohnblüten in warmem Goldorange, auch in Zitronengelb, Rosa, Rot, Creme und gefüllt. Die Blüten öffnen sich nur bei Sonne!
Standort: Durchlässige, warme Plätze mit mäßig trockenem bis frischem Boden.
Pflege: Ab Ende März Aussaat direkt ins Beet. Verbreitet sich durch Selbstaussaat. Keine Pflege nötig.
Tipps: Sehr schön als Randbepflanzung oder für größere Flächen sowie als Lückenfüller im Staudenbeet.

Sorten: Meist sind Farbmischungen mit ungefüllten Blüten im Handel.

⬆ Wuchshöhe in cm ❀ Blütezeit in Monaten Standort: ○ sonnig ◐ halbschattig ● schattig

Sonnenblume
(Helianthus annuus)

↕ 40–250 cm 7–10 ○

Bekannter und beliebter Sonnenanbeter.
Wuchs: Straff aufrechte Triebe mit sehr großen herzförmigen Blättern, meist hochwüchsig, aber auch in Zwergformen.
Blüte: Große Korbblüte, gelb, orange, rotbraun, meist mit brauner Mitte, auch gefüllt.
Standort: Nährstoffreiche, mäßig trockene bis frische Böden ohne Staunässe.
Pflege: Aussaat ab April ins Freiland oder Vorkultur ab März. Reichlich wässern und düngen, bei Bedarf stützen.
Tipps: Wirkt gut entlang von Zäunen oder als Beethintergrund. Als Schnittblume Stiele kurz in kochendes Wasser halten.

Sorten: Angeboten wird eine breite Palette mit unterschiedlicher Wuchshöhe, Blütengröße und -farbe sowie Verzweigung. Bewährt sind u. a. 'Teddybär', gefüllt, 40 cm; 'Valentin', zitronengelb mit schwarzer Mitte, 160 cm; 'Musicbox', Mischung in Creme bis Mahagoni, 70 cm.

Levkoje
(Matthiola incana)

↕ 30–90 cm 5–8 ○

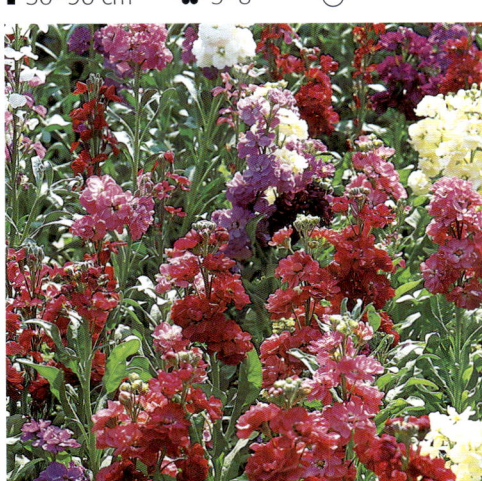

Altbekannte und bewährte Sommer- und Schnittblume mit herrlichem Duft.
Wuchs: Meist aufrecht und eintriebig, Busch-Levkojen buschig. Blätter graugrün, länglich elliptisch.
Blüte: Schalenförmig, meist gefüllt, in lockeren bis dichten, aufrechten Trauben, weiß, rosa, rot, violett, sogar gelb.
Standort: Nährstoffreicher, lehmiger, frischer bis mäßig feuchter Boden.
Pflege: Vorkultur (Lichtkeimer!) ab Anfang März und Auspflanzen ab Mitte Mai.
Tipps: Am besten verschiedene Sorten als größere bunte Gruppe zusammenpflanzen.

Sorten: Im Handel ist ein breites Angebot an Farben, Wuchshöhen und verschieden dichten Blütentrauben erhältlich, zu empfehlen sind Farbmischungen.

Vergissmeinnicht
(Myosotis sylvatica)

↕ 15–35 cm ❋ 4–6 ◐–◑

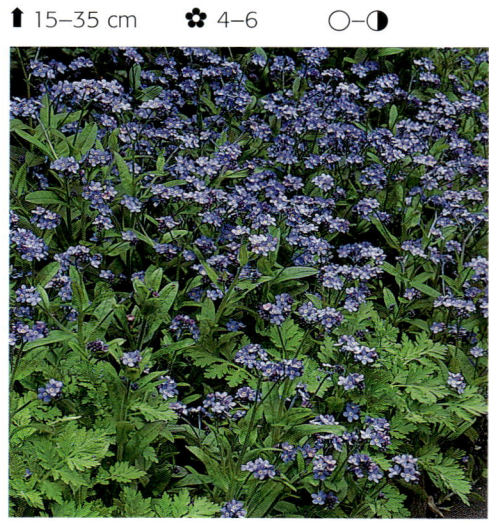

Hübscher Frühlingsblüher, der im Sommer ausgesät wird und erst im nächsten Jahr blüht **(zweijährige Pflanze)**.
Wuchs: Breite, verzweigte niedrige Büsche.
Blüte: Kleine sternförmige Blütchen in gebogenen Trauben, blau, violett, rosa oder weiß mit gelblicher Mitte.
Standort: Nährstoffreicher, lockerer, frischer bis feuchter Boden.
Pflege: Aussaat im Juli, im September an den endgültigen Platz verpflanzen, in rauen Lagen mit Reisig abdecken. Sät sich selbst aus.
Tipps: Wunderbare Ergänzung zu Zwiebelblumen, v.a. Tulpen, die es locker umspielt und die nackte Erde bedeckt.

Sorten: Vielfach werden auch *M.*-Hybriden angeboten. Zu empfehlen sind 'Bluesylva', mittelblau, 20 cm; 'Compindi', dunkelblau, 20 cm; 'Rosylva', rosa, 20 cm; 'Snowsylva', weiß, 20 cm.

Islandmohn
(Papaver nudicaule)

↕ 30–50 cm ❋ 5–9 ○

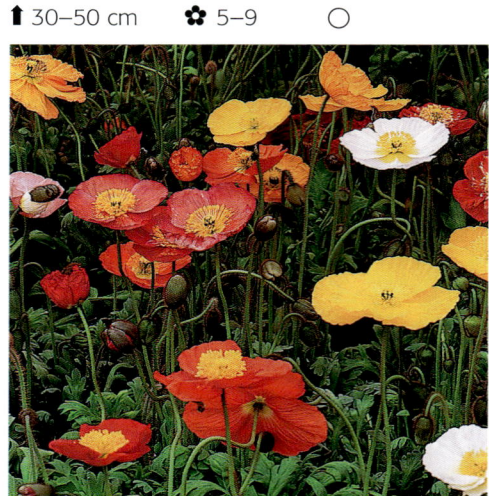

Bunte Blütenpracht in harmonischen Pastelltönen **(zweijährige Pflanze)**.
Wuchs: Aufrechte Triebe aus einer Grundblattrosette mit graugrünen, gebuchteten Blättern.
Blüte: Große Schalenblüten in Weiß, Gelb, Orange und Rot mit gelben Staubblattbüscheln.
Standort: Durchlässige, mäßig trockene bis frische Gartenböden.
Pflege: Aussaat normal im Juni, im September an ihren Platz verpflanzen; bei Aussaat im Januar und Verpflanzen im März erfolgt die Blüte im gleichen Jahr.
Tipps: Wirkt am besten in Gruppen in der Rabatte oder auf Freiflächen.

Sorten: Zu empfehlen sind Mischungen wie 'Illumination', 50 cm; 'Partyfun', standfest, 30 cm.
Weitere Art: *P. rhoeas*, Klatschmohn, 50–60 cm, blüht 5–7 in Rot, Rosa und Weiß, gefüllte Mischungen als »Seidenmohn« im Handel.

Rauer Sonnenhut
(Rudbeckia hirta)

↕ 25–80 cm　✿ 7–10　○

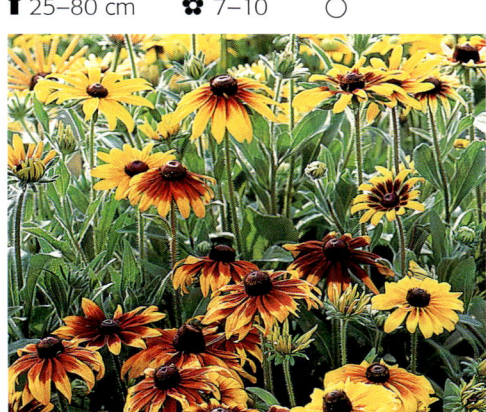

Sonnige Stimmung bringt diese reich blühende Pflanze auch in Ihren Garten.
Wuchs: Dichte Büsche aus aufrechten Trieben mit rauen, elliptischen Blättern.
Blüte: Große gelbe bis orangebraune oder zweifarbige Körbchenblüten mit knopfartiger, meist dunkelbrauner Mitte, auch gefüllt.
Standort: Nährstoffreicher, lockerer, mäßig trockener bis frischer Boden.
Pflege: Anzucht im Haus ab März, ab Mai ins Beet auspflanzen. Regelmäßig wässern und düngen, Verblühtes abschneiden.
Tipps: Passt gut als Lückenfüller ins Sommerblumen- oder ins Staudenbeet. Schön zu blauem Salbei und Gräsern.

Sorten: 'Marmalade', orangegelb, 60 cm, standfest; 'Sonora', gelb mit braunem Ring in der Mitte, 35 cm; 'Toto', goldgelb, nur 25 cm.

Mehl-Salbei
(Salvia farinacea)

↕ 40–80 cm　✿ 6–9　○–◐

Sehr pflegeleichter Dauerblüher, der sich wunderbar kombinieren lässt.
Wuchs: Dichte Horste mit gegenüberstehenden elliptischen Blättern.
Blüte: Kleine violette oder weiße Lippenblüten in dichten, silbrig behaarten Ähren an straff aufrechten Trieben über dem Laub.
Standort: Jeder normale nährstoffreiche Gartenboden.
Pflege: Ab März aussäen und im Mai auspflanzen. Ausreichend wässern und düngen.
Tipps: Passt als Lückenfüller zu sehr vielen Sommerblumen und Stauden sowie zu Rosen.

Sorten: 'Strata', blau in weißen Ähren, 40 cm; 'Victoria', dunkelblau, 50 cm.
Weitere Art: *S. coccinea*, Zier-Salbei, buschig verzweigte Art mit hohen, lockeren Blütenständen und großen Blüten in Rot ('Lady in Red') oder Weiß ('Nymphe'); 40–60 cm, blüht 6–9.

Studentenblume, Tagetes
(*Tagetes*-Hybriden)

↕ 20–100 cm　✿ 6–10　○

Unübertroffen robust und leuchtkräftig.
Wuchs: Breite Büsche mit gefiedertem Laub.
Blüte: Gelbe, orange oder braune Körbchenblüten, meist gefüllt, auch zweifarbig, straff über dem Laub.
Standort: Alle normalen Gartenböden.
Pflege: Ab März im Haus aussäen, im Mai ins Freie pflanzen. Gut wässern und düngen, vor Schnecken schützen.
Tipps: Am besten gruppen- oder flächenweise verwenden oder in die Rabatte eingestreut. Gute Schnittblume.

Sorten: *T.*-Erecta-Hybriden mit sehr großen, ballförmigen, gefüllten Blüten in Gelb und Orange, in verschiedenen Höhen, gut zum Schnitt; *T.*-Patula-Hybriden sind ähnlich, aber kleinblütiger, auch braun und zweifarbig, 20–50 cm.
Weitere Art: *T. tenuifolia*, die Zitronen-Tagetes, feinblättrig, nur 20–40 cm, kleine, ungefüllte, gelbe oder orange Blütensterne, gut kombinierbar, blüht 7–10.

Kapuzinerkresse
(*Tropaeolum majus*)

↕ 30–200 cm　✿ 7–10　○–◐

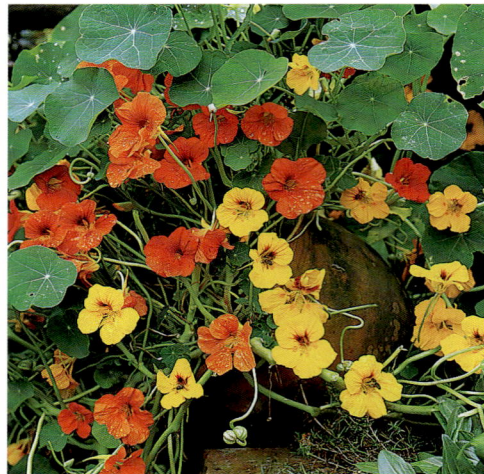

Leuchtkraft und Wuchsfreude sorgen für tropische Üppigkeit im Garten.
Wuchs: Buschige Horste oder mit rankenden Trieben bis 2 m kletternd, mit typischen rundlichen, in der Mitte gestielten Blättern.
Blüte: Große, trichterförmige Blüten mit gefranstem Schlund und Sporn, in leuchtendem Gelb, Orange oder Rot.
Standort: Mäßig nährstoffreiche, lockere, normale Gartenböden.
Pflege: Ab Mai Aussaat ins Freie. Gut wässern, aber mäßig düngen, sonst überwiegend Blätter und kaum Blüten.
Tipps: Lässt sich sehr vielseitig verwenden, zum Beranken von Zäunen, Kaschieren unschöner Anblicke, als Bodendecker, in Rabatten, im Topf.

Sorten: Meist sind Mischungen verschiedener Blütenfarben im Handel, darunter auch Sorten der kleinblütigeren *T. minus,* wie 'Tip Top'.

Patagonisches Eisenkraut, Schleier-Verbene
(Verbena bonariensis)

⬆ 80–120 cm ✿ 7–10 ○

Pflegeleichter Dauerblüher, der mit zartem Blütenschleier Beete duftig umspielt.
Wuchs: Straff aufrechte Triebe mit sparrigen, schräg nach oben abstehenden Zweigen.
Blüte: Sehr kleine violette Blüten in kleinen Schirmchen an den Zweigenden.
Standort: Warme, lockere und durchlässige, mäßig trockene bis frische Böden. Keine Staunässe!
Pflege: Ab Februar im Haus aussäen und ab Mai ins Freie auspflanzen. Keimt nicht immer zuverlässig, daher besser Jungpflanzen kaufen.
Tipps: Die duftigen Pflanzen sollten gruppenweise verwendet werden, damit sie ihre Wirkung erzielen. Lässt sich wunderbar mit spät blühenden Stauden und Sommerblumen kombinieren.

Stiefmütterchen
(Viola-Wittrockiana-Hybriden)

⬆ 15–30 cm ✿ 3–5/10–12 ○–◐

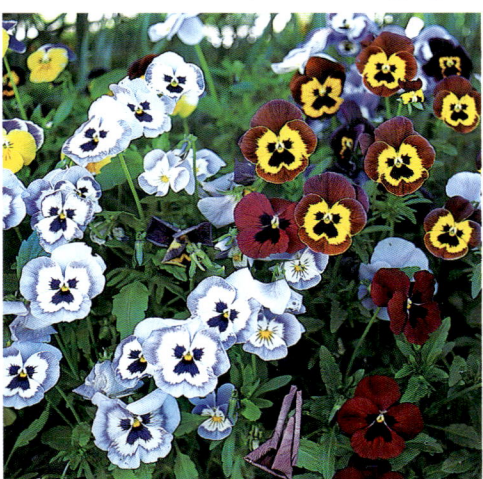

Mit die bekannteste und verbreitetste Gartenpflanze – ein Frühling ohne sie ist undenkbar **(zweijährige Pflanze)**.
Wuchs: Breitbuschig mit eiförmigen, tief eingeschnittenen Blättern.
Blüte: Die fünf Blütenblätter überlappen sich, tragen oft eine Strich-Zeichnung. Immense Farbenvielfalt.
Standort: Nährstoffreiche, lockere Gartenböden.
Pflege: Aussaat im Juli, im Herbst verpflanzen und über Winter mit Reisig abdecken. Gut wässern und düngen.
Tipps: Stiefmütterchen lassen sich im Beet wie im Topf sehr gut verwenden.

Sorten: Unüberschaubar großes Sortiment.
Weitere Art: *V. cornuta*, das Hornveilchen, deutlich kleinblütiger und zarter, 10–20 cm, mit vielen Sorten und sehr langer Blütezeit von 5–7/9–10.

Obst, Gemüse, Kräuter – die erste eigene Ernte macht Lust auf mehr

Obst, Gemüse und Kräuter, kurz alles Leckere aus dem Garten, bilden die vielfältigste Pflanzengruppe, die man sich vorstellen kann: Sie umfasst Bäume (Apfel), Sträucher (Rosmarin), Stauden (Erdbeeren), Kletterpflanzen (Bohnen), Zwiebel- und Knollenpflanzen (Zwiebeln, Kartoffeln), Bodendecker (Thymian) und Ein- und Zweijährige (Tomaten, Petersilie)!

Einige klettern hoch hinaus, wie die Stangenbohnen, andere kriechen am Boden, wie Erdbeeren. Was sie aber alle dringend brauchen ist Sonne und Wärme und Schutz vor Winden, mit ganz wenigen Ausnahmen wie der Pfefferminze, die auch gut im Schatten gedeiht.

Bevor Sie also voller Enthusiasmus in die nächste Gärtnerei laufen, überlegen Sie, ob Sie ein überhaupt ein geeignetes Fleckchen in Ihrem Garten haben, oder ob Sie eventuell eines frei machen können. Der richtige Standort ist der erste Schritt zum Erfolg. Keine Tomate, Gurke oder Paprika wird unter der dichten Krone einer alten Eiche gedeihen, geschweige denn reif werden.

☀ Ein Gemüsebeet kann durchaus auch optisch ein Genuss sein – hier mit farbenprächtigem Mangold, Palmkohl und bunt blühenden Buschbohnen der Sorte 'Hestia'.

Obst

Selbst im kleinsten Garten wird sich ein Platz für etwas Obst finden. Apfelbäume, Kirschen, Pflaumen, selbst Quitten gibt es in Miniaturformen, als Spalier oder Säulen. Sie sind gut in einer Rabatte mit Blumen zu integrieren, sorgen dort für Höhepunkt und Blickfang. Und unter den Kronen kleiner Hochstämme sehen niedrige Blumen (Schneeglöckchen, Narzissen, Veilchen, Stiefmütterchen) reizend aus. Viele Obstarten sollten nicht wieder an dieselbe Stelle gepflanzt werden. Wie bei den Rosen macht sich eine Bodenmüdigkeit bemerkbar, die einer guten Ernte im Wege steht.

Kernobst – hierzu gehören Äpfel, Birnen und Quitten. Äpfel und Birnen brauchen einen weiteren Apfel- oder Birnbaum, zumindest in der Nähe (vielleicht beim Nachbarn), um zufriedenstellend zu blühen und somit zu tragen.

Steinobst – das sind Kirschen, Aprikosen, Pflaumen. Sie werden heute meist »selbstfruchtend« angeboten, Sie brauchen also nur eine Pflanze. Lassen Sie sich in der Baumschule beraten, welche Sorten für Sie in Frage kommen.

Beerenobst – anspruchslos in der Pflege, anpassungsfähig an Klima und Boden und nicht launisch im Blühen und Fruchten. Hochstämmchen werten ein Blumenbeet auf, Sträucher lassen sich als Spalier und Hecken ziehen. Volle Sonne und ein windgeschützter Platz sind hier ein Muss. Es gibt früh-, mittel- und spätreifende Sorten, und bei Himbeeren und Erdbeeren auch solche, die mehrmals

☀ Kräuter und Rosen sind ideale Partner. Vor allem schwach wachsende Arten wie der Thymian sind wunderbar als Beeteinfassung, andere spielen mit schönen Blattstrukturen.

im Jahr tragen. Erdbeeren sind Stauden, die nach drei bis vier Jahren im Ertrag nachlassen. Da sie sich über Ausläufer vermehren, sollten Sie rechtzeitig kleine Pflänzchen nachziehen.

Gemüse

Gemüse ist wichtig für eine gesunde Ernährung. Kommt es frisch aus dem Garten, ist es nicht nur besonders gesund und knackig, es konnten auch keine Nährstoffe durch Transport oder lange Lagerung verloren gehen. Gemüse ist der Oberbegriff für eine große Zahl krautiger Pflanzen oder deren essbare Teile. Man unterscheidet verschiedene Gruppen:

Fruchtgemüse – dazu gehören Tomaten, Zucchini und Paprika. Reich an leuchtenden Farben und den unterschiedlichsten Formen, schmecken die Vertreter dieser Gruppe roh genauso gut wie gekocht. Sie kommen aus südlichen Ländern, sind frostempfindlich und werden meist einjährig gezogen. Sie sind allesamt Starkzehrer und laugen den Boden stark aus. Sie müssen daher gut mit Nährstoffen in Form von Dünger versorgt werden.

Hülsenfrüchte – sie sind dagegen so genannte »Schwachzehrer«, sind also genügsam in ihren Ansprüchen. Einige von ihnen klettern, wie Stangenbohnen und Erbsen. Während junge Zuckererbsen roh ganz lecker schmecken, sollten Sie tunlichst davon absehen, grüne Bohnen roh zu essen. Die darin enthaltenen Giftstoffe werden erst durch die Hitze beim Kochen unschädlich.

Salate und Blattgemüse – von ihnen verwendet man die Blätter. Salate werden in der Regel roh gegessen. Der wichtigste frostverträgliche Salat ist der Feldsalat, oft auch Wintersalat genannt. Spinat und Mangold bezeichnet man ebenfalls als Blattgemüse. Das berühmtberüchtigte »Schießen« entsteht, wenn die Tage länger werden, die Pflanzen mehr Licht bekommen und blühen wollen. Deshalb vorher ernten.

Wurzel- und Knollengemüse – sie bevorzugen einen tiefgründigen, lockeren Boden. Dazu gehören natürlich die Kartoffeln, die zudem erstklassige Bodenverbesserer sind. Auch Karotten, Kohlrabi und Radieschen gehören in diese Gruppe.

Kräuter

Wie arm wäre die Welt ohne duftende Kräuter – in Garten und Küche, aber auch in der Hausapotheke! Sie haben zwar kaum einen Nährwert, sind aber gesund und bringen so manches Gericht erst zur Vollendung. Und sie sind attraktive Gartenpflanzen, bringen Schönheit und Nutzen zugleich.

Kräuter sind ein-, zwei- und mehrjährige Pflanzen, können sogar verholzen, also kleine sogar Sträucher bilden, wie der Rosmarin. Sie brauchen es sonnig, warm und trocken, mit Ausnahme der verschiedenen Minze-Arten, die es schattiger und feucht mögen. Durch die hohen Anteile an ätherischen Ölen sind Kräuter auf natürliche Weise vor Krankheiten und Schädlingen geschützt.

Erdbeere
(Fragaria × ananassa)

↕ 10–30 cm   ❀ 5–6   ○

Erdbeeren sind nicht nur lecker, sondern auch gesund und vielseitig verwertbar.
Wuchs: Mehrjährige Pflanzen mit sich bewurzelnden Ausläufern, aus denen Rosetten mit dreiteiligen Blättern und weißen Blüten treiben.
Standort: Sonniger Platz mit lockerem, humusreichem, am besten mit Kompost versorgtem Boden.
Pflege: Jungpflanzen im August in Reihen mit 30 cm Abstand pflanzen, sie fruchten im nächsten Jahr. Bei Trockenheit wässern. Eine Mulchdecke schützt die Erbeeren vor Grauschimmel.
Tipps: Ausläufer lassen sich direkt in einen eingesenkten Topf bewurzeln und abtrennen.

Sorten: 'Florika', Walderdbeer-Aroma, bildet dichte Teppiche (»Erdbeerwiese«); 'Mara de Bois', trägt mehrmals, fein-aromatische Sorte; 'Ostara', reich und mehrfach tragend, großfrüchtig, wohlschmeckend; 'Senga Sengana', der Klassiker unter den Erdbeeren, reichtragend und schmackhaft.

Rote Johannisbeere
(Ribes rubrum)

↕ 150–200 cm   ❀ 4–5   ○

Ein echtes Beerenobst für Anfänger – unkompliziert und belohnt mit reicher Ernte.
Wuchs: Breite Sträucher mit leicht bedornten Trieben, gelappten Blättern und kleinen gelben Blüten in hängenden Trauben.
Standort: Sonnige Plätze mit frischen, lockeren, humus- und nährstoffreichen Böden.
Pflege: Am besten im Herbst mit 1,5 m Abstand pflanzen. Nur 5–6 Triebe belassen, diese um gut ⅓ einkürzen. Mit Kompost düngen, anfangs gut wässern, nicht hacken (Flachwurzler!). Alte Triebe (dunkle Rinde) nach der Ernte bodennah abschneiden, gleich viele Neutriebe belassen und den Strauch dadurch vital halten.
Tipps: Johannisbeeren als Hochstämmchen machen sich besonders schön.

Sorten: 'Heinemanns Rote Spätlese', robust späte großfrüchtige Sorte; 'Jonkher van Tets', früh, großfrüchtig, reichtragend; 'Weiße Versailler', mittelfrühe weiße Sorte, feines Aroma.

↕ Wuchshöhe in cm   ❀ Blütezeit in Monaten   Standort: ○ sonnig ◐ halbschattig ● schattig

Bohne
(Phaseolus vulgaris)

↕ 50–300 cm ○

Ob Busch- oder Stangenbohnen, sie bieten bunte Vielfalt und viel Eiweiß.
Wuchs: Langtriebige oder rankende einjährige Pflanzen mit länglichen Hülsen.
Standort: Sonniger Platz mit lockerem Boden.
Pflege: Ab Mai in mit 40 cm Abstand Reihen oder Gruppen aussäen, dabei nur wenig (3 cm) mit Erde bedecken; Stangenbohnen an Stangen hochziehen. Jungpflanzen vor Schnecken schützen. Nur mit Kompost düngen, Bohnen binden selbst Stickstoff aus der Luft. Reichlich wässern.
Tipps: Buschbohnen sind einfacher zu ziehen, Stangenbohnen optisch eine Attraktion.
Achtung: Rohe Bohnenkerne sind giftig!

Sorten: <u>Buschbohnen:</u> 'Delinel', lange dunkelgrüne Hülsen; 'Golddukat', goldgelbe fadenlose »Wachsbohne«; 'Borlotto', rot gesprenkelte Hülsen. <u>Stangenbohnen:</u> 'Neckarkönigin', fadenlos, sehr lange grüne Hülsen; 'Blauhilde', robust, mit lilafarbenen Hülsen.

Kartoffel
(Solanum tuberosum)

↕ 30–50 cm ○

Wie die Tomaten aus Südamerika stammend, keine Dickmacher, sondern sehr gesund.
Wuchs: Rundliche Knolle mit zahlreichen Ausläufern, an denen sich Tochterknollen bilden. Oberirdische buschige Triebe mit gefiederten Blättern und lilafarbenen Blüten.
Standort: Sonniges Beet mit nährstoffreichem, lockerem humosem, unkrautfreiem Boden.
Pflege: Saatkartoffeln in Kisten vortreiben, je nach Witterung (5–7 °C Bodenwärme) ab März bis Mai in Reihen mit 40 cm Abstand 5 cm tief in Erde legen. Nach dem Austreiben anhäufeln, mit Kompost oder organisch düngen, feucht halten. Ernte ab Welke der Blätter.
Tipps: Kartoffeln dunkel und luftig, kühl, aber nicht kalt lagern.

Sorten: 'Desirée', rotschalig, hellgelbes Fleisch, späte Sorte; 'Nicola', länglich, wohlschmeckend, mittelfrüh; 'Linda', gelbfleischig, sehr guter Geschmack; 'Rosella', rotschalige, frühe Sorte.

Gemüse 199

Paprika und Chili
(Capsicum annuum und *C. frutescens)*

↕ 80–120 cm   ○

Ihre würzige Schärfe und die Sortenfülle sind derzeit sehr im Trend.
Wuchs: Aufrechte Büsche mit elliptischen, spitzen, dunkelgrünen Blättern, violetten Blüten und länglichen bis rundlichen Schotenfrüchten.
Standort: Sonniger, warmer, geschützter Platz mit humosem, lockerem, nährstoffreichem Boden. Wachsen sehr gut im Kübel!
Pflege: Pflanzen ähnlich wie Tomaten im März auf der Fensterbank vorziehen und ab Ende Mai ins Freie pflanzen. Regelmäßig wässern und düngen. Die erste (»Königs-«) Blüte auskneifen, um die Verzweigung anzuregen.
Tipps: Die grünen Schoten färben sich nur bei ausreichend Sonne rot bzw. gelb.

Sorten: 'Mavras', dunkelviolette, vollreif rote Gemüsepaprika; 'Pinokkio', gelbe, später orange, süße, längliche Gemüsepaprika; 'De Cayenne', Chili, rote, scharfe, schlanke Schoten; 'Diavolo F1', sehr scharf.

Radieschen
(Raphanus sativus var. *sativus)*

↕ 15–20 cm   ○–◐

Sich schnell entwickelndes »Nebenbei-Gemüse«, das Sie mehrfach ernten können.
Wuchs: Kleine, runde, meist rote Knolle, aus der sich ein Schopf derber, länglicher, unregelmäßig gelappter Blätter entwickelt.
Standort: Sonniger bis halbschattiger Platz mit lockerem, mäßig nährstoffreichem Boden. Gut am Beetrand oder in der Mischkultur.
Pflege: Frühe Sorten ab Ende März, Sommersorten ab Mai ins Freiland in Reihen mit 10 cm Abstand säen. Zu dicht stehende Keimlinge vereinzeln, damit sie schöne Knollen bilden. Bei Trockenheit wässern, mäßig und mit Kompost oder organisch düngen.
Tipps: Vor dem »Schießen« (der Blütenbildung) ernten, sonst werden Radieschen holzig.

Sorten: 'Eiszapfen', längliche, weiße, rettichartige Sorte; 'French Breakfast', zylindrische, hellrote Sorte mit weißer Spitze; 'Saxa', bewährte frühe, mittelgroße, runde rote Sorte.

Salat
(Lactuca sativa)

↕ 20–30 cm ○

Ernte fast rund ums Jahr.
Wuchs: Einjährige Pflanze mit Pfahlwurzel und einem Schopf rundlicher oder gelappter Blätter, bildet beim »Schießen« einen hohen Blütenstand mit kleinen gelben Blüten.
Standort: Sonniger Platz mit lockerem, humosem, nicht zu nährstoffreichem Boden.
Pflege: Ab März direkt ins Beet säen. Gleichmäßig feucht halten und vor Schnecken schützen – Hochbeete sind dafür ideal.
Tipps: Von jeder Sorte nur wenig, dafür immer wieder nachsäen, um die Ernte zu staffeln. Pflücksalate lassen sich mehrfach beernten.

Sorten: 'Forellenschluss', Romanasalat mit länglichen Köpfen und rot gesprenkelten Blättern; 'Maikönig', bewährter früher Kopfsalat; 'Amerikanischer Brauner', rötlich gesprenkelter, ertragreicher Pflücksalat; 'Lollo rossa', braunroter Pflücksalat mit krausem, kompaktem Kopf; 'Zuckerhut', längliche feste Köpfe, spät reifende Sorte.

Tomate
(Lycopersicon esculentum)

↕ 150–250 cm ○

Frische sonnenwarme Tomaten aus dem eigenen Garten sind ein Geschmackserlebnis!
Wuchs: Krautige langtriebige Pflanze mit derben, rauen, gefiederten Blättern, kleinen gelben Blüten und runden saftigen Früchten.
Standort: Sonniger, warmer, regengeschützter Platz mit humosem, lockerem, nährstoffreichem Boden. Wächst sehr gut im Kübel!
Pflege: Ab März in Töpfen auf der Fensterbank vorziehen, ab Mai ins Freie pflanzen. An einem Stab oder Rankgitter ziehen. Reichlich wässern – Blätter nicht benetzen – und düngen. »Geiztriebe«, also junge Seitentriebe, auskneifen.
Tipps: Grün geerntete Tomaten reifen nach.

Sorten: 'Harzfeuer', runde, aromatische Stabtomate; 'Ochsenherz', große, gerippte Fleischtomate; 'Picolino F1', mittelgroße Cocktail(Kirsch-)tomate; 'Tumbling Tom Red', kleinfrüchtige rote Hängetomate.

Zucchini
(Cucurbita pepo)

↕ 40–50 cm ○

Problemloses Einsteiger-Gemüse – eine Pflanze reicht meist für eine ganze Familie.
Wuchs: Aufrechte Büsche mit großen, tief gelappten, dunkelgrünen Blättern, großen gelben Trichterblüten und länglichen, meist grünen Früchten.
Standort: Sonnig, nährstoffreiche, humose, lockere Böden.
Pflege: Ähnlich wie bei Kürbissen Jungpflanzen ab März/April aus Samen auf der Fensterbank vorziehen, ab Mitte Mai ins Freie pflanzen. Regelmäßig und reichlich gießen und düngen.
Tipps: Zucchini jung ernten, dann sind sie zarter und schmackhafter. Die Blüten schmecken nuss-artig und können gefüllt und gegart oder frittiert werden.
Sorten: 'Diamant F1', dunkelgrüne, ca. 20 cm lange Früchte, reich tragend; 'Gold Rush F1', leuchtend gelbe Früchte, feiner Geschmack; 'Black Forest F1', kletternde Sorte mit kleinen, grünen Früchten.

Kürbis
(Cucurbita maxima)

↕ 30–50 cm ○

Beliebtes Herbstgemüse, das sich auch gut lagern lässt.
Wuchs: Einjährige Pflanze mit kriechenden bis rankenden Trieben, großen, handförmig gelappten, rauen Blättern, gelben Trichterblüten und rundlichen, großen, hartschaligen Früchten.
Standort: Sonnige Plätze mit lockerem, nährstoffreichem, humosem Boden.
Pflege: Ähnlich wie Gurken ab März die Jungpflanzen aus Samen auf der Fensterbank vorziehen und ab Mitte Mai ins Freie pflanzen. Regelmäßig und reichlich gießen und düngen.
Tipps: Wählen Sie die Sorten nach Ihren Platzmöglichkeiten – ein einziger Riesenkürbis füllt ein ganzes Beet aus!
Sorten: 'Early Butternut', birnenförmiger, hellgelber Moschuskürbis, wohlschmeckend, Früchte ca. 1 kg; 'Rocket', hell oranger Halloween-Kürbis, essbar und zum Schnitzen; 'Uchiki Kuri', runder, orangegelber Hokkaido-Kürbis, schmackhaft, kleinfrüchtig, 1–1,5 kg.

Petersilie
(Petroselinum crispum)

↕ 40–60 cm ✿ 6–7 ◐–◑

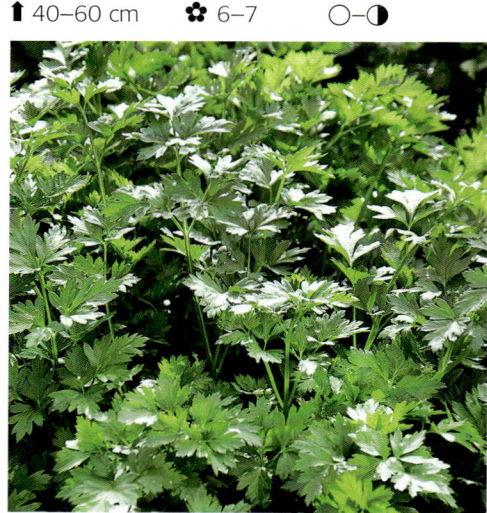

Schon den Römern bekanntes Küchenkraut mit herber Würze und viel Vitamin C.
Wuchs: Zweijährige Pflanze, im 1. Jahr mit rübenförmiger Wurzel und einer Rosette aus gefiederten Blättern, im 2. Jahr mit weißen Blütendolden an hohen Stängeln.
Standort: Nährstoffreicher, eher feuchter, aber lockerer Boden, am liebsten im Halbschatten.
Pflege: Aussaat ins Beet im Frühling oder im August, keimt langsam (ca. 4 Wochen). Bei Trockenheit wässern. Jährlich den Platz wechseln, da unverträglich mit sich selbst.
Tipps: Glattblättrige Formen schmecken würziger als gekrauste.

Sorten: 'Gigante d'Italia', wuchskräftig und aromatisch; 'Einfache Schnitt 3', bewährte glattblättrige Form; 'Mooskrause', klassische krausblättrige Sorte.

Schnittlauch
(Allium schoenoprasum)

↕ 20–40 cm ✿ 5–6 ◐–◑

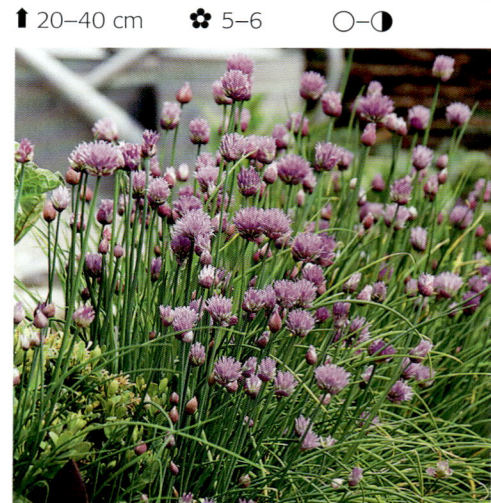

Angenehme Lauchwürze mit essbaren Blüten, die in keinem Garten fehlen sollte.
Wuchs: Mehrjährige dichte Horste aus röhrenförmigen Blättern (»Schlotten«) und kugeligen, rosafarbenen oder weißen Blütendolden.
Standort: Nährstoffreicher, humoser, feuchter Boden in der Sonne oder im Halbschatten.
Pflege: Aussaat im Frühjahr oder August, Jungpflanzen auf 20 cm vereinzeln. Mit Kompost oder organisch düngen. Die Ballen lassen sich gut durch Teilung vermehren.
Tipps: Die Blätter können nur frisch verwendet werden. Im Herbst ausgegrabene Wurzelballen lassen sich trocken eintopfen und treiben über Winter im Zimmer frisch nach.

Sorten: 'Profusion', wuchskräftige Sorte mit lange haltbaren weich bleibenden und daher gut genießbaren Blüten; 'Album', weiß blühende Sorte.

Salbei
(Salvia officinalis)

↕ 60–120 cm ✿ 5–8 ○

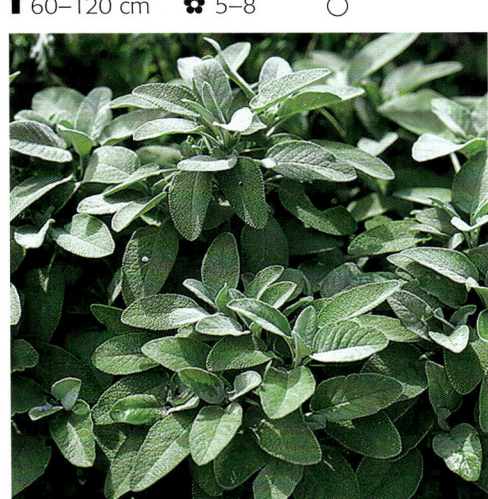

Seit den Römern hoch geschätztes Heilkraut, entzündungshemmend und aromatisch.
Wuchs: Am Grund verholzender, breitbuschiger Strauch mit graugrünen, elliptischen, filzigen Blättern und violetten Lippenblüten.
Standort: Sonniger Platz mit eher trockenem, humosem, durchlässigem, kalkhaltigem Boden.
Pflege: Am besten Jungpflanzen kaufen, ein Strauch reicht für eine ganze Familie. Im Frühjahr mit Kompost düngen, zu große Pflanzen etwas zurückschneiden. Sonst anspruchslos, wintergrün.
Tipps: Blätter einzeln abknipsen, sie können gut getrocknet aufbewahrt werden. Gut als Würze zu mediterranen Gerichten.

Sorten: 'Berggarten', breit ovale Blätter (siehe Foto), blüht kaum; 'Icterina', gelbgrüne Blätter; 'Purpurascens', purpurviolett überlaufene Blätter.

Thymian
(Thymus vulgaris)

↕ 10–30 cm ✿ 6–8 ○

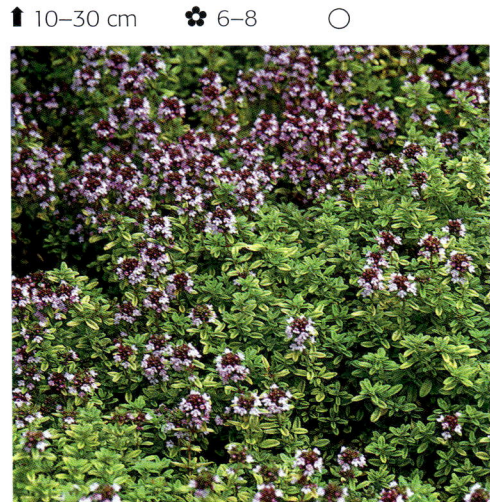

Anspruchslose aromatische Küchenwürze, die auch eine hübsche Beeteinfassung bildet.
Wuchs: Flach wachsender Zwergstrauch mit kleinen graugrünen Blättchen und winzigen Lippenblüten in Quirlen an den Triebenden.
Standort: Sonniger Platz mit trockenem, gut durchlässigem, magerem Boden.
Pflege: Am besten Jungpflanzen kaufen.
Nicht oder nur mit wenig Kompost düngen.
Von bedrängenden Nachbarpflanzen frei halten.
Regelmäßiger Rückschnitt im Frühjahr hält die Pflanzen vital.
Tipps: Zweige zum Trocknen kurz vor der Blüte schneiden, dann sind sie am aromatischsten.

Sorten: 'Compactus', klein und kompakt bleibend, Blüten hell lila.
Weitere Arten: *Thymus × citriodorus,* Zitronenthymian, mit weißgrünen ('Variegatus') oder gelbgrünen- ('Aureus') Blättern mit frischem Zitrusaroma; *Th. fragrantissimus,* Orangenthymian, Orangenduft.

Adressen, die Ihnen weiterhelfen

Gartenbedarf

Keimzeit Saatgut-Fachversand
Hainholzweg 3
21358 Mechtersen
www.keimzeit-saatgut.de

Woodsteel GmbH
Ohlstedter Str. 17
22949 Ammersbek
www.woodsteel.de

Gartenbedarf-Versand Richard Ward
Günztalstr. 22
87733 Markt Rettenbach
www.gartenbedarf-versand.de

Nützlinge

AMW Nützlinge GmbH
Außerhalb 54
64319 Pfungstadt
www.amw-nuetzlinge.de

e-nema
Klausdorfer Straße 28-36
24223 Schwentiental
www.e-nema.de

Katz Biotech AG
An der Birkenpfuhlheide 10
15837 Baruth
www.katzbiotech.de

W. Neudorff GmbH KG
An der Mühle 3
31860 Emmerthal
www.neudorff.de

re-natur GmbH
Charles-Ross-Weg 24
24601 Ruhwinkel
www.re-natur.de

Sautter & Stepper GmbH
Rosenstraße 19
72119 Ammerbuch
www.nuetzlinge.de

Saatgut

Jelitto Staudensamen
Am Toggraben 3
29690 Schwarmstedt
ww.jelitto.com

Bingenheimer Saatgut AG
Kronstr. 24
61209 Echzell-Bingenheim
www.bingenheimersaatgut.de

Staudengärtnereien

Foerster-Stauden GmbH
Am Raubfang 6
14469 Potsdam-Bornim
www.foerster-stauden.de

Schachtschneider Stauden
Kirchhatter Straße 14
27801 Neerstedt/Oldb.
www.schachtschneider-stauden.de

Arends Maubach
Staudengärtnerei & Gartenkultur
Monschaustraße 76
42369 Wuppertal
www.arends-maubach.de

Staudenkulturen Stade
Beckenstrang 24
46325 Borken-Marbeck
www.stauden-stade.de

Die Staudengärtnerei
Beerfeldener Str. 28
69483 Affolterbach
www.die-staudengaertnerei.de

Staudengärtnerei Gräfin von Zeppelin
Weinstraße 2
79295 Sulzburg-Laufen
www.graefin-von-zeppelin.de

Staudengärtnerei Gaißmayer
Jungviehweide 3
89257 Illertissen
www.gaissmayer.de

Österreich
Sarastro-Stauden
A-4974 Ort im Innkreis 131
www.sarastro-stauden.com

Rosenschulen

Rosarot Pflanzenversand
Besenbek 4 B
25335 Raa-Besenbek
www.rosenversand24.de

W. Kordes' Söhne Rosenschulen
Rosenstraße 54
25365 Klein Offenseth
www.gartenrosen.de

Rosen Tantau
Tornescher Weg 13
25436 Uetersen
www.rosen-tantau.com

Noack Rosen
Im Fenne 54
33334 Gütersloh
www.noack-rosen.de

Rosenhof Schultheis
Bad Nauheimer Str. 3–7
61231 Bad Nauheim-Steinfurth
www.rosenhof-schultheis.de

Lacon
J.-S.-Piazolo Straße 4 a
68766 Hockenheim
www.lacon-rosen.de

Großbritannien
David Austin Roses
Bowling Green Lane
Albrighton
GB-Wolverhampton WV7 3 HB
www.davidaustinroses.com

Zwiebelblumen

Albert Treppens & Co Samen
Berliner Str. 84–88
14169 Berlin-Zehlendorf
www.treppens.de

Küpper Blumenzwiebeln & Saaten
Postfach 1468
37254 Eschwege
www.kuepper-bulbs.de

Zwiebelgarten Reinhold Krämer
Waldstetter Gasse 4
73525 Schwäbisch Gmünd
www.zwiebelgarten.de

Blumenzwiebelversand Bernd Schober
Stätzlinger Str. 94 A
86165 Augsburg
www.der-blumenzwiebelversand.de

Stichwortverzeichnis

Seitenzahlen mit * verweisen
auf Abbildungen.

Ahorn 125, 125*
Akelei 152, 152*
Anemone, Herbst- 152, 152*
Anemone, Strahlen- 180, 180*
Aster 153, 153*
Astilbe 154, 154*
Aussaat 42, 88*, 89
Azalee 131, 131*

Bart-Iris 161, 161*
Bauern-Hortensie 128, 128*
Bäume 50, 122 ff.
  pflanzen 70 f., 73*
  pflegen 106
Beerenobst 195
Beete 29 f., 31, 32*, 33, 33*, 34*
Beetrosen 144, 144*
Berberitze 119, 119*
Blattläuse 101*, 102
Blauregen 136*, 141, 141*
Blaustern 185, 185*
Blumenwiese 68 f., 69*
Boden, steiniger 59
Bodendecker 52, 170 ff.
Bodenpflege 90 f.
Bodenvorbereitung 41, 58 f.
Bohne 198, 198*
Buchs 12*, 118, 119, 119*

Chili 199
Chinaschilf 168, 168*
Chlorose 101*, 102

Dahlie 182, 182*
Dickmaulrüssler 101*, 103
Doppelhausgarten 23, 24 f.
Düngung 43, 96 f.

Edelrosen 144, 144*
Efeu 138, 138*
Eibe 121, 121*
Eibisch, Garten- 128, 128*
Einjährige 87, 187
Einkauf 60 f.
Eisenkraut, Patagonisches 185, 185*
Elfenblume 174, 174*
Erdaustausch 59
Erdbeere 197, 197*
Eschen-Ahorn 125, 125*

Fächer-Ahorn 125, 125*
Farbe, Gestaltung mit 36
Farne 50, 170 ff.
Federborstengras 169, 169*
Feinstrahlaster 157*, 157*
Fetthenne 165, 165*
Fichte, Zuckerhut- 130, 130*
Fingerhut 156, 156*

Flammenblume 164, 164*
Flieder 132, 132*
Forsythie 117*, 127, 127*
Frauenmantel 151, 151*
Funkie 161, 161*

Garten-Eibisch 128, 128*
Garten-Reitgras 167, 167*
Garten-Sandrohr 167, 167*
Gartengeräte 56 f.
Gartengestaltung 7 ff., 20 ff.
Gartengröße 15
Gartenplan 21*, 22*, 24*, 45*
Gartenrenovierung 26 f.
Gedenkemein 175, 175*
Geißblatt 140, 140*
Gemüse 38 ff., 196
Geräte 56 ff., 56*
Giersch 59
Gießen 93 f., 94*
Glockenblume 154, 154*
Glyzine 141, 141*
Gold-Garbe 151, 151*
Goldglöckchen 127, 127*
Goldmohn 180, 180*
Gräser 50, 51*, 166 ff.

Hainbuche 120, 120*
Hartriegel 126, 126*
Hecke 13*, 50, 75, 75*, 108, 116 f.
Herbst-Anemone 152, 152*
Herbstzeitlose 181, 181*
Hibiskus 128, 128*
Hirschzungenfarn 177, 177*
Hirse, Ruten- 169, 169*
Hopfen 139, 139*
Hortensie, Bauern- 128, 128*
  Kletter- 139, 139*
Hosta 161, 161*
Humus 58

Immergrün 176, 176*
Indianernessel 51*
Iris 161, 161*
Islandmohn 182, 182*

Japan-Segge 167, 167*
Jasmin, Falscher 129, 129*
Johannisbeere, Rote 197, 197*
Jungfernrebe 140, 140*
Jungpflanzen 42

Kapuzinerkresse 184, 184*
Kartoffel 198, 1698*
Katzenminze 163 ,163*
Kiesweg 16*
Kirsche, Zier- 131, 131*
Kirschlorbeer 130, 130*
Kletter-Hortensie 139, 139*
Kletter-Spindelstrauch 138, 138*
Kletterpflanzen 78, 79*, 134 ff., 50

Kletterrosen 147, 17*
Knollen 83*, 178
Knollenpflanzen 50, 51*
Kompost 90 f., 91*
Kosmee 86*, 180, 180*
Krankheiten 100 ff.
Kräuter 38 ff., 46, 47, 196
Krokus 51,*, 182, 182*
Küchengarten 44 f.
Kugeldistel 156, 156*
Kürbis 201, 201*

Lampenputzergras 169, 169*
Laub rechen 66, 66*
Lavendel 162, 162*
Lenzrose 160, 160*
Levkoje 181, 181*
Lichtverhältnisse 26
Liguster 121, 121*
Lorbeer-Kirsche 130, 130*
Lungenkraut 175, 175*

Magnolie, Stern- 129, 129*
Margerite 162, 162*
Mehltau 101*, 103
Minze 47*
Mischkultur 42
Montbretie 181, 181*
Mulch 92, 92*
Mutterboden 8

Narzisse 184, 184*
Natursteinweg 16*
Nieswurz 160, 160*
Nutzgarten 38 ff., 39*, 46

Oberflächen 16 ff.
Obst 38 ff., 195

Päonie 163 ,163*
Paprika 199, 199*
Perspektive 14
Perückenstrauch 127, 127*
Petersilie 202, 202*
Pfeifenstrauch 129, 129*
Pfeifenwinde 137, 137*
Pfingstrose 163 ,163*
Pflanzung
  Bäume und Sträucher 70 f., 71*, 73*
  Hecken 74, 75*
  Kletterpflanzen 78, 79*
  Rosen 76, 77*
  Stauden 80, 81*
  Zwiebelblumen 82 ff., 84*, 85*
pH-Wert 58
Phlox 164, 164*
Pikieren 89
Planung 7 ff., 10 ff., 38
Prachtspiere 154, 154*
Probleme 100 ff.

Rabatte 29 ff.
Radieschen 199, 199*
Ramblerrosen 147, 147*
Rasen 62 f.
Rasenkanten 66, 67*
Rasenmähen 65, 65*
Räume 13 f.
Raumwirkung 13
Regentonne 95*
Regenwasser 95
Reihenhausgarten 20, 20*
Reitgras, Garten 167, 167*
Rhizome 83*
Rhododendron 131, 131*
Rittersporn 155, 155*
Robinie 132, 132*
Rosen 50, 76, 77*, 110 f., 142 ff.
Rosenrost 103
Rußtau 103
Ruten-Hirse 169, 169*

Salat 200, 200*
Salbei 203, 203*
  Mehl- 183, 183*
  Sommer- 165, 165*
Sandboden 59
Sandrohr, Garten- 167, 167*
Schädlinge 100 ff.
Schatten 26, 36 f.
Scheinakazie 132, 132*
Scheinzypresse 120, 120*
Schlafmützchen 180, 180*
Schleierkraut 158, 158*
Schmetterlingsstrauch 126, 126*
Schmuckkörbchen 86*, 180, 180*
Schnecken 102
Schneeball, Duft- 133, 133*

Schneeglöckchen 51*, 183, 183*
Schnitt 98 f.
  Hecken- 109*
  Rosen- 111*
  Sträucher 107*
Schnittlauch 202, 202*
Schwertlilie 161, 161*
Schwingel, Atlas 168, 168*
Sedum 165, 165*
Segge, Japan- 167, 167*
Sitzplatz 14*, 18
Sommerblumen 50, 51*, 87, 112 f.
  186 ff.
Sonnenauge 159, 159*
Sonnenblume 181, 181*
  Stauden- 159, 159*
Sonnenbraut 158, 158*
Sonnenhut 164, 164*
  Rauer 183 ,183*
Spindelstrauch, Kletter- 138, 138*
Spinnmilben 101*, 102
Stauden 29*, 80, 81*, 50, 51*, 112 f.,
  148 ff.
Steinobst 195
Stern-Magnolie 129, 129*
Sternrußtau 101*, 103
Stiefmütterchen 185, 185*
Storchschnabel 157, 157*
Sträucher 50, 70 f., 71*, 106 f., 122 ff.
Strauchrosen 146, 146*
Studentenblume 184, 184*

Tagetes 184, 184*
Taglilie 160, 160*
Taubnessel 174,174*
Terrasse 17*, 18
Thymian 203, 203*

Tomate 200, 200*
Tonboden 59
Töpfe 52 f., 53*
Topfpflanzen 52 f.
Tränendes Herz 155, 155*
Traubenhyazinthe 184, 184*
Tulpe 185, 185*

Verbene, Schleier- 185, 185*
Vergissmeinnicht 182, 182*
Verwildern, Blumenzwiebeln 84
Vorgarten 22

Waldrebe, Anemonen- 134*
  Italienische 137, 137*
Wässern 93 f., 94*
Wege 16, 40, 40*, 41*
Weigelie 133, 133*
Wein, Wilder 140, 140*
Weinrebe 135*, 141, 141*
Wilder Wein 140, 140*
Wildstauden 68
Winterhärte 104
Winterling 183, 183*
Winterschutz 104 f., 105*
Woll-Ziest 176, 176*
Wurmfarn 177, 177*

Zier-Lauch 180, 180*
Zier-Kirsche 131, 131*
Ziest, Woll- 176, 176*
Zucchini 201, 201*
Zuckerhut-Fichte 130, 130*
Zusatzgeräte 57
Zweijährige 87, 187
Zwiebelblumen 50, 51*, 82 ff., 84*,
  85*, 178 ff.

Bildnachweis

Alexander Raths – Fotolia.com: 199r; Baumjohann: 84, 85, 101ul, 110; Borkowski: 29; Borstell: 10, 11, 13, 15, 17, 18, 36, 37, 49ol, 49or, 40ur, 51ol, 51or, 51ur, 52, 53o, 109, 116, 117, 119, 120, 121, 122, 123, 124, 125, 126r, 127l, 128r, 130, 131l, 134, 135, 137r, 138r, 140, 142, 144 – 1.v.li., 145 – 1.v.li., 145 – 3.v.li., 146 – 1.v.li., 146 – 1.v.re., 147 – 2.v.li., 151r, 153l, 154l, 156l, 157r, 158l, 159, 160r, 161, 162l, 163l, 165l, 166, 167r, 169l, 172, 175, 176r, 177l, 179, 180l, 182, 184, 185r, 188l, 189l, 190, 191l; Christian Draghici – Fotolia.com: 201l; DLeonis – Fotolia.com: 199l; Flora Press/BIOSPHOTO/B & G. Médias: 79u; Flora Press/BIOSPHOTO/NouN: 201r; Flora Press/Botanical Images: 202l; Flora Press/Christine Ann Föll: 202r; Flora Press/Derek St. Romaine: 63om; Flora Press/Gisela Caspersen: 95; Flora Press/Helga Noack: 4or, 8; Flora Press/The Garden Collection/FLPA: 198; Flora Press/The Garden Collection/Torie Chugg: 194; Flora Press/Uli Glasemann: 19; Gardena: 94o, 94ur; GBA/Didillon: 42; GBA/GPL: 30, 31, 49ul, 111u; GBA/Nichols: 1; GBA/Noun: 59u; Hagen: 155, 164r, 169r, 171, 176l, 177l, 181l, 183l, 185l; Kathrin39-Fotolia.com: 66; lusyaya – Fotolia.com: 200l; Michael: 27, 28; MMGI / Marianne Majerus: 16u, 149; MMGI / Marianne Majerus, design: Selina Botham: 148; moodboard-Fotolia.com: 4ol, 6/7; Pforr: 82, 83, 101ol, 101ur, 126l, 137l, 138l, 145 – 2.v.re., 158r, 183r, 186, 188r, 191r, 192l, 193r; Redeleit: 12, 16u, 62, 63ul, 63um, 63ur, 65, 91or, 91ul; Reinhard: 5l, 39, 51ul, 56, 96, 101om, 101or, 129r, 132r, 133l, 139l, 139m, 141l, 145 – 1.v.re., 146 – 3.v.li., 151l, 152l, 162r, 165r, 170r, 174, 180r, 192r, 197l; sashahaltam – Fotolia.com: 200r; Seidl: 16o, 101um, 127r, 128l, 129l, 131r, 132l, 133r, 153r, 154r, 156r, 157l, 160l, 163r, 164l, 181r, 193l; Shutterstock: 25, 47, 69, 86, 136; Stangl: 189r; Stork: 60, 61, 71, 73, 75, 78, 81, 77ol, 77ul, 77ur, 88, 89, 91u, 94ul, 97, 98, 99o, 105, 107, 111o; Strauß: 2/3, 5r, 35, 40, 41, 53u, 54/55, 59o, 63ol, 67, 72, 76, 77or, 79o, 92, 94or, 112, 113, 114/115, 195, 203; Timmermann: 14; Welsch: 26; Wolf-Garten: 91ol, 99u; David Austin Roses: 145 – 3.v.re.; Kordes Rosen: 144 – 2.v.li., 146 – 3.v.li., 146 – 2.v.re., 147 – 2.v.li., 147 – 3.v.li., 147 – 3.v.re., 147 – 1.v.re.; Noack Rosen: 144 – 3.v.li., 144 – 1.v.re.; Rosenhof Schultheis: 145 – 2.v.li., 147 – 2.v.re.; Rosen Tantau: 144 – 2.v.re., 146 – 2.v.re.

Grafiken: Sylvia Bespaluk

Über die Autoren

Helga Urbans Leidenschaft gilt ihrem Garten. Sie kultiviert darin mehr als 300 teils seltene Topf- und Kübelpflanzen sowie zahlreiche Rosen. Seit einigen Jahren ist sie als freie Gartenberaterin und -planerin tätig. Außerdem ist sie aktives Mitglied bedeutender nationaler und internationaler Garten- und Pflanzengesellschaften. Ihre Gartenerfahrung gibt sie in Büchern, Führungen und Vorträgen weiter.

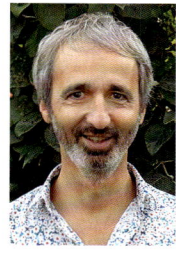

Dr. Thomas Hagen ist Diplom-Biologe mit Schwerpunkt Botanik und hat in Vegetations- und Bodenkunde promoviert. Seine Begeisterung gilt den Pflanzen, dem Garten und der Natur. Dabei liegen ihm die Rosen, die Stauden und das Thema Gartengestaltung am Herzen. Fast 20 Jahre lang betreute er beim BLV-Buchverlag als Lektor und Programmleiter das Gartenbuchprogramm und ist nun beim DVA-Verlag als Programmleiter für die Bereiche Garten, Bauen und Wohnen verantwortlich. Sein Anspruch ist es, innovative, informative und leicht verständliche Bücher mit hohem ästhetischem Wert zu schaffen, die in Inhalt und Optik dem Zeitgeist entsprechen.

Impressum

Bibliografische Information der Deutschen Nationalbibliothek
Die Deutsche Nationalbibliothek verzeichnet diese Publikation in der Deutschen Nationalbibliografie; detaillierte bibliografische Daten sind im Internet über http://dnb.d-nb.de abrufbar.

3. Auflage, überarbeitete und erweiterte Neuausgabe des Titels »Das Gartenbuch für Anfänger«

 BLV Buchverlag GmbH & Co. KG
80636 München

© 2016 BLV Buchverlag GmbH & Co. KG, München

Das Werk einschließlich aller seiner Teile ist urheberrechtlich geschützt. Jede Verwertung außerhalb der engen Grenzen des Urheberrechtsgesetzes ist ohne Zustimmung des Verlags unzulässig und strafbar. Das gilt insbesondere für Vervielfältigungen, Übersetzungen, Mikroverfilmungen und die Einspeicherung und Verarbeitung in elektronischen Systemen.

Umschlagkonzeption und -gestaltung: BLV-Verlag
Umschlagfotos:
    Vorderseite: Plainpicture/Lubitz+Dorner
    Rückseite: Flora Press/The Garden Collection/FLPA (links); moodboard-Fotolia.com (rechts)

Lektorat: Dr. Folko Kullmann
Herstellung: Ruth Bost
Layoutentwurf Innenteil: griesbeckdesign, München
DTP: Uhl+Massopust, Aalen

Gedruckt auf chlorfrei gebleichtem Papier

Printed in Germany
ISBN 978-3-8354-1481-5

Hinweis
Das vorliegende Buch wurde sorgfältig erarbeitet. Dennoch erfolgen alle Angaben ohne Gewähr. Weder Autoren noch Verlag können für eventuelle Nachteile oder Schäden, die aus den im Buch vorgestellten Informationen resultieren, eine Haftung übernehmen.

 www.facebook.com/blvVerlag

Bio Marke Eigenanbau

Sebastian Ehrl, Jutta Langheineken
Bio-Starter
Nach dem erfolgreichen »Garten-Starter«: jetzt der fundierte Crashkurs für junge Biogärtner. Das Rundum-Sorglos-Paket: kompaktes Wissen - lässig und motivierend präsentiert. So funktioniert's: alle Bio-Basics für den Nutz- und Ziergarten mit handfesten Profi-Tipps. Problemloses Nachmachen mit Step-by-Step-Bildserien.
ISBN 978-3-8354-1339-9

www.blv.de